教育部人文社会科学研究青年基金项目

"会计稳健性对企业并购行为及并购绩效的影响研究"

（项目编号：18YJC630234）

会计稳健性对企业并购行为及并购绩效的影响研究

袁学英 / 著

The Influence of
Accounting Conservatism
on M&A Behavior and
M&A Performance

中国财经出版传媒集团

经济科学出版社
Economic Science Press

图书在版编目（CIP）数据

会计稳健性对企业并购行为及并购绩效的影响研究 /
袁学英著. —北京：经济科学出版社，2022.6
ISBN 978 - 7 - 5218 - 3727 - 8

Ⅰ.①会… Ⅱ.①袁… Ⅲ.①会计制度 - 影响 - 企业
兼并 - 研究 Ⅳ.①F271.4

中国版本图书馆 CIP 数据核字（2022）第 103836 号

责任编辑：杨　洋
责任校对：王苗苗
责任印制：王世伟

会计稳健性对企业并购行为及并购绩效的影响研究
袁学英/著
经济科学出版社出版、发行　新华书店经销
社址：北京市海淀区阜成路甲 28 号　邮编：100142
总编部电话：010 - 88191217　发行部电话：010 - 88191522
网址：www. esp. com. cn
电子邮箱：esp@ esp. com. cn
天猫网店：经济科学出版社旗舰店
网址：http：//jjkxcbs. tmall. com
北京季蜂印刷有限公司印装
710 × 1000　16 开　14 印张　200000 字
2022 年 6 月第 1 版　2022 年 6 月第 1 次印刷
ISBN 978 - 7 - 5218 - 3727 - 8　定价：56. 00 元
（图书出现印装问题，本社负责调换。电话：010 - 88191510）
（版权所有　侵权必究　打击盗版　举报热线：010 - 88191661
QQ：2242791300　营销中心电话：010 - 88191537
电子邮箱：dbts@ esp. com. cn）

前言
PREFACE

　　随着我国经济的不断发展，越来越多的企业开始通过并购这一风险性的企业投资活动来实现公司成长。在企业并购活动中，会计稳健性作为一项重要的公司治理机制，其发挥的治理作用一直以来都是研究者关注和探讨的话题。目前，学术界对会计稳健性在企业并购活动中能否发挥作用以及发挥怎样的作用已经进行了大量的研究，但对于会计稳健性是如何影响企业的并购行为进而对并购绩效产生影响的研究相对较少，且对其内在机理的分析更是少之又少。据此，本书将在对现有的相关理论以及文献进行综述的基础上，对会计稳健性对企业并购行为及并购绩效的影响机理进行分析，会计稳健性对企业并购行为的影响表现为对企业并购概率、并购频率、并购目标方选择以及并购支付方式的选择产生影响，而这些关键并购行为会进一步影响到企业的并购绩效。为了验证上述的研究假设，本书运用了实证分析与案例分析两种研究方法，在实证分析部分，选取了 2012～2017 年发生的 13594 个并购事件作为研究样本，构建 probit 模型对会计稳健性对企业并购过程中的几个关键并购行为产生的影响进行了研究；之后通过构建多元线性回归模型，分析了会计稳健性对企业长期并购绩效的影响。在案例分析部分，选取了医药行业中的沃森生物和上海莱士作为典型案例，通过对两家企业进行对比分析来揭示会计稳健性是如何对并购企业的并购行为发挥治理作用，进而影响到企业的并购绩效的。本书能够帮助企业避免低效并购决策，丰富了企业并购绩效影响因素领域的研究，也能够对会计稳健性与并购活动相关关系的理论研究起到补充和完善的作用。本书的课题需求来源于教育部人文社会科学研究青年基金项目"会计稳健性对企业并购行为及并购绩效的影响研究"（项目编号：18YJC630234）。

　　本书共分为6章。第1章导论。简述了本书的研究背景和研究意义，界定了会计稳健性、并购与并购行为、并购绩效等基本概念，确定了本书的研究思路、目标、研究方法与内容框架。第2章理论背景回顾。以行为一致性理论、信息不对称理论、自由现金流理论、委托代理理论以及协同效应假说作为本书的理论基础，对这些理论的基本内涵以及发展脉络进行了梳理。对会计稳健性、并购行为以及并购绩效的相关研究文献进行了综述。第3章会计稳健性对企业并购行为及并购绩效的影响机理。分别阐述了会计稳健性对企业并购概率、并购频率、目标方选择以及支付方式选择的影响机理，在此基础上，提出了本书的研究假设1~5。会计稳健性通过影响企业的并购概率、并购频率、目标方的选择、支付方式的选择等并购行为最终影响到企业的并购绩效，在此基础上，提出了本书的研究假设6。第4章会计稳健性对企业并购行为及并购绩效影响的实证分析。为了验证上述的研究假设，本书选取了2012~2017年发生的13594个并购事件作为研究样本，构建probit模型对研究假设1、假设3、假设4和假设5进行了验证；之后通过构建多元线性回归模型，对研究假设2和假设6进行了验证。第5章会计稳健性对企业并购行为及并购绩效影响的案例分析。以医药行业中的沃森生物和上海莱士作为案例分析对象，采用对比分析的方法分析了稳健性程度不同的两家公司的并购行为存在怎样的差异，以及并购行为方面存在的差异又是如何对企业的并购绩效产生影响的。第6章研究结论、实践启示与展望。在总结了本书研究的主要内容和形成的主要结论的基础上，提出了实践启示以及今后需要进一步研究的问题。

本书的创新之处有以下几点：

（1）从信息不对称与行为一致性的角度考察并购方的会计稳健性对企业并购行为的影响机理进而对价值创造的影响，在一定程度上弥补了国内研究会计稳健性与企业并购关系的不足；丰富了有关并购是否创造价值以及并购绩效影响因素的研究；丰富了公司信息披露与行为金融方面的研究。

（2）构建了会计稳健性影响企业并购行为及并购绩效的机理分析框架。会计稳健性程度的不同势必会影响企业并购概率、并购频率、目标方的选择以及并购支付方式的选择等关键并购行为，而这些并购行为又最终会作用到企业的并购绩效。

（3）本书采用实证分析与案例分析相结合的研究方法，不仅分析了会计稳健性对企业并购行为及并购绩效产生了怎样的影响，还揭示了其影响机理。同时还检验了会计稳健性这一公司治理机制，与公司的其他治理机制（董事会规模、独董的比例、股权结构、机构投资者持股比例等）是否存在替代效应。

（4）在实证分析部分，建立了 probit 回归模型，分别从并购概率、并购目标方选择、并购支付方式等方面分析了会计稳健性对并购行为及并购绩效的影响，来验证会计稳健性对企业并购行为发挥了怎样的治理作用，建立了多元线性回归模型分析会计稳健性对企业并购频率以及并购前 1 年到并购后 3 年共 5 年的长期并购绩效产生的影响。

CONTENTS

003

004

第 *1* 章

导 论

- ·研究背景和意义
- ·基本概念的界定
- ·研究思路、目标以及研究方法
- ·本书内容框架

001

1.1 研究背景和意义

1.1.1 研究背景

1. 现实背景

并购一直以来都是学者专家所关注的热议话题之一，并购是企业兼并和收购的统称，是指企业通过在资本市场上收购目标企业的全部或者部分的股权，达到控制目标企业的目的，并将目标企业整体纳入收购方的战略发展体系。近年来，随着我国经济增速的节节攀升，企业迎来了前所未有的发展机遇，企业并购的数量也在逐年增多，近两年呈现爆发式增长。究其原因，是在各项政策利好的前提下，企业的发展空间不断扩大，企业经营方向及范围不断拓展，继而迎来了更多更好的发展机遇。企业面对机遇的同时也受到了挑战，面临着许多内部和外部压力。部分企业内部资源无法协调，出现资源难以有效利用的问题，企业内部难以创新同时外部又不断受到高新技术的冲击，这就使得企业开始思考未来的发展前景。我国目前正处于经济转型和产业升级的关键时期，提升核心竞争力是每个企业的最终目标，许多企业通过并购这种方式实现了资源的互补和经济效益的提高，进而加强了企业的核心竞争力。党的十九大报告指出，当前我国经济发展由高速增长转向高质量发展，建设现代化经济体系亟须对存量资源进行优化配置。为了推进企业并购重组，通过并购促进资源整合、实现企业快速发展、提高企业竞争力，中央政府（国务院及各部委）相继出台了一系列有利于企业并购的文件，比如"十三五"规划中直接指出鼓励企业并购，以此来推动传统产业转型升级。并购重组活动是一种有效的存量调整手段，也是企业发展壮大的必经阶段，并且其作为一种有效提升企业价值的投资活动，近年来也颇受上市公司的青睐。2020 年 10 月，国务院在《关于进一步提高上市公司质量的意见》中提出要促进市场化并购重组，拓宽社会资本等多方参与上市公司并购重组的渠道。当前，在我国稳步增长的社会经济转型背景下，各个行业并购市场获得了迅速的发展，国内上市公司出现了并购发展的热潮。根据 CVSource 投中数据显示，2020 年披露预案共 6408 起并购交易，其中披露金额的有 4681 笔，交易金额为 3742.44 亿美元（见图 1 - 1）。[①]整体来说 2020 年并购市场较为活跃。中国企业在并购市场的并购交易数量仍在上升，各行各业的并购活动频发，不同的并购类型充斥并购市场。

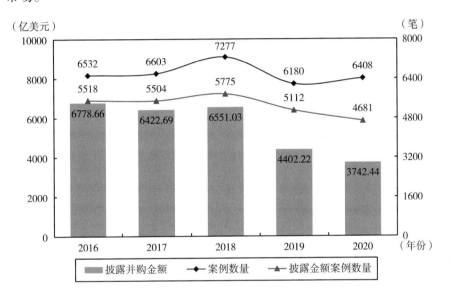

图 1 - 1　2016 ~ 2020 年中企并购市场宣布交易趋势

资料来源：CVSource 投中数据。

普华永道发布的《2020 年中国企业并购市场回顾与 2021 年前瞻》中提到，2020 年中国的并购活动交易金额增长了 30%，达到 7338 亿美元（包括海外并购和私募股权基金交易），是自 2016 年以来的最高水平，同时并购交易数量也比去年增加了 11%（见表 1 - 1）。[②] 但是作为企业一项重要的投资决策，并购重组是一种极具不确定性的风险性行为。《中国企

---

① CVSource 投中数据。

② 普华永道发布的《2020 年中国企业并购市场回顾与 2021 年前瞻》。

业风险报告（2019）》中指出，受到当前全球经济普遍衰退和贸易保护主义加剧等内外部不利环境的影响，中国企业并购重组整合风险正在不断加大，国内企业完成并购的成功率仅有三成左右。从商誉减值来看，根据 2018 年度沪深交易所上市公司的资料显示，24.30% 的公司对商誉减值损失进行了不同程度的计提，各公司商誉减值损失占资产减值损失的平均占比为 40.83%，占非流动资产的平均占比为 13.32%，因此最终可能只有不到 20% 的企业可以成功完成并购并发挥并购的协同作用①。在我国庞大的并购市场中，各种各样的并购投资风险是客观存在的。比如，经营绩效如何提升、如何避免股价异常波动、如何应对并购风险、后期整合如何有效运行等问题相伴而生。所以到目前为止，市场中企业并购的案例并不都以成功收尾。事实上，并购市场上出现的问题和风险大多源自并购关键环节中不恰当的并购行为，而企业并购活动中内外部的信息不对称问题是引发不恰当并购行为的重要原因。

表 1-1　　　　　2018~2020 年并购交易数量与金额概览　　单位：10 亿美元

交易类别	2018 年		2019 年		2020 年		数量变动百分比（2020 年和2019 年）（%）	金额变动百分比（2020 年和2019 年）（%）
	数量（笔）	金额	数量（笔）	金额	数量（笔）	金额		
战略投资者								
国内	4778	322.6	4498	275.7	4530	349.4	0.7	27
国外	178	20.0	248	21.1	181	14.6	-27	-31
战略投资者小计	4956	342.6	4746	296.8	4711	364.0	-1	23
财务投资者								
私募股权基金交易	1920	215.5	1585	208.7	2077	332.4	31	59
风险投资基金交易	3410	7.0	2549	2.6	3361	2.8	32	6
财务投资者小计	5330	222.5	4134	211.4	5438	335.2	32	59

---

① 沪深交易所上市公司数据。

续表

交易类别	2018 年		2019 年		2020 年		数量变动百分比（2020 年和 2019 年）（%）	金额变动百分比（2020 年和 2019 年）（%）
	数量（笔）	金额	数量（笔）	金额	数量（笔）	金额		
中国内地企业海外并购								
国有企业	64	20.5	60	16.3	27	6.3	−55	−61
民营企业	310	49.6	384	26.6	253	21.9	−34	−18
财务投资者	253	21.3	223	15.1	123	13.8	−45	−9
中国内地企业海外并购小计	627	91.4	667	58.0	403	42.0	−40	−28
香港企业海外并购	227	23.8	159	14.2	122	6.4	−23	−55
总计	10887	659.1	9483	565.3	10551	733.8	11	30

注：财务投资者参与的中国内地企业海外并购交易同时计入财务投资者交易类别，但在上述表格中交易数量和金额的总计中未被重复计算。

资料来源：汤森路透、投中数据及普华永道分析。

学术界普遍认为高质量的财务报告和及时的信息披露有助于缓解股东与管理层之间的信息不对称，从而可以有效提升企业的投资决策，降低管理层的机会主义行为。会计稳健性是高质量财务报告的一个重要属性，它如何作用于企业投资决策过程并进一步影响企业的投资效率是管理学以及财务会计领域研究的一个重要问题。会计稳健性意味着企业对交易或者事项在进行会计确认、计量和报告时应当保持谨慎性，不应高估资产和收益、也不应低估负债和费用。从会计稳健性出现至今，其命运一波三折，褒贬不一。最具代表性的事件是，2008 年国际会计准则理事会（IASB）和美国财务会计准则委员会（FASB）将会计稳健性从会计信息质量要求中取消，2015 年 IASB 又重新提起并认为其应当作为会计信息质量特征之一。会计稳健性存在的必要性因备受争议而值得深入研究。会计稳健性在我国经历了 1993 年、1998 年、2001 年和 2006 年等几次重大会计变革后依然存在，现有研究从多方面证明其存在的必要性。大量的研究发现会计稳健性可以作为协调利益相关者利益的一种制度安排，有效治理企业内外部的信息不对称问题。会计稳健性可以配合其他企业内外部机制一同抑制管理者牟取私利的机会主义行为，减少企业的信息不对称程度，对企业投资效用产生治理作用，进而提高企业综合实力。

2. 理论背景

并购作为企业的一项重要战略规划，引起了学术界的激烈讨论，国内外学者均对企业并购进行了大量的研究。杨雄辉（2021）通过对2006～2020年1470起上市公司的并购重组活动进行研究，发现并购活动能够为上市公司带来短期绩效的提升。郑小平和朱瑞笛（2021）利用改进后的平衡计分卡和熵值法结合实证分析和案例分析研究发现并购后会对企业的经营产生积极的影响。并购作为一项大量存在委托代理关系的风险性投资活动，有关会计稳健性对企业并购投资活动的影响作用也受到了一些学者的研究关注，大部分学者认为会计稳健性可以成为企业一项重要的公司治理机制。因为会计稳健性确认并购的损失比确认并购的收益更及时，所以这种非对称确认可以约束企业内外部利益相关者的机会主义倾向。尤其是在委托代理关系严重的企业，这一机制的治理效果更为显著。目前，学术界对会计稳健性在企业并购活动中能否发挥作用以及发挥怎样的作用已经进行了一定的研究，但对于会计稳健性在并购活动中如何发挥作用，以及会计稳健性对企业并购行为及并购绩效产生怎样的具体影响，尚缺乏具体的研究。根据行为一致性理论、信息不对称理论以及委托代理理论，本书拟运用实证分析与案例分析相结合的研究方法，对会计稳健性通过影响企业并购过程中的一些关键并购行为进而影响并购绩效的机理进行分析，同时对会计稳健性对企业的并购绩效产生了怎样的影响进行研究。

1.1.2　研究意义

1. 理论意义

对于企业的并购行为和并购绩效，学术界已经进行了大量的研究。

部分学者从公司内部结构出发，发现企业的股权结构、资本结构和管理层等因素会影响企业的并购行为以及并购绩效。胡振等（2021）对控股股东控制与企业并购绩效之间的关系进行了研究，发现控股股东持股比例与并购前后公司绩效的变动呈正相关关系。部分学者从企业外部去探索影响并购绩效的因素，发现并购双方所处的文化制度环境以及法律环境也会对并购产生影响。朱亚杰和刘纪显（2021）对环境规制与企业并购进行了研究，将我国 2010 ~ 2018 年 A 股上市公司作为研究样本，发现新环保法的实施显著促进了重污染企业的并购发生概率。郑诗琪（2021）分别研究了两类会计稳健性对企业并购绩效的影响，研究发现非条件稳健性对企业短期绩效起到了促进作用，条件稳健性对企业长期绩效有负向作用；努尔豪克（Noor Houqe，2018）对会计稳健性进行研究发现会计稳健性会对企业带来正面的影响，提升企业价值；刘峻豪（2017）选择 2010 ~ 2015 年我国沪深两市发生的并购事件进行实证分析得出会计稳健性与并购绩效之间显著正相关；王佳（2020）探讨了会计稳健性在研发投入和创新绩效中的调节作用，发现会计稳健性越好，研发投入对企业的创新绩效促进作用越高；邓云君和裴潇（2017）的研究发现会计稳健性水平越高，盈利能力也会更强，对企业效益有提升作用。李合龙等（2018）发现会计稳健性的提升有利于增加企业市场价值。刘琼琼和赵洪进（2021）以 2014 ~ 2018 年我国上市沪深 A 股为研究对象实证检验了会计稳健性与并购绩效呈正相关关系。赵息等（2017）研究发现会计稳健性与跨国并购价值创造效应正相关，主要表现在会计稳健性能够降低委托代理成本和管理者过度自信，有助于企业获取更多关键性资源的支持。

现有的研究从内部因素和外部因素层面对并购绩效进行了较为丰富的研究，会计稳健性作为一项有效的公司治理机制，有助于缓解企业内部和外部之间的代理冲突，减少信息不对称程度，进而会对并购行为产生影响，本书从会计稳健性的角度研究并购行为和并购绩效，有较强的理论意义。

首先，行为一致性理论认为个体在某种情况下的行为会预测其将来发生的行为（Funder & Colvin，1991）。近年来，学术界也将这一理论运用在公司治理研究中，会计稳健性作为一种对企业经营活动中固有风险和不确定因素的审慎反应，会在并购交易活动的不同阶段使企业对并购风险保持一致的态度——规避或偏好，尤其对关键的并购行为选择产生影响。本书依据行为一致性理论探索会计稳健性对并购行为产生的作用，可以进一步丰富行为一致性理论在财务领域的研究成果。

其次，学术界对会计稳健性在企业并购活动中能否发挥作用以及发挥怎样的作用已经进行了充分的研究，但对于会计稳健性在并购活动中如何发挥作用的机理研究相对缺乏。本书拟从信息不对称的角度重点考察并购企业的会计稳健性对并购行为的影响机理进而对价值创造的影响，拓展了会计稳健性在并购活动中如何发挥作用的研究思路，在一定程度上弥补了国内研究会计稳健性与企业并购关系的不足，同时本书增进了如何合理地运用会计稳健性提高会计信息质量进而提升企业价值，进一步丰富并购绩效影响因素的相关研究。

最后，之前针对会计稳健性与并购行为的研究多采用实证研究的方法，面对企业并购这一动态的投资活动，采用案例分析法能够更有针对性地详细分析选定案例对象的具体情况，挖掘案例对象的内在本质，更为深入地探究并购活动及其发生的情境，揭示会计稳健性是如何对企业的并购行为（并购概率、并购频率、并购目标方选择、并购支付方式选择）产生影响进而影响到企业并购绩效。本书运用了大样本实证分析与典型案例相结合的研究方法，探索会计稳健性对并购不同阶段关键并购行为的影响，对现有相关研究进行了很好的补充。

2. 现实意义

企业希望通过并购活动实现产业结构的转型升级和优化调整，进而实现企业效益的提升，这是很多企业进行并购活动的初始愿景，然而多数企业实施并购后并未达到理想效果。企业进行并购活动时考虑的因素较少，很多企业只是看到类似于阿里巴巴和微软这种大型企业并购成功的案例后便对并购产生了盲目的想象，认为通过并购都可以跻身世界五百强企业，因此这种盲目性往往导致并购失败的可能性加大。并购是企业的一项重大战略规划，企业需要对整个并购过程进行详细的规划，制定合理的并购方案而不应该只看到利益没有意识到隐含的风险。并购对于企业并不一定完全意味着资源优化、业绩提升，企业在进行并购投资活动提升企业价值的同时也会面临更多的不确定风险。在整个并购过程进行中，目标企业以及支付方式的选择都会影响并购绩效和企业资源的有效整合。并购确实实现了部分企业的规模经济，通过生产规模的扩大产生规模效益降低成本。然而多数企业并购后的效益并不理想，甚至出现了经营业绩的下滑。在我国并购交易数量与金额逐年上升的趋势下，如何合理引导企业的并购行为进而帮助企业实现价值的提升显得尤为重要。会计稳健性作为一项有效的会计信息确认原则，一项重要的公司治理机制，会对企业的并购行为以及并购绩效产生重要的影响。本书将会引起更多的学者以及企业的经营管理层去关注企业的会计稳健性，以及如何将企业的经营管理与这一原则很好地结合起来。

首先，会计稳健性会对企业的内部发展起到促进作用，稳健性较高的企业可以有效应对财务风险，能够预测企业在并购中存在的各种漏洞、失误、风险和隐患，并且制定相应的方案降低并购失败的概率。同时会计稳健性能够使企业的财务结构更加合理。在并购过程中稳健性较高的企业可以依据模型计算出合理的负债比率，从而调整企业资产、负债和所有者权益的比例关系，避免企业并购后出现资金问题，提高资金的利用率，增强企业对财务危机的处理能力。其次，较高的会计稳健性对管理层也会起到积极的作用。管理层能够深度挖掘并且分析影响并购事件的因素以及可能遇到的困难，从而对并购成功实施起到了积极作用。管理者通过收集目标企业财务及经营状况的数据，以及它所对应行业的相关情况，能够为并购前期提供数据支持。同时管理者收集数据过程中极有可能发现并购事件的潜在风险，而这种风险可能导致并购失败，所以可以提醒管理者做好准备，也为企业将来的并购提供了经验。会计稳健性对企业债权人等利益相关者也有重要的现实意义。企业并购一般采用现金或者股票抑或是二者的结合进行支付，这就需要企业有一定的资金渠道。如果企业采用现金支付，很大程度上需要依靠银行等金融机构的投资。当企业因为并购而需要融资时，债权人就需要考虑这一事件的风险性。如果企业会计稳健性较高，银行就会将其考虑其中从而决定是否贷款。最后，企业秉持会计稳健性原则对政府也有一定的意义。企业并购事件可以协助政府在一定范围内了解并购的过程以及披露的情况。证监会也可以参照企业并购更加完善并购制度以及审批过程，有助于减少并购失败率，为监管部门制定引导正效应并购的监管政策提出建议，进而提高我国企业并购的成功率，提升企业价值，为我国经济发展注入新的动力，带来新的活力，实现资源的宏观配置。

总之，会计稳健性这一会计原则首先能够提高企业会计信息质量进而提升企业并购价值的创造，对企业并购后如何更加有效地进行资源整合和协调有一定的借鉴意义，其次维护了股东和债权人的利益，可以为企业并购及其治理层决策提供一定的参考，并且能够为当前形势下企业更好地实现价值提升作出贡献。同时，这一研究除了可以为企业提供解决低效率并购的方案外，还能够保证企业透明公开的信息披露，促使信息环境在应对企业风险时发挥作用，帮助企业外部相关利益者，尤其是外部投资者做出正确的决策，减少信息不对称的程度，具有较强的现实意义。

1.2 基本概念的界定

1.2.1 会计稳健性

会计稳健性是一项重要的会计信息属性，FASB 将稳健性定义为"对不确定性的谨慎的反应，努力确保商业环境中存在的不确定性和风险被充分考虑到"。IASB 将其定义为"谨慎性是在不确定的条件下，需要运用判断作出必要的估计中包含一定程度的审慎，比如资产或收益不可高估，负债或费用不可低估"。以上两种定义都将会计稳健性置于一种不确定的环境中，有关人员在这种环境下需要谨慎判断。中国会计准则委员会（CASB）将稳健性纳入会计信息质量要求中，并明确提出了8条会计信息质量要求，分别是可靠性、相关性、可理解性、可比性、实质重于形式、重要性、稳健性和及时性。其中稳健性也称为谨慎性。根据中国《企业会计准则——基本准则》第十八条，稳健性是指企业对交易或者事项进行会计确认、计量和报告应当保持应有的谨慎，不应高估资产或者收益、低估负债或者费用。以上都是理论中对会计稳健性的解释。学术界也对会计稳健性提出了不同的见解。瓦茨（Watts，2003）最早对会计稳健性进行了研究，并提出会计稳健性应当及时确认"好消息"，稳妥确认"坏消息"。[①] 巴苏（Basu，1997）将稳健性定义为"会计人员对好消息的确认比坏消息更应该得到保证"，也就是说企业想要确认好消息时必须有足够充分的说明，对于损失要及时确认。在这个基础上，他提出了衡量会计稳健性的方法，通过企业股票市场回报率作为消息好坏的衡量进而验证了会计稳健性的存在。此外鲍尔和席瓦库玛（Ball & Shivakumar，2005）对于会计稳健性也进行了两种分类，分别是条件稳健性和非条件稳健性。条件稳健性也称损益表稳健性，它从盈余角度解释了好消息和坏消息的确认时间，认为好消息确认要有充分和可信任消息，这与Basu 提出的定义是吻合的；非条件稳健性也称为资产负债表稳健性，主要是对资产和负债的计量方法有关，比如在会计核算中对于固定资产的折旧方法选择以及资产减值损失的确认。会计稳健性对上市公司也有很大的应用价值。上市公司的资金流通往往比较频繁和迅速，如果出现资金短缺就会产生严重的后果。会计稳健性保持了上市公司的财产可预见性，为上市公司提供更大的市场盈利，同时也为上市公司进行纳税义务提供了更准确的数据基础。基于以上对于会计稳健性的定义以及本书的研究内容，本书采用条件稳健性的定义，即企业不应高估资产或收益，也不低估负债或损失，谨慎对待利得与损失。在实证分析中，参照劳拉·加西亚等（García Lara. et al.，2016）提出的模型，用 G-Score 与

---

① 本书中好消息指经济收益，坏消息指经济损失。

C-Score 之和度量公司年度的会计稳健性程度 Cons。

1.2.2　并购与并购行为

1. 并购

　　并购（merger and acquisitions，M&A）是兼并与收购的简称，而兼并与收购在法律上属于不同的经济活动，因而就有了分别的定义。兼并泛指两家或两家以上公司的合并，原公司的权利与义务由存续（或新设）公司承担，一般是指在双方的经营者同意并得到股东支持的情况下，按法律程序进行的合并。兼并具有两种形式：吸收合并和新设合并。吸收合并是指一家公司和另一家公司合并，其中一家公司从此消失，另一家公司则为存续公司。新设合并是指两家或两家以上公司合并，另外成立一家新公司，成为新的法人实体，原有公司不再继续保留其法人地位。收购是指一家企业购买另一家企业的资产、营业部门或股票，从而居于控制地位的交易行为。收购可以进一步分为资产收购和股份收购。资产收购是指买方企业购买卖方企业的部分或全部资产的行为；股份收购是指买方企业直接或间接购买卖方企业的部分或全部股票，并根据其权益与其他股东共同承担卖方企业的所有权利与义务。兼并与收购往往交织在一起，很难严格区分开来，因此本书对兼并与收购没有进行严格区分，将两者合在一起使用，简称并购。

2. 并购概率

　　国内外对于研究并购概率的文献较多，但是研究会计稳健性对于并购概率影响的文献较少。在大多数文献中，学者都利用哑变量衡量并购概率。张耀杰等（2020）研究企业与证券公司的股权关联对企业并购的影响，构建虚拟变量 MA 衡量并购概率。雷一鸣（2015）以定量分析为主，采用三种分析方法建立起并购成功概率模型，分别是 K 均值聚类、Adaboost 分类和随机森林分类，研究中国企业对海外上市企业并购。本书主要对并购概率的理解是在并购过程中并购成功的可能性有多大。在并购交易热潮不断兴起的同时，企业最先要考虑的就是并购成功的可能性。多数企业都会通过一定方法衡量成功的概率。如果可能性比较大，企业才会在接下来的过程中考虑后续并购事宜。并购概率在一定程度上是企业的并购动力，因为企业至少能够预估并购的成功率。在本书研究中将已达成并购协议的正在实施的并购视为并购成功。本书运用虚拟变量来表示并购概率，并购成功则取值为 1，并购失败则取值为 0。

3. 并购频率

在企业进行并购战略决策的准备制定阶段，企业通过对自身情况和行业发展的考量，明确并购目的，制定并购战略。连续并购作为企业获取技术、市场、实现快速扩张的有效方法，成了企业在这一阶段需要考虑的决策方向（谢洪明等，2019）。目前学术界普遍认为连续并购意味着企业在一段时间内并购活动的高频率发生，但具体的时间区间及并购频次尚未形成统一的认识。本书参考了富勒（Fuller，2002）对连续并购活动的认定标准，将 3 年内进行 5 次以上并购界定为高频率的并购。行为一致性理论认为企业的会计稳健性程度与高管的过度自信有关，而管理层的过度自信具有"杠杆效应"，即：管理层越过度自信就越会增强其为攫取私利完成业绩指标而频繁发起并购活动的倾向（施继坤、刘淑莲和张广宝，2014）。根据行为一致性理论的观点，高管作为企业实际经营者，决定了企业的会计稳健性程度。大量证据表明高管个人特征对企业并购频率有关键性影响，大多数学者认为管理层过度自信是导致高频率、低效率并购的主要诱因。刘莉等（2020）认为在企业并购活动中管理者的风险偏好发挥了重要作用，偏好风险的管理者往往愿意发起并购投资活动，并且发起频率也较为频繁。并购活动属于风险性的投资活动，因为很难预测它给并购方企业带来的整体性后果。因此，凯恩和麦肯（Cain & McKeon，2016）认为会计稳健性与企业并购频率之间存在负相关关系。

4. 并购目标方

并购目标方是指收购方在并购过程中选择的企业。一方面，收购方会根据目标企业的财务质量和经营效益等内部数据决定是否实施并购。另一方面，目标企业所处的行业特点是否可以与收购方匹配这样的外在特征也是并购过程中需要重点考虑的因素。即使目标企业财务方面表现出色，但是所处的行业特征几乎不相关，那么将无法实现规模经济和协同效应，资源问题不仅无法解决还会出现产能过剩等问题。因此对于目标方的选择一般划分为相关并购和非相关并购。学术界对此进行了大量讨论。鲁梅尔特（Rumelt，1974）从三个角度对相关性进行了解释，其一是两个企业服务的市场是相似的；其二是两个企业采用的生产技术是相似的；其三是两个企业具有相似的科学研究，并认为相关并购总体上优于非相关并购。谢尔顿（Shelton，1988）认为并购双方产品、技术、功能或者顾客中有三项相同属于相关并购。查特吉（Chatterjee，1986）和帕克（Park，2002）认为产品上扩张属于相关并购。张敦力等（2021）研究并购类型对承诺业绩增长率发挥作用大小时，认为收购方和目标资产属于相同行业为相关并购。盛香林（2021）研究并购类型与企业盈余信息质量之间的关系时采用并购公告信息判断并购类型，如果公告信息出现"为了扩大企业规模、增加市场份额"等目的就归为横向并购，如果公告信息出现"为了实现一体化，保证商品销售或原材料供应"就归为纵向并购，此外如果公告信息未出现以上表述就用并购双方的中国证券监督管理委员会（CSRC）行业大类代码，将并购双方主营业务大类代码相同的归类为相关并购。以上对相关并购的解释都存在一定主观性，因此近年来客观分类法比较流行。罗宾斯和维尔斯曼（Robins & Wiersema，1995）利用标准产业分类代码（SIC）来划分产业类别。此外，关于并购目标方的选择是否能带来并购效益，学者也提出了不同的见解。辛格（Singh，1987）提出非相关并购无法为企业带来经济收益。弗拉纳根（Flanagan，1996）从收购方角度研究指出非相关并购的效益会比相关并购差一些。王宛玥和高小红（2019）研究总经理持股对并购绩效的影响时发现在总经理持股影响下，相关并购能够显著提升企业并购绩效。邓新明等（2019）通过对民营企业多元化并购研究发现多元化不利于企业并购绩效的提高。也有一些学者认为非相关并购提高了企业的多元化，为企业开辟出新的路径提供了创新的观念，同时非相关并购对于企业来说也是一份保险，降低企业单一经营风险。张根明和刘娟（2011）从核心竞争力视角出发运用因子分析法研究不相关并购的绩效，研究指出在核心竞争力比较成熟的企业采用不相关并购其整体发展较好；杨威等（2019）对2008～2014年我国的并购事件进行研究得出混合并购改善并购业绩在并购发生后的三年仍然存在。本书在研究会计稳健性对并购目标方选择产生的影响时，将其划分为两种类型，一种是并购目标方为上市公司或非上市公司，分别取0和1；另一种是非相关并购与相关并购，取值分别为0和1。本书认为目标公司与收购方的业务或者市场相关则称为相关并购；反之则为非相关并购。

5. 并购支付方式

并购支付方式指的是并购方对目标企业实施并购时的支付手段。并购作为企业扩大规模和实现资源优化的重要方式，而并购支付作为并购过程中最后环节影响着并购的成败。当前我国并购主要的支付方式包括现金支付、股票支付和混合支付。现金支付主要是并购企业利用企业内部自有资金或者外部融资的方式进行支付。股票支付是指利用持有的本公司股票或者本公司持有其他公司的股票进行支付，这些股票包括新股（包括普通股与优先股）、库存股、回购的公司股票等。混合支付是指并购方采取多种方式而不仅仅是单一的股票和现金进行支付，主要包括资产＋负债，股票＋现金等方式。对于企业采用何种方式进行支付是一个值得思考的问题，选择何种支付方式也会受到多种因素影响。邓亚昊（2020）认为现金支付流程较简单，审批手续少，而且不会转移企业的控制权，但是现金支付需要企业拥有充足的资金来源，容易引发财务风险，同时现金支付无法享受税收优惠。而股票支付可以有效降低支付成本，分摊风险，但是发行程序流程较复杂。并购方选择支付方式时也会把目标企业考虑进去。汉森（Hansen，1987）在其模型中提出从目标公司的角度看，股票收购比现金支付更能使目标方接受，因为当目标公司知道其资产的价值有多高，他也能预期在并购后的公司股份中增加其价值。同时目标公司越大，信息不对称问题就越严重，并购方就越有可能采用股票作为支付方式。从股权制衡角度看待采用股票支付可以缓解企业中股权过度集中问题，有利于改善股权结构。也有学者认为现金并购主要是用来敌意并购，上市公司多采用股票支付的方式来维持双方的友好关系。依据自由现金流理论，当企业拥有现金流较多时，管理者可能进行低收益的投资活动从而损害股东权益，因此并购中采用现金支付可以缓解委托代理成本问题。而从信息不对称角度来讲，由于并购方对目标企业的真实经营状况难以全面了解，出于保险考虑，并购方倾向于股票支付作为自我保护的手段。此外，不同支付方式对企业效益的表现也有不同。杨等（Yang Junhong et al.，2017）从企业流动性的角度研究了并购支付方式与并购绩效的关系，认为收购方采用现金支付方式会使资本市场产生消极反应，会对并购后经营业绩产生负面效果。余玉苗和冉月（2020）提出收购方采用股票支付不仅可以优化企业股权结构，目标企业还能确保与收购方结为利益共同体，可实现利益共享、风险共担，激励目标公司原股东提高经营积极性，进而促进企业并购绩效。本书主要探讨会计稳健性对并购支付方式的影响，进而影响并购绩效。本书所研究的并购支付方式主要有股票支付和现金支付两种。通过虚拟变量构造并购支付方式的取值，如果为 1 则代表股票支付，取值为 0 则代表现金支付。

1.2.3　并购绩效

并购绩效是完成并购后并购方和目标企业作为整体的经营业绩，双方在资源、人力、业务和战略方面的协同效果。对于企业来说最关心的无非就是并购绩效的表现，如果并购后的绩效显著提高，可以认为这是一次成功的并购，对双方来说实现了利益共享。对于并购绩效的研究，需要从短期与长期、财务和非财务等多角度进行衡量。以下是几种研究并购绩效的方法。事件研究法用来研究市场上某一特定事件发生后，企业股票价格的变动情况，通过计算累计超额收益率（CAR）评价事件的影响。此外平衡计分卡也是一种衡量企业绩效的方法，主要是从财务、客户、内部流程及学习与成长四个角度对绩效进行评价。财务维度可以从企业的盈利能力、偿债能力、营运能力和发展能力四个维度进行分析。客户维度可以从品牌的影响力和市场份额进行评价。对于企业内部流程可以从生产流程、交货速度等进行评价，学习维度一方面可以从企业的研发投入占比情况来研究，另一方面员工的成长与发展也是企业发展的重要力量。平衡计分卡中对于财务维度的衡量其实也是会计指标分析法，利用财务报表中的数据对企业绩效进行评价。还有一种方法是经济增加值（EVA）指标法，它是利用一个公式计算出经济增加值进而衡量企业绩效。EVA＝税后净营业利润－资本投入额×加权平均资本成本。这种方法考虑了资本成本，能够比较真实地反映企业创造的价值，弱化了会计指标中一些较主观的数据，但是存在计算比较复杂的问题。左晓慧（2014）选取了 2010 年 20 家并购企业并购当年及后两年的 EVA 指标进行研究发现，并购活动在短期内并不一定会带来价值的增加。宋淑琴和代淑江（2015）选取了并购一年后的净资产收益率和托宾 Q 作为并购绩效指标。陈立敏和王小瑕（2016）则选取了企业并购后两年的总资产收益率差额衡量并购绩效。向诚和赵宇洋（2021）研究管理者偏好对企业并购绩效的影响，分别从短期市场绩效和长期会计绩效度量并购项目的绩效水平。其中，短期市场绩效为主并公司发布并购公告前一天到后一天、经市场模型调整的累计超额收益率 CAR［－1,1］。具体而言，以并购宣告前 250 个交易日到前 10 个交易日为估计窗口期，利用市场模型估计相关参数，得到主并公司在公告窗口期［－1,1］的预期收益，进而计算其实际收益与预期收益的差额，即累计超额收益率 CAR［－1,1］。长期会计绩效的变量定义为 ΔROE 计算主并公司完成并购后下一年（t＋1）净资产收益率相对于并购前一年（t－1）的变动。张腊凤等（2021）研究超额商誉对并购绩效的影响时，采用净资产收益率的增长率衡量并购绩效的变动情况。学者还从会计稳健性角度研究对并购绩效的影响。对于短期并购绩效，学术界主要采用事件研究法利用 CAR 衡量，而对于长期绩效会略有不同。李维安等（2015）研究会计稳健性对长期并购绩效的影响时，使用长期持有超常收益测量长期并购绩效，该指标代表购买公司股票并一直持有到考察期结束，公司股票收益率超过市场组合或对应组合收益率的大小。除了用 ROE 衡量长期绩效，常见的方法还有用总资产收益率 ROA 作为衡量。刘琼琼等（2021）研究会计稳健性与并购绩效的作用时，采用 ΔTobinQ 衡量企业并购绩效，其中，ΔTobinQ = 并购后一年的值 – 并购前一年的值。托宾 Q 是指资本的市场价值和其重置成本之比，是衡量公司业绩表现或企业成长性的重要指标。唐清泉等（2018）也用托宾 Q 衡量公司价值。本书主要是从微观角度出发，立足于并购方研究并购的长期绩效，且本书主要用财务指标来对并购绩效进行计量。也就是说，主要从并购方的角度分析并购企业前一年到并购后三年的长期并购绩效，采用总资产收益率 ROA 和净资产收益率 ROE 这两个指标衡量长期并购绩效。同时采用并购未来三期的每股收益 EPS 作为替代指标进行稳健性检验。

1.3 研究思路、目标以及研究方法

1.3.1 研究思路

本书从影响并购行为和并购绩效的因素出发，选择会计稳健性作为主要影响因素，之后又结合影响并购绩效的其他因素，从战略制定、目标选择、并购实施三个阶段中选择对并购绩效有主要影响的并购行为进行分析，研究会计稳健性对于并购行为产生的影响作用机制并最终对企业并购绩效产生的影响。首先在理论层面，本书基于信息不对称理论、协同效应理论、委托代理理论等多角度阐述会计稳健性对并购过程的作用机理。其次基于理论进行了实证检验，通过对 2012～2017 年发生的并购事件作为研究样本，构建回归模型，解释变量为会计稳健性，被解释

变量为并购概率、并购频率、并购目标方、并购支付方式以及并购绩效，此外控制了年份、行业、企业规模性质等变量，使用 Stata 15.1 进行回归分析并进行稳健性检验，对本书所提出的研究假设进行了检验。同时本书选取了两个典型的案例企业并对其进行了对比分析，通过案例分析来进一步揭示并验证会计稳健性是如何对企业的并购行为产生影响进而影响企业并购绩效的。采用实证分析与案例研究相结合的研究方法，会提升研究结论的可靠性。本书的研究思路如图 1－2 所示。

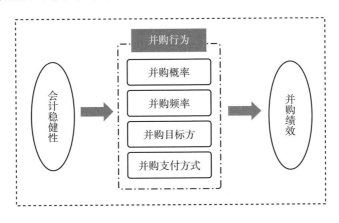

图 1－2　研究思路

1.3.2　研究目标

本书是在众多学者研究并购行为及并购绩效的基础上，将会计稳健性作为影响因素加入其中，研究会计稳健性是否会对并购行为以及并购绩效产生影响以及如何产生影响。其中并购行为分为以下 3 种，分别是并购概率、并购频率、并购目标方的选择以及并购支付方式，通过会计稳健性对以上几种并购行为的影响作为途径最终影响并购绩效。通过以上研究，主要有以下几个目标。

（1）通过对第 2 章理论的梳理以及第 3 章会计稳健性影响并购行为和并购绩效的作用机理进行梳理，可以在理论上为本书提供一个清晰的思路，为企业开展并购活动提供理论支撑。

（2）通过第 4 章的实证分析，对所提出的假设进行了检验，检验了会计稳健性对五个解释变量并购概率、并购频率、并购相关性（包括相关并购和非相关并购以及并购上市公司和非上市公司）、并购支付方式和并购绩效的影响。验证了本书的研究假设，即会计稳健性越高并购的频率越低，会计稳健性提高了并购成功率并且更倾向于相关并购和并购上市公司，以及采用股票支付的方式进行交易，最后基于会计稳健性对上述并购行为的影响验证了会计稳健性较高会对并购绩效产生积极的影响。

（3）第 5 章通过对上海莱士并购邦和药业以及沃森生物并购大安制药进行双案例对比分析，能够进一步揭示会计稳健性影响企业并购行为的作用机理，并且与实证分析得出的研究结论进行验证，进一步提升本书研究结论的可靠性。

（4）综合以上的分析结果，对企业、管理者以及债权人都提供决策依据，为企业实施并购行为提供借鉴，给其并购交易活动提供一定的建议，使其能更加直接有效地通过并购活动来为并购企业创造价值。同时企业应该重视会计稳健性的作用，它可以在一定程度上减少并购风险，更好地实现资源的配置与利用。

1.3.3　研究方法

1. 规范研究

规范研究主要是以理论为基础的研究，本书第 2 章用以论述企业并购的动机以及会计稳健性在并购中的作用的主要理论包括行为一致性理论、信息不对称理论、协同效应理论、自由现金流理论等。第 3 章主要是会计稳健性的作用机理，基于第 2 章的理论基础，本书从多角度论述了会计稳健性在并购过程中是如何发挥作用的。为下一步的实证检验提供了充分的理论支持。

2. 实证研究

实证研究是区别于理论分析的一种方法，也是学术界常用的方法。主要运用数据解释现象和行为，撇开价值判断，是具有客观性的方法。实证分析的一般步骤是提出研究假设，然后运用本书主要涉及的实证分析方法，主要有描述性统计、相关性检验以及多元线性回归分析，通过实证研究得出结果。本书第 4 章是会计稳健性对企业并购行为和并购绩效影响的实证分析。这章内容主要包括数据来源以及样本选择、变量的定义与衡量指标、构建多元回归模型之后进行描述性统计相关性分析，对实证结果进行分析以及稳健性检验。

3. 案例研究

案例分析法是对一些具有代表性的事物或现象进行深入而仔细的研究从而得出对总体认识的研究方法。本书第 5 章就是对两起典型的并购事件进行对比分析，选择在并购时间、规模或者其他外部条件相似，而会计稳健性存在差异的两个企业，进而探究会计稳健性对企业并购行为和并购绩效的影响，进一步对实证分析得出的结论进行了验证。

1.4 本书内容框架

本书是从会计稳健性角度研究企业并购行为及并购绩效的，沿着理论基础——会计稳健性作用于企业并购行为及并购绩效的作用机理——会计稳健性对企业并购行为及并购绩效影响的实证分析——会计稳健性对企业并购行为和并购绩效影响的案例分析的思路展开论述的。本书整体结构安排分为六章，主要内容如下：

第 1 章是导论。主要介绍了本书的研究背景和研究意义，对并购及并购行为、并购绩效、会计稳健性等基本概念进行了界定，此外对本书的研究思路、研究目标以及用到的研究方法进行了阐述，最后对本书的整体框架进行了整合与归纳。

第 2 章是理论背景回顾。在这一章中，本书先重点回顾了相关理论，分别是行为一致性理论、信息不对称理论、自由现金流假说、委托代理理论以及协同效应假说。基于以上理论从多个角度阐述了并购过程中企业采取的行为以及对待风险的态度。之后本书对会计稳健性、并购行为和并购绩效有关文献进行了梳理，结合前人的研究成果以及本书的研究问题对会计稳健性是如何通过对并购中的一些关键行为，如并购概率、并购频率、目标方选择、支付方式选择产生影响进而对企业并购绩效产生影响进行了分析。

第 3 章是分析会计稳健性对企业并购行为及并购绩效的影响机理。该部分从理论层面阐述了会计稳健性是如何通过对并购行为产生影响，进而影响到并购绩效的。首先提出了会计稳健性能够发挥其降低信息不对称的作用影响企业并购不同阶段的行为，然后指出会计稳健性对于并购行为的影响最终会影响到企业并购绩效。在会计稳健性对并购概率的影响机理中，本书从两大理论视角对其作用机理进行了阐述，针对信息不对称和委托代理视角，企业经营权和所有权的分离使得股东和管理者之间产生了代理成本，即便股东对管理者支付了高额的报酬以期管理者能够为企业和股东带来效益，但是实际情况却不尽如人意，管理者会通过某些手段来获取个人利益从而置企业于高风险中。多数研究认为盲目并购是一项风险性极大的活动，同时也是管理者牟取私利的手段，而会计稳健性的作用之一就是能够减少代理冲突，通过及时的反映坏消息抑制管理者的私利行为，使得企业谨慎对待并购项目进而促进并购的成功。同时会计稳健性也会抑制管理者对会计信息的主观操纵，增加其客观性更有利于对企业的真实状况进行评估。会计稳健性也会抑制管理层的盲目并购行为，降低并购频率。会计稳健性对并购目标方选择的影响机理主要是通过协同效应和溢出效应表现出来的。相关并购能够使得企业更好地进行合作并共同获益，非相关并购可能是管理者的盲目自信，为了展现自己优秀的管理能力，但是不符合企业价值最大化的目标。同时并购方选择上市公司并购能够产生良好的溢出效应，能够实现强强联合。由于上市公司规模大、声誉较好而且管理水平较高，因此并购后会实现更大的资源优化。在会计稳健性对并购支付方式选择的影响机理中，本书分别把信息不对称角度、资本结构、股权结构、管理者过度自信以及税收作为五个中介来研究会计稳健性对并购支付方式的影响。本章阐述了会计稳健性对并购绩效的影响机理在于，会计稳健性分别对并购概率、并购频率、并购目标方选择和并购支付方式选择产生影响，进而影响企业并购绩效。最后在上述机理分析的基础上，提出了本书的研究假设。

第 4 章是会计稳健性对企业并购行为及并购绩效影响的实证分析。在本章中主要对上一章提出的研究假设进行了检验。首先是样本的选择和处理，本书所用到的数据均来自 Wind 数据库，经过筛选和剔除不完整的数据后最终选取 2012～2017 年六年的并购事件作为研究样本。其次是对变量的选择和度量，其中并购行为五个被解释变量分别是并购概率、并购频率、并购目标方选择、并购支付方式选择以及并购绩效。并购绩效是以 ROA、ROE 和 EPS 作为衡量指标，本书主要研究的是长期并购绩效，并以并购前一年和并购后三年的数据作为衡量期间。解释变量会计稳健性是根据卡恩和瓦茨（Khan & Watts，2009）的会计稳健性指数模型得出的，之后建立了多元回归模型。对于并购行为中的因变量，本书构建 probit 模型进行研究；对于并购绩效，本书分别建立了 ROA、ROE 和 EPS 三个回归模型，其他控制变量和被解释变量均相同，本书在加入当期会计稳健性的基础上还加入了滞后一期的会计稳健性。最后进行了实证分析，本书的实证分析均用 Stata 15.1 进行回归，主要包括描述性统计、相关性分析、回归结果分析以及稳健性检验（以每股收益 EPS 衡量并购绩效）得出本书的研究结论：（1）会计稳健性与企业并购概率存在正相关关系；（2）会计稳健性与企业并购频率存在负相关关系；（3）会计稳健性程度较高的企业倾向于选择并购上市公司和相关并购；（4）会计稳健性程度较高的企业倾向于选择股票支付完成交易；（5）会计稳健性程度较高的企业并购绩效也会更好。同时在实证分析中本书检验了当期会计稳健性和滞后一期会计稳健性均与并购行为和并购绩效具有显著相关性，且二者不存在多重共线性。

第5章是会计稳健性对企业并购行为及并购绩效影响的案例分析。在本章中主要通过对两个具有代表性的并购事件进行双案例对比分析，以期获得更具有实践意义的研究结论。首先，在案例选取上，本书主要选择了近年来并购数量较多的医药行业进行研究，这对于医药行业的发展和改革具有较强的现实意义。本书选择 A 股上市的沃森生物和上海莱士作为研究对象，这两家企业均于 2013 年发起并购，并且稳健性系数相差较多，沃森生物的稳健性系数低于行业平均水平，稳健性较弱；上海莱士的稳健性系数高于行业平均水平，稳健性较强，具有可比性。同时这两家企业的外在环境基本相似，所以研究过程中排除了外在因素的影响，由此可以分析两家并购企业其他条件相同而会计稳健性不同会对并购行为和并购绩效产生何种影响，从而得出比较准确的结论。其次，本书对于这两家企业及其所属行业的数据收集均通过正规金融平台数据库和企业官方网站获得并进行整理汇总，对于指标的定义和衡量进行了规范。在本章节第二部分，主要对医药行业和案例企业进行了介绍并且选择了典型的目标企业进行对比分析。本书分别研究上海莱士并购邦和药业以及沃森生物并购大安制药，并详细介绍了这两大并购事件的过程以及企业采取的不同的并购策略，在并购频率、并购目标方选择以及并购支付方式选择方面的差异。最后，会计稳健性对企业并购行为和并购绩效的影响，分别介绍了两起并购事件中会计稳健性对并购整个过程中的并购行为和并购绩效的影响。对并购行为的分析主要采用的是定性分析的方法，并购绩效则用了定量分析的方法进行阐述，通过定性和定量分析方法的结合，最终得出了与实证分析相同的结论，对实证分析的结论进行了很好地验证。

第6章是研究结论、实践启示与展望。通过总结全文的研究，归纳了本书的主要研究结论，并提出了相关建议。最后指出了本书存在的不足以及今后需要改进之处。

本书的框架如图 1－3 所示。

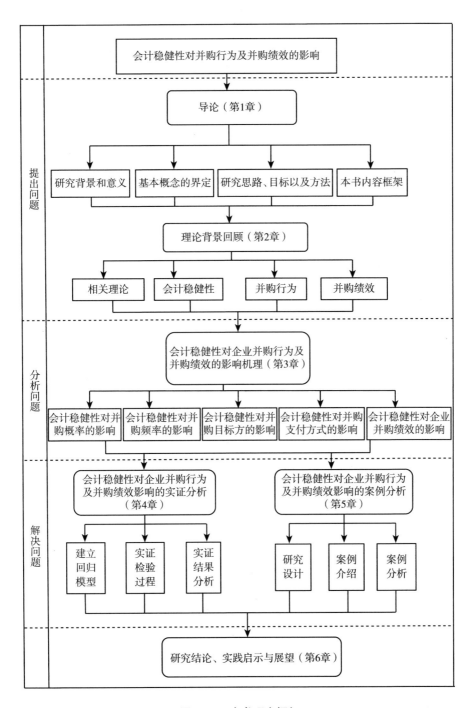

图 1-3 本书研究框架

第 **2** 章

◀ 理论背景回顾

- 相关理论分析
- 关于会计稳健性的研究
- 关于企业并购行为的研究
- 关于企业并购绩效的研究
- 文献回顾小结

002

2.1　相关理论分析

2.1.1　行为一致性理论

行为一致性理论（theory of behavioral consistency）最早是社会心理学研究领域的概念，是研究个体行为及行为风格跨情景一致性的重要假说。该理论认为在不同情景中个体所做出的行为及行为风格能够保持一致和稳定（Allport，1966）。社会心理学领域的行为一致性理论认为个体行为会受到个体特点与情景共同的影响，个体对待风险的态度会在一定程度上受到个体的特殊经历影响，在个体的行为中能够了解个体对待风险的态度。这种对待风险的态度作为一种个体行为风格，能够保持跨情景的一致性（Epstein，1979）。心理学中有关个体行为跨情景一致性也存在争论，核心问题是个体行为到底是由个人特点决定的，还是由情景要求决定的。目前这一争论基本达成一致，认为个体行为是由个体特点与情景要求共同决定的，并且研究内容也从单一的个体行为拓展到个体的行为风格，这样行为一致性理论突破了先前研究中个体行为前后一致或相同的严格要求，拓展到个体行为风格的跨情景一致性，从而具有了更强的现实解释力。

基于行为一致性理论，目前财务领域的相关研究主要探索管理者在生活中的特殊经历、个体行为与公司财务行为的相关性问题。行为一致性理论认为个体的特殊经历在一定程度上影响了个体对待风险的态度，而个体行为在一定程度上反映了个体对待风险的态度，具体反映在公司财务行为决策中，风险规避或风险偏好的特质在管理者筛选、加工与披露财务信息等决策过程中发挥着重要作用，进而影响了公司财务行为的选择。有学者认为管理者无论是在个体行为还是在公司行为的决策中会保持一致的行为风格（张亮亮和黄国良，2013）。就风险偏好而言，管理者在公司进行财务决策时，出于风险规避或风险偏好的行为风格，会对财务信息的选择、披露方面做出不同的决策，进而对企业整体的财务行为产生影响。就企业对财务决策稳健程度的选择，基于行为一致性理论，管理者过度自信、风险偏好会降低企业的会计稳健性（Ahmed & Duellman，2013）。杨筝、张陈等（2019）以中国沪深 A 股上市公司 2012 ~ 2017 年数据为样本，对管理者过度自信与会计稳健性进行了实证研究，得出管理者过度自信与企业的条件稳健性和非条件稳健性都呈负相关关系，即管理者过度自信会降低企业的条件稳健性和非条件稳健性。

基于行为跨情境一致性的观点，行为一致性理论认为个体在某种情况下的行为会预测他将来的行为（Funder & Colvin，1991），我们可以从企业会计稳健程度的高低，预测企业在不同并购阶段关键并购行为的选择偏好。企业会计稳健性水平的高低能够反映企业对待风险的偏好程度（Schrand & Zechman，2012），在企业并购的情景下，这一风险偏好的行为风格会得到延续（李善民等，2019）。稳健程度较高的企业会将并购交易视为风险性较高的投资活动，在并购的关键环节谨慎进行并购决策。在公司并购过程中，低稳健水平的企业往往高估收益而低估风险，因此在进行并购扩张时会乐观地高估并购成功的可能性，而对关键并购行为没有认真分析其可能的风险和客观条件的约束，从而促成本身并没有价值的并购活动（Nour & Fadi，2019）。会计稳健性作为一种对企业经营中的固有风险和不确定因素审慎反应，对于并购交易这一高风险活动，可以通过及时确认损失来减少企业的过度投资行为（Francis & Martin，2009）；并购各阶段中稳健的企业会倾向于稳健的并购决策，以降低和分散并购风险（Godfred & Paul，2019）。

2.1.2 信息不对称理论

在古典经济学的框架下，提出了人都是理性人的假设，这个假设指出每个人都可以获得完全的信息，并且根据已经获得的完全信息做出理性的决策，但这个只是理想化的情况，在现实生活中，完全信息的获取是很难做到的，我们每个个体由于能力知识等限制都只能获得有限的信

息。信息的不对称是常态，因此信息不对称理论随之诞生。信息不对称
理论在 19 世纪 70 年代被经济学家乔治·阿克洛夫、约瑟夫·斯蒂克茨
和迈克尔·斯彭斯提出，该理论认为市场交易的双方会因为信息的不对
称分布，严重影响到市场的交易行为和市场运行效率。其基本内容主要
概括为两点：一方面，由于交易双方的交易信息是不对称分布的，在市
场交易中总会有一方比另一方掌握更多的交易信息；另一方面，交易双
方清楚地了解自身在掌握交易信息数量方面的相对地位。在商品市场对
于商品信息的了解程度卖方往往大于买方，因此有更多机会获利。这一
交易信息不对称的状况会在交易活动中引起"逆向选择"和"道德风
险"问题（仵志忠，1997）。在企业的并购活动中，由于并购双方对企
业信息的掌握不完全对称，同样也存在着逆向选择和道德风险的相关问
题。逆向选择是指拥有信息资源优势的一方针对对方对信息掌握不全面
的弱点，隐瞒关键信息以获利，这客观上会导致市场分配行为的不合理
（Akerlof G，1970）。在企业并购的背景下，并购标的企业往往会比主并
企业更了解自身的发展状况。此时，并购标的企业出于牟取私利的机会
主义倾向，会利用自身这种在信息上的优势，导致逆向选择。由于没有
大量的信息数据做支撑，处于信息弱势地位的主并企业会容易受到标的
企业的蒙骗，失去对重组信息真伪的判断标准，这会诱发不公平交易的
风险，导致主并企业因此蒙受损失（何博，2004）。道德风险是指企业
内部的管理者往往具有信息优势，他们为了满足自身利益的最大化，将
会对自己不利的信息进行隐瞒或粉饰，导致获得虚假信息的另一方利益
受到损害（Arrow，1963）。事实上，在现代企业所有权和经营权分离
的情况下，委托代理关系的存在必然会导致道德风险（李建华和易珉，
2008）。在道德风险的环境中，管理者的投资决策不可能受到完全有效
的监督和控制，因此管理者就拥有了牺牲股东甚至公司集体的利益去发
展能够满足自身利益需求的投资项目的机会（蒋勇和王晓亮，2019）。
并购本来是一项旨在扩大企业规模的投资决策，但由于其能够给管理者
带来丰厚的个人收益，导致其极容易存在道德风险，成为管理者牟取个
人私利的工具，加剧管理者与企业的代理冲突，破坏企业价值，给企业

带来损失（李维安和陈钢，2015）。

信息不对称的两种风险形式——逆向选择和道德风险，均是企业并购绩效的潜在威胁，企业为了应对这两种威胁，需要在并购活动中解决两个重要问题：信息问题和代理问题（Healy & Palepu，2001）。而由于会计稳健性是一项重要且有效的公司治理机制，通过发挥会计信息的定价功能和治理功能（魏明海、陈胜蓝和黎文靖，2007），可以有效缓减上市公司内部、外部人之间的信息不对称水平，抑制管理者自利行为，成为解决企业代理冲突与代理成本的有效工具（李合龙等，2018）。

会计稳健性对逆向选择引发的信息问题的治理作用在于：一方面，使用稳健会计政策的企业为了向投资者传递其披露的是稳健的会计信息，会主动提高会计信息透明度，公开透明的企业信息可以帮助投资者降低因信息不全面而造成的对企业价值的误判风险（周晓苏和吴锡皓，2013）；另一方面，稳健性要求初始会计计量的谨慎性，避免并购初期管理层低估风险、高估价值的倾向。会计稳健性可以帮助管理层在进行投资决策时能够理性评估并购投资项目的收益和风险，从多角度考察并购目标方的企业价值，预估并购协同收益（于江和张秋生，2015）。会计稳健性对道德风险引发的代理问题的治理作用在于：一方面，会计稳健性可以抑制管理者向上操纵盈余，并且要求管理者披露更多的信息。大量的信息披露为所有者辨别管理者经营能力、判断投资盈利可能性提供了可靠依据，减少了代理成本（李维安和陈钢，2015）。另一方面，因为会计稳健性可以及时确认损失，所以会向监管者传递一种公司利益可能受损的信号。这使监管者会致力于查找造成损失的种种原因，管理者作为企业投资决策的重要角色，会首先受到调查。这一信号使企业的监管力度加大，为避免被解雇的风险，管理者会更可能放弃机会主义倾向，尽早终止无法获利的并购战略（Ball，2001）。唐清泉和韩宏稳（2018）指出在并购过程中会计稳健性起到了治理作用，能够缓解企业信息不对称问题，对管理者的行为起到制约作用，此外稳健性越高数据越真实可靠。魏卉和孙宝乾（2018）指出会计稳健性迫使管理层及时披露坏消息，有助于降低管理层和外部投资者的信息不对称水平从而产生积极的效应。

温章林（2017）提出稳健会计信息是一种高效率、透明的信息，企业存在信息不对称现象，但稳健会计信息传递了企业管理层的"私有信息"，减少或降低了信息不对称程度，降低其风险。企业采用稳健会计政策是对信息不对称现象及所处不确定环境作出的最自然的反应。王静和马淑蕊（2020）认为并购作为企业重大的战略决策，信息起着至关重要的作用，倘若并购双方存在信息不对称现象，将有可能引发高昂的交易成本和较高的支付溢价，这直接会导致主并方无法取得理想的并购绩效，因此降低信息不对称程度被认为是有利于并购价值创造的重要机制。马榕和叶建华（2019）研究发现：并购双方信息不对称越小，双方之间了解越多，并购公司越倾向于采用股票支付，因为股票支付价值会随公司价值的实现而变化，现金支付只有一定的合约价值。埃克博（Eckbo，2018）发现当目标方对买方了解更多时，买方采用股票支付的比例会越高。

2.1.3　自由现金流理论

美国经济学家詹森（Jensen，1986）提出自由现金流是企业投资完所有净现值为正的项目后剩余的现金流。当企业存在大量的现金流时，企业的管理者和所有者对资金的使用会产生分歧，管理者可能会利用信息优势滥用资金，管理者往往更愿意进行过度投资，不愿意把多余的现金流分配给股东，满足自身对企业现金流的控制权，管理者很可能投资于内含报酬率低于资本成本的项目，甚至用于个人消费，因而会损害股东的利益，对企业价值产生严重的不利影响。塔库尔等（Thakur et al.，2019）的研究指出企业持有大量现金为公司内部的腐败行为提供了机会。王满等（2017）的研究也表明，企业持有超额现金时会加剧企业过度投资，不利于企业的发展。

当企业拥有大量的自由现金流时，由于并购比投资能够更快地实现企业规模的扩张，管理者往往会通过并购活动来获得更加丰富的现金流，因此很可能进行低收益甚至破坏价值的并购活动。会计稳健性要求企业对损失的确认应比对收益的确认更加及时，提高企业的会计稳健性会有效地限制企业的自由现金流，解决管理者滥用资金的问题，控制企业的自由现金流可以对管理者起到良好的约束作用。另外，当"坏消息"被迅速确认时，会及时得到企业所有者的关注，从而追查导致"坏消息"的原因，而管理层作为企业并购活动的关键决策者，如果具有不恰当的并购行为，会面临所有者将其解雇的风险，从而危及自身利益（Ball & Shivakumar，2005）。石泓等（2017）以我国高耗能制造业上市公司为样本进行分析，发现当企业拥有大量自由现金流会推动过度投资，会计稳健性能够抑制过度投资行为。赵帅等（2020）以 2007～2017 年沪深上市公司为研究对象，发现会计稳健性通过缓解管理者和所有者之间的冲突进而会降低企业的现金流风险。徐虹等（2017）指出在企业现金流充足时，管理者可能会对一些不被市场看好的项目进行投资，出现盲目投资、过度投资的现象。马金城等（2017）的研究指出当企业存在大量自由现金流时会引发管理者的自利动机进行过度并购，从而损害企业绩效。林等（Lin C. M. et al.，2017）和贾婧（2018）通过实证分析证明了会计稳健性对现金持有价值具有正向影响作用，高水平的会计稳健性政策能够提高现金的使用效率。曹海敏和张聪果（2020）以 2008～2018 年 A 股上市公司为样本进行了实证分析，研究结果表明企业持有超额现金会诱发管理层基于自身利益的考虑侵占现金资产，造成资源浪费从而降低市场价值，而会计稳健性可以约束管理者的机会主义，降低对企业带来的消极影响。因此，在企业内部提高会计稳健性可以有效地发挥所有者对管理层的监督作用，提升企业的治理水平，防止管理层不良行为的发生。管理层因为迫于外在的压力和威胁，会尽快终止不利的并购项目，提高并购质量，进而提升企业的管理效率，努力实现企业价值最大化，为股东创造更多的财富，促进企业效益的提升。

2.1.4　委托代理理论

委托代理理论最早由西方著名学者詹森和麦克林（Jensen & Meckling）

在 1976 年提出，基于企业的所有者兼经营者的做法存在极大缺陷，因此倡导所有权与经营权的分离，提升企业的运营效率。作为理性经济人，委托方和代理方都会追求自身利益的最大化，委托人是企业的所有者，追求企业价值最大化，以分配更多的红利，而代理方是企业的管理层，希望获得高额薪酬，拥有更多的闲暇时间。委托方和代理方之间存在利益冲突，由于信息不对称，管理层可能会作出损害股东利益的决策，只顾眼前利益而忽视企业的长远发展，管理者追求的是自身利益而非所有者利益最大化，会与企业的目标相背离，从而产生代理问题。在公司治理机制中，与经营者相比，股东并不具有信息上的优势，也难以对管理者的行为实施有效监督。当委托人在企业内部建立相应的监督机制时，企业的运营成本会随之增加，实现的约束效果也是有限的。

在信息不对称的情况下，委托人对会计信息质量有着严格的要求，而代理人重点关注的是企业的盈余质量管理，委托方和代理人的目标有着很大的差异，从而在企业内部引发了委托代理冲突。而会计稳健性在解决委托代理问题方面发挥了良好的调节作用，完善了企业信息沟通的渠道，不仅可以有效降低代理人的盈余管理行为，而且还可以保障委托人的利益，同时提高了企业会计信息质量和企业的盈余管理水平。因此，企业的会计稳健性可以通过降低委托代理成本，优化企业治理。王鹏、张俊瑞和赵丽荣（2010）在研究中发现，会计稳健性可以有效缓解代理矛盾，而且企业内部董事会独立性、管理层持股比例和股权集中度均与会计稳健性呈负相关关系，进一步证实了会计稳健性与公司治理之间具有显著相关性。刘斌和吴娅玲（2011）以 2001～2008 年我国 A 股上市公司为研究样本，对企业会计稳健性与资本投资效率进行了实证分析，研究发现，在我国上市企业中，会计稳健性有助于缓解经理人与股东之间的代理冲突、降低投资者面临的信息不对称、抑制公司的过度投资或投资不足行为，进而改善公司的资本投资效率。张璋（2021）以 2007～2016 年跨境并购交易的企业作为研究对象，发现会计稳健性程度越高，并购交易成功的概率越高，并且稳健性的促进作用在代理成本较高的企业中更为明显。王启昭（2017）提出如果企业提高会计稳健性，就可以缓解企业因产权分离导致的管理者与股东、债权人与股东等一系列利益相关者的矛盾，减少代理成本和资产侵占的动机，从而促进企业效益的提升。聂永刚等（2018）通过实证分析得出，稳健的会计信息能够抑制代理人的过度投资行为，从而缓解代理问题，降低代理成本。杨琳惠（2020）基于沪深上市公司 2012～2017 年的数据，发现代理成本越高的企业并购绩效越低。何任等（2019）也得出了相同的结论。贝尔吉塔尔和克拉克（Belghitar & Clark，2015）研究发现代理成本加剧了管理层和股东之间的代理冲突，管理层进行大量并购活动以提升自身实力，但是在这种情况下并购可能会对企业的生产经营造成不良影响，并购绩效也无法保障。钱明等（2016）认为会计稳健性通过低估企业净资产，能够有效缓解管理层与股东之间的代理冲突，有助于企业获取外部投资人的信赖。

2.1.5 协同效应假说

协同（Synergy）源于希腊文 synergos，含义是"协同工作之意"。自 20 世纪 60 年代 H. 伊戈尔·安索夫（H. Igor Ansoff）首次提出协同效应概念以来，一直是西方大型公司在制定多元化发展战略、策划并购重组行动时所依据的一个最为重要的基本原则。具体而言，公司并购的动机主要在于通过公司并购双方的资源共享、能力和知识的转移等来获取协同效应。而这正是公司并购价值创造的主要驱动力（Bruner，2001）。

协同效应（synergy effects）是指并购后竞争力增强，导致净现金流量超过两家公司预期现金流之和，或者合并后公司业绩比两个公司独立存在时的预期业绩高。1971 年，德国物理学家赫尔曼·哈肯提出了协同的概念，1976 年系统地论述了协同理论，并发表了《协同学导论》等著作。协同论认为整个环境中的各个系统间存在相互影响而又相互合作的关系。一个企业可以是一个协同系统，协同是经营者有效利用资源的一种方式。这种使公司整体效益大于各个独立组成部分总和的效应，经常被表述为"1 + 1 > 2"或"2 + 2 = 5"。安德鲁·坎贝尔等（2000）在《战略协同》一书中说："通俗地讲，协同就是'搭便车'。[①] 当从公司一个部分中积累的资源可以被同时且无成本地应用于公司的其他部分的时候，协同效应就发生了。"他还从资源形态或资产特性的角度区别了协同效应与互补效应，即"互补效应主要是通过对可见资源的使用来实现的，而协同效应则主要是通过对隐性资产的使用来实现的"。蒂姆·欣德尔（2004）概括了坎贝尔等关于企业协同的实现方式，指出企业可以通过共享技能、共享有形资源、协调的战略、垂直整合、与供应商的谈判和联合力量等方式实现协同。

20 世纪 60 年代美国战略管理学家伊戈尔·安索夫将协同的理念引入企业管理领域，协同理论成为企业采取多元化战略的理论基础和重要依据。伊戈尔·安索夫（1965）首次向公司经理们提出了协同战略的理念，他认为协同就是企业通过识别自身能力与机遇的匹配关系来成功拓展新的事业，协同战略可以像纽带一样把公司多元化的业务联结起来，即企业通过寻求合理的销售、运营、投资与管理战略安排，可以有效配置生产要素、业务单元与环境条件，实现一种类似报酬递增的协同效应，从而使公司得以更充分地利用现有优势，并开拓新的发展空间。安索夫在《公司战略》一书中，把协同作为企业战略的四要素之一，分析了基于协同理念的战略如何可以像纽带一样把企业多元化的业务有机联系起来，从而使企业可以更有效地利用现有的资源和优势开拓新的发展空间。多元化战略的协同效应主要表现为：通过人力、设备、资金、知识、技能、关系、品牌等资源的共享来降低成本、分散市场风险以及实现规模效益。哈佛大学教授莫斯·坎特（R. Moss Kanter）甚至指出：多元化公司存在的唯一理由就是获取协同效应。

企业并购的动因大多是基于对协同效应的预期，而并购分析中最常见的差错之一就是不能正确地预期协同效应。一般可以从三个层次来分析并预测并购的协同效应，一是核心层的协同效应，即从企业资源的角

---

① 安德鲁·坎贝尔，战略协同［M］．北京：机械工业出版社，2000：67．

度来研究并购协同效应产生的根源，分析并购双方的资产和能力结合后可能引起的企业价值增值；二是战略层的协同效应，即根据威斯通（1996）分类，从企业发展战略角度，分析并购双方在经营、财务和管理方面可能创造的价值；三是职能层的协同效应，即按照安索夫（1995）的分析框架，从管理、投资、运营和销售等基本职能活动方面考察并购双方可能实现的协同效应。无论从哪个层次分析，最终的价值表现无非有如下两种：一类是可以用货币来衡量的，体现为营业收入的增加、营业成本的减少、资本需求的降低和获得税收收益等；另一类是无法用货币度量但又十分重要的，表现为企业效率的提高以及竞争优势的增强。

　　并购产生的协同效应主要包括：经营协同效应（operating synergy）、财务协同效应（financial synergy）和管理协同效应（management synergies）。经营协同效应主要指实现协同后的企业生产经营活动在效率方面带来的变化及效率的提高所产生的效益，其含义为协同改善了公司的经营，从而提高了公司效益，包括资源互补、增加收入、降低成本等。资源互补是指协同可以达到资源互补从而优化资源配置的目的，两家企业之间可以相互取长补短，相互协调合作，通过协同作用将自己的优势得到最大限度的发挥。增加收入是指企业的收入通常伴随着规模的扩张而增长，并购能够通过整合企业间优质资源，包括吸纳新业务、拓展销售渠道、获得新技术等迅速扩大企业规模，使企业的业务能力与行业竞争力迅速得到提升，加快了企业成长的步伐。降低成本，通常来说，在获取规模经济之后，企业能在一定程度上降低其生产成本。企业管理费用等这类生产成本与规模经济存在不可分性，即当企业规模扩大时，将降低分摊到每个产品上的成本，相应地提高了企业的营业利润。同时伴随着企业规模的扩大，产品生产与劳动管理的专业化程度也将大幅提升，有利于实现产品的流程化生产，从而降低企业生产成本，获得更高的产品收益。财务协同效应是指协同的发生在财务方面给协同公司带来收益：包括财务能力提高、合理避税和预期效应。财务协同效应主要表现在：其一，企业内部现金流入更为充足，在时间分布上更为合理。当并购方企业拥有较多的投资机会，但由于资金的缺乏无法实现资源的合理配置时，通过并购获得低成本资金是一种快捷有效的方式。这种情况下的目标公司通常拥有充足的资金，并购能将两种劣势资源整合匹配，实现互利共赢。其二，财务协同效应还能给企业带来一定的节税效应。一是一些企业具有一定的特殊性，在政策上获得国家大力支持，满足国家税收优惠政策，但由于亏损，无法在实际经营中落实国家优惠政策。这样的企业通过合并其他盈利、但由于某些原因无法享受税收优惠政策的企业，做到真正落实国家税收优惠政策，有利于这类特殊企业的持续性发展，符合国家经济政策的导向。二是在权益法下的并购交易中，对被并购企业的资产需要以公允价值进行重新计量，一般认为资产的公允价值会高于其账面价值，由此产生的差异将减少企业应纳税所得额，增加企业收入。其三，企业资本扩大，破产风险相对降低，偿债能力和取得外部借款能力提高。企业兼并扩大了自有资本的数量，自有资本越大，因企业破产而给债权人带来损失的风险就越小。合并后企业内部的债务负担能力会从一个企业转移到另一个企业。因为一旦兼并成功，对企业负债能力的评价就不再是以单个企业为基础，而是以整个兼并后的企业为基础，这就使得原本属于高偿债能力企业的负债能力转移到低偿债能力的企业中，解决了偿债能力对企业融资带来的限制问题。另外，那些信用等级较低的被兼并企业，通过兼并，使其信用等级提高到收购企业的水平，为外部融资减少了障碍。无论是偿债能力的相对提高，破产风险的降低，还是信用等级的整体性提高，都可美化企业的外部形象，从而能更容易地从资本市场上取得资金。其四，企业筹集费用降低。合并后企业可以根据整个企业的需要发行证券融集资金，避免了各自为战的发行方式，减少了发行次数。整体性发行证券的费用要明显小于各企业单独多次发行证券的费用之和。管理协同效应又称差别效率理论。管理协同效应主要指的是协同给企业管理活动在效率方面带来的变化及效率的提高所产生的效益。如果协同公司的管理效率不同，在管理效率高的公司与管理效率不高的另一个公司协同之后，低效率公司的管理效率得以提高，这就是所谓的管理协同效应。管理协同效应来源于行业和企业专属管理资源的不可分性。以并购为例，管理协同效应主要表现在以下几个方面：第一，节省管理费用。开展并购，通过协同将许多企业置于同一企业领导之下，企业一般管理费用在更多数量的产品中分摊，单位产品的管理费用可以大大减少。第二，提高企业运营效率。根据差别效率理论，如果 A 公司的管理层比 B 公司更有效率，在 A 公司收购了 B 公司之后，B 公司的效率便被提高到 A 公司的水平，效率通过并购得到了提高，以至于使整个经济的效率水平将由于此类并购活动而提高。第三，充分利用过剩的管理资源。如果一家公司有一高效率的管理队伍，其一般管理能力和行业专属管理能力超过了公司日常的管理要求，该公司便可以通过收购一家在相关行业中管理效率较低的公司来使其过剩的管理资源得以充分利用，以实现管理协同效应。

2.2 关于会计稳健性的研究

会计稳健性虽多年来在世界各个地区广泛使用，但目前学术界对于会计稳健性定义的讨论仍未达成一致。布利斯（Bliss，1924）认为会计稳健性是"预见所有可能的损失，但不预期任何不确定的收益"。最早，会计稳健性作为一种会计处理原则主要是对会计确认中及时确认损失进行指导。因此，基于这一情况，会计稳健性的早期定义为推迟确认收入或利润，提前确认费用或损失。之后，考虑到会计信息确认和计量的不确定性，会计稳健性被会计准则制定机构描述为一种对不确定性的谨慎反应，对于企业发生的具有不确定性的经济活动，在进行会计处理时，企业应对可预见的损失进行及时的确认，当对收入没有十足的把握时不能予以确认，要始终以不高估资产和收益，不低估负债和费用为原则，体现谨慎性原则，从而保证企业的经营风险被充分考虑到。接下来，本书将从会计稳健性的含义、度量方法以及会计稳健性的作用等层面对会计稳健性的现有研究进行回顾。

2.2.1　会计稳健性的含义

关于会计稳健性的定义主要有以下两类。一类是来自巴苏（Basu，1997），他认为会计稳健性是对财务报表中的财务信息确认提出要求，会计人员将坏消息确认为损失要比将好消息确认为收益更为及时。这种盈余的非对称及时性，要求企业在确认收入时需要拥有足够充分的证据证明，但在确认损失时证据的充分虽然重要，但及时确认是第一要务。另一类定义反映了稳健性对企业净资产账面价值的持续低估，费尔特姆和奥尔森（Feltham & Ohlson，1995）以某一时点企业股权的市场价值的期望值与企业股权的账面价值之差为衡量指标，判断企业的会计稳健性程度。目前学术界这两类定义受到了普遍的认可，比弗和瑞安（Beaver & Ryan，2005）结合前人的研究，进一步将会计稳健性分成了有条件会计稳健性和无条件会计稳健性两类。有条件会计稳健性是指企业在面临不利时，及时将资产账面价值予以注销，但有利时谨慎相应增加（资产）账面价值。无条件的稳健性是指在资产或负债产生之初就确定采用的、能够产生预期未入账商誉的会计处理方法，使股东权益的账面价值低于其市场价值。本书的会计稳健性主要是指有条件会计稳健性。

2.2.2　会计稳健性的度量

学术界对于衡量会计稳健性进行了大量的研究，不少学者都提出了不同的衡量方法。巴苏（1997）的研究表明稳健性自出现起就作用于会计实务，通过研究会计盈余与股票收益率的关系，提出了条件稳健性的衡量指标，将其组织为 DT 模型。DT 模型可以计算出会计稳健性对企业"坏消息"（损失）反映的及时性，证明了稳健性广泛存在于企业活动中。由于 DT 模型的设计较为符合会计稳健性的特质，因此在理论研究和实际操作中均得到了广泛的应用（Ryan，2006），也有大量的学者对其进行了改进以进一步提高计算的准确性。鲍尔、科塔里和罗宾（Ball, Kothari &

Robin，2005）以 DT 模型为基础，设计了应计现金流模型，以现金流作为稳健性的衡量指标，正的现金流代表"好消息"（预期收益），负的现金流代表"坏消息"（预期损失）。然而迪特里希和米勒（Dietrich & Muller，2007）在运用 DT 模型进行计算研究时，发现了计量中存在偏差。因此卡恩和瓦茨（Khan & Watts，2009）基于前人的研究，设计了准确性更高的 C-score 模型。C-score 模型中增加了账面市值比（MTB）、杠杆（LEV）和企业规模（SIZE）这三个指标来提高计算的准确性，他们认为这三个指标能够反映企业对风险的偏好程度。杰克逊（Jackson，2010）用坏账准备度量会计稳健性，通过衡量本期计提的坏账准备和下期核销的坏账准备的大小分析会计稳健性的高低。杨丹、王宁和叶建明（2011）参考了坏账准备模型，认为资产减值准备的设立反映了会计稳健性的原则，主张将其作为会计稳健性的衡量指标。目前 C-score 模型在学术界受到的认可度较高，使用范围也较为广泛，国内学者李增泉和卢文彬（2003）首次对会计稳健性在我国上市公司普遍存在的情况予以确认，国内较早采用 Basu 模型的李刚等（2008），利用其衡量会计稳健性用以判断对股权融资成本的影响，张悦玫、张芳和李延喜（2017）选择了利用坏消息确认的及时性来衡量会计稳健性，即 C-score 模型。考虑到 C-score 模型被广泛地认可和使用，本书也将用 C-score 模型来度量会计稳健性。

2.2.3　会计稳健性的作用

随着世界经济的不断发展和学术理念的不断更新，会计稳健性在实务中得到了越来越多的重视，大量的学术研究发现会计稳健性这种制度安排可以协调企业利益相关者的利益，在企业日常经营活动中，这一特点能够有效治理经营风险。结合企业对会计稳健性的实际应用，学术界开始从公司治理的角度，研究会计稳健性对企业委托代理问题的影响作用，会计稳健性能够减少信息不对称程度，进而对企业投融资效用产生治理效果（吴良海等，2017）。

在投资效用方面，对于投资过度，无论是通过直接验证两者的负相关关系（Lara et al.，2016）或通过损失确认及时性（Khan & Watts，2009；Ball & Shivakumar，2005）等间接方式，都能够证明会计稳健性可以有效约束企业投资过度，苏逶妍和王宇峰（2008）通过实证研究发现，企业的会计稳健性越强，当面临的投资机会下降时，企业会更为及时地削减投资，从而可以有效地提高企业的投资效率，加强会计稳健性的建设，有助于防止企业盲目投资于净现值为负的投资项目，实现资源的有效配置。但研究未能证明在投资机会上升时，会计稳健性对投资效率的作用。对于投资不足，目前的研究结论尚不明确，一种观点认为，由于会计稳健性低估会计数据，韩静、陈志红和杨晓星（2014）认为会计稳健性及时确认损失，容易使管理者低估企业价值、厌恶风险，投资作为一项风险活动，会让这类管理者敬而远之，加剧投资不足。另一种观点认为，会计稳健性能够缓解投资不足，因为其可以减少信息不对称，降低投资过程的沟通成本，减少不必要的摩擦（张悦玫和张芳，2019）。田祥宇和阎逸夫（2017）以 2010～2014 年沪深 A 股上市公司为研究对象，发现适度的会计稳健性可以降低企业的非效率投资，而且当企业的高管过度自信程度特别高时，会计稳健性对其造成的非效率投资、投资过度和投资不足的调节作用会越强。唐清泉等（2018）结合前人的研究经验，进一步探索会计稳健性对企业并购这一投资活动的影响。研究发现，由于会计稳健性对企业损失和收益的非对称确认，可以约束企业内部管理者的机会主义倾向，以一种有效的企业治理机制帮助企业实施有价值的并购活动，这种作用关系在代理程度更深的公司更加显著。赵息等（2017）试图通过研究企业并购活动，探索会计稳健性与企业投资效率的关系，研究表明会计稳健性能够帮助企业提高并购投资效率，使企业通过并购有效提升盈利能力。结合其实证研究的结果证实，如果并购方公司代理成本减小，条件会计稳健性对并购效率的影响作用会变得不显著。

在债务融资方面，艾哈迈德等（Ahmed et al.，2002）发现，当影响债务成本的其他因素不变时，债权人与企业的债务契约冲突会促进企业会计稳健性的提升，而且企业的会计稳健性越高，其融资成本会越低。赵刚、梁上坤和王玉涛（2014）实证检验了 2000～2007 年国内 A 股上市公司的单笔银行贷款的相关数据，结果发现，企业的会计稳健性越强，其获得贷款的金额会越大，拥有的贷款期限会越长，而且尤为重要的是，贷款利率会越低，即企业的会计稳健性水平会影响贷款的利率，降低企业的融资成本。但是李争光等（2017）以我国 2007~2014 年的 A 股上市公司为研究对象，以 C-score 模型度量公司的会计稳健性水平，发现会计稳健性与债务资本成本之间正相关。

在企业价值方面，李合龙、李海菲和张卫国（2018）以 2010~2016 年的沪深两市 A 股上市公司为研究对象，实证分析结果表明，机构投资者通过提升企业的会计稳健性水平可以提升企业的市场价值，而且当企业会计稳健性水平较高且机构投资者的持股比例较高时，会计稳健性水平对企业价值的提升效果会表现得更加显著。邓云君和裴潇（2017）基于 2013~2015 年我国 A 股非金融上市公司数据，在运用应计现金流量模型对会计稳健性进行检验的同时，研究了会计稳健性对企业盈利能力和公司债务融资成本的经济后果的影响，结果表明，会计稳健性可以显著提升企业的盈利能力，而且对于亏损企业，加强会计稳健性对企业盈利能力的效果会更加显著。

2.3 关于企业并购行为的研究

并购行为是一个过程变量，所有的并购行为构成一个企业完整的并购活动，最终影响企业的价值创造（张晓明和宫巨宏，2016）。并购关键行为因为与并购关键风险点息息相关，因而会对企业的并购绩效产生较为重要的影响。在并购的不同阶段，所存在的风险类别并不相同，通过识别不同阶段存在的不同风险，找出各个阶段中与之对应的关键并购行为，并分析这些关键并购行为对并购绩效产生的影响，这是本书重点关注的内容之一。并购整合阶段实际上会受到并购决策和执行的影响（杨勃和杜晓君等，2015），因此，目前学术界对企业并购行为的研究，主要集中在并购行为中的并购概率、并购频率、并购目标方的选择以及并购支付方式的选择等方面。

2.3.1　并购概率

学术界对并购概率有不同的定义，有的学者以并购是否发生的虚拟变量衡量并购概率（张耀杰等，2020），也有的学者将并购概率解释为企业成为并购目标的概率（王佳星、刘淑莲，2020）。本书中并购概率指的是企业参与并购时成功的概率。企业在制定并购方案时对并购目标方、并购支付方式进行考虑，主要是为了提升企业并购成功的概率。企业并购成功与否，不仅影响到并购交易双方的利益，也是影响投资者判断投资价值的重要指标（张琴琴，2010）。现有文献关于并购成功概率的研究比较多。从宏观层面来看，国家之间的制度环境、经济技术水平等都会影响并购的成功。张珺和韩玫（2021）以 2009~2019 年中国企业在"一带一路"沿线的跨国并购事件作为研究样本，实证分析国家间的互联互通能否显著提高企业跨国并购的成功率，研究结果发现两国之间的互联互通水平对中国企业并购成功率具有正向影响；查媛媛和万良勇（2020）的研究发现，当公司收到问询函的严重程度越高，意味着公司并购交易存在的风险越大，其并购交易的成功率也会越低；刘敏等（2020）考察双边政治关系对我国企业跨国并购成功率的影响，得出双边政治关系能够拉近并显著提高中国企业跨国并购成功率；孙文莉等（2016）对各宏观风险指标对中国企业海外并购成功率的影响进行了研究，发现东道国制度质量与中国企业并购成功率呈负向关系，可能是中西文化传统的差异而导致。尹达和綦建红（2020）的研究发现全球经济政策不确定性上升对我国企业跨境并购成功率和并购规模具有显著的抑制作用。也有学者从微观层面对并购成功概率进行了研究。阿加瓦尔和曼德尔科（Agrawal & Mandelker，1990）认为一些类型的机构投资者持股会对公司的投资决策和并购交易产生积极的影响，进而可能会促进并购的成功。

关于会计稳健性对于并购概率的影响，鲜有文献直接研究二者之间的关系。并购作为一项优化企业内部资源的投资活动，其具有很大的风险，而这也会对并购能否成功产生了影响。向涛（2020）分析了企业进行并购时可能产生的风险，包括价值风险、融资风险、整合风险等，由于无法及时地发现这些风险将会带来不可预料的结果，因此企业进行并购时要制定战略规划从根本上防范风险，对于风险的发生应该提前预判，并购完成后应当对负债、资产等进行评估，而这也间接地表明了企业应该具有稳健性，不应该过于盲目大意以及不应高估资产低估负债，及时进行鉴别，有效减少其风险进而提高并购成功率；巴勃罗等（Pablo et al.，1996）从管理者层面研究发现，过于自信的管理者不利于企业成功实施并购，他们可能在对企业价值进行评估时出现高估的情形，同时对后期的协同效应也考虑得不够充分，这也间接说明低稳健性的政策对并购的实施产生了不利的影响。何顶（2018）提出收购方的高质量尽职调查是降低并购风险，防止收购方在并购中发生重大损失的重要保障，而并购方的尽职调查也反映出企业的稳健性特征；黄美霞等（2017）以种业企业为例发现在并购整合过程中有效降低并购风险可以加大并购成功的可能性。克莱维特等（Kravet et al.，2014）研究发现更加稳健的经理会做出风险更小的收购活动。并购双方之间的信息不对称也会影响并购交易能否顺利进行。收购方如果不能充分获取关于目标方的信息，并购的成败也很难预测。郭安平（2017）以并购双方之间的地理距离作为信息不对称的代理变量，研究发现地理距离增加了双方的沟通成本，加剧了并购双方的信息不对称程度，使得并购过程效率降低，会负向影响并购的成功率；而会计稳健性能够降低信息不对称程度学术界已进行了验证（Watts，2003；Khan & Watts，2009），因此可以发现会计稳健性通过降低信息不对称程度进而会提升企业并购的成功概率。此外由于我国两权分离的制度导致股东和管理层之间也存在代理问题最终会产生代理成本。当企业股东和管理层的代理成本升高，代理冲突也会不断加剧，管理层会以自身利益最大化开展并购活动（杨琳惠，2020），此时进行并购可能并不会为企业带来积极影响，也不会提升并购的成功率。而已有研究发现会计稳健性的增加可以起到降低代理成本的作用（贾婧等，2017；周晓苏等，2015）。因此会计稳健性也可以通过降低代理成本间接提高并购成功的概率。

2.3.2　并购频率

在企业进行并购战略决策的准备制定阶段，企业通过对自身情况和行业发展的考量，明确并购目的，制定并购战略。连续并购作为企业获取技术、市场、实现快速扩张的有效方法，成为企业在这一阶段需要考虑的决策方向（谢洪明等，2019）。目前学术界普遍认为连续并购意味着企业在一段时间内并购活动的高频率发生，但具体的时间区间及并购频次尚未形成统一的认识。本书参考了富勒（Fuller，2002）对连续并购活动的认定标准，将 3 年内进行 5 次以上并购界定为高频率的并购。行为一致性理论认为企业的会计稳健性程度与高管的过度自信有关，而管理层的过度自信具有"杠杆效应"，即：管理层越过度自信就越会增强其为攫取私利完成业绩指标而频繁发起并购活动的倾向（施继坤、刘淑莲和张广宝，2014）。而高频率并购中存在着并购标的遍布广泛，连续并购间隔时间短，管理范围和难度加大，并购投资管理的风险程度随着外延式发展的推进和并购行为的增多而提高的风险。因此，通过对并购战略制定阶段的风险识别，并购频率在这一阶段成为一个较为重要的影响因素。

企业的并购频率主要是用企业在一年中的并购次数来衡量，我国资本市场上的很多上市公司倾向于在短时间内实施连续的多次并购行为，致使有些上市公司在一年内发生多起并购事件，而这种现象已经成为我国资本市场上的一个重要特征（张新，2003）。夏扬等（2018）以均胜电子为研究对象从长短期两个方面分析民营企业连续并购的绩效，得出均胜电子通过连续开展并购实现了整体绩效的提升。而贺天玥等（2021）以新时达电气股份有限公司为例发现连续并购并未实质性改善其财务经营状况；赵等（Zhao et al.，2019）发现连续并购对企业效益的影响与企业规模有关，小型企业并购会增加利润，大型企业则相反。周荷晖等（2019）研究发现企业在同一时间或连续处理多起并购交易，会导致信息负载过大引起管理层信息遗漏、判断失误等问题，降低并购绩效。张于（2018）通过对并购频率对制造业的盈利能力和发展能力产生的影响进行研究，发现并购频率与公司的盈利能力负相关且显著，与并购母公司的发展能力也是负相关。

关于会计稳健性对并购频率的影响，并购重组可以帮助企业较快获得较多的市场份额以实现企业的发展壮大，拥有更多技术优势和优秀人才的资源，在商业竞争中占有竞争优势。根据行为一致性理论的观点，高管作为企业实际经营者，决定了企业的会计稳健性程度。高管作为企业日常经营活动的管理者，极大地影响着企业并购投资项目的决策。大量证据表明高管个人特征对企业并购频率有关键性影响，大多学者认为管理层过度自信是导致高频率、低效率并购的主要诱因。刘莉等（2020）认为在企业并购活动管理者的风险偏好发挥了重要作用，偏好风险的管理者往往愿意发起并购投资活动，并且发起频率也较为频繁。赖黎等（2017）对 2006～2015 年中国 A 股上市公司进行实证研究，追踪高管的成长背景，其中发现有过部队生活经历的企业高管往往更偏爱高杠杆、高风险的融资活动，他们频繁地进行并购，但并购业绩并不尽如人意。从侧面证明了低稳健程度会给并购活动带来负面效应。

2.3.3　并购目标方的选择

并购目标选择阶段主要解决企业并购谁的问题，这需要并购企业对目标企业进行战略运营匹配和组织管理匹配两个阶段的调查分析，其中根据交易双方战略匹配程度的高低，可以将并购分为相关并购和非相关并购（Tsai，2000），目标方与并购公司的现有业务或市场相关的并购为相关并购；反之则属于非相关并购。效率理论认为，并购行业的相关性越高，则越能体现并购双方的协同作用，实现规模经济效应，降低生产与经营成本。组织资本理论也认为，行业相关程度高的并购更容易实现行业专属管理能力向目标企业的转移，从而提升并购绩效。而非相关并购则无法实现。

　　基于信息不对称的视角分析认为，进行非相关并购，由于并购方不熟悉目标公司行业环境，无形中增加了交易双方的信息不对称程度，使企业的整合成本和投资风险加大，影响并购协同效应的发挥，对企业的并购绩效产生一定的不利影响（孙梦男，2017）。因此并购目标的相关性是这一阶段有关信息不对称风险的重要影响因素，研究这一关键并购行为有助于控制并购风险，实现并购预期。张耕和高鹏翔（2020）研究认为企业进行非相关多元化并购的一个动因是在于他们希望通过多种业务分散企业的风险，但就相关并购而言，张娟等（2017）认为相关并购的风险在其他方面的风险小于非相关并购，相关并购可以降低信息不对称程度，为企业提供很多共享资源和技术经验的机会，发挥规模经济的协同作用，且不相关并购虽然使企业涉足不同领域分散了行业风险，但行业壁垒的存在会为企业日后的整合带来极大的不确定性，与企业的并购初衷相违背。委托代理理论认为公司内部所有者与管理层目标是不一致的，就多元化并购这一层面来说管理层为了证明自身的业务能力，往往更愿意把资金投入多元化的并购项目，通过增加并购难度展示自身优秀的管理水平。但因为这一做法与企业所有者希望企业价值最大化的经营目标不符（王磊等，2018），反而加重了企业的多重代理问题。纪亚方（2017）认为过分自信的管理层会对风险保持盲目乐观的估计态度，会更积极地开展多元化并购。由于管理者的盲目，使并购的风险未得到充分的考虑，在多数情况下这种多元的并购计划并不能实现管理者所估计的效果，不仅未能满足管理者的业绩指标需求，甚至会因为加重了并购风险而使企业陷入经营危机。

2.3.4　并购支付方式的选择

　　并购财务风险是企业并购风险中较为普遍，也较为重大的一种风险。在企业的并购实施阶段，保证资金充足，降低财务风险是企业非常重要的一项任务。如果并购活动中资金链断裂，财务风险加重，并购失败的情况是不可避免的。因此，在解决了要不要并购、并购谁的问题之后，并购实施阶段需要解决的一个重要问题就是以何种方式进行交易支付。并购交易的支付方式会对并购交易成本产生很大的影响，所以有关并购的支付方式是企业在并购实施阶段的一个关键行为（葛结根，2015）。适合的并购支付方式是优化企业配置资源、减少代理成本的有效方式，进而可以实现企业改善经营绩效和增加股东财富的目标（李井林等，2014）。

并购支付方式指的是企业之间在并购活动中采用的支付方式。目前被选择的支付方式有 30 多种，但并不是所有支付方式都被普遍使用，现金支付、股票支付、现金与股权混合支付是被大部分企业所采用的三种最常见支付方式。现金支付是使用已经商议好的并购价格进行交易，不仅仅以货币资金进行交易，还可以用企业内部的自有现金，或者是现金等价物等形式的现金流向被并购企业支付，这些都可以归纳称为现金支付。作为另一种较常用的支付方式，股票支付分为广义与狭义两种：广义是指在并购交易中双方在协商一致后以股价估值作为并购资本进行支付，这些股票可以是持有的本公司股票，也可以是本公司持有的其他公司股票；而狭义股票支付仅仅是指进行交易时采用本公司股票进行支付。股票支付时，股票也包括发行的新股（包括普通股与优先股）、库存股、回购的公司股票等。由于在并购活动中，大额并购与小额并购交替存在，大公司为了注入新鲜血液或者在国际贸易的并购中更有优势，股票支付顺势而生。混合支付是指由不同单一支付方式进行组合的一种混合支付手段。主要有"股票＋现金"组合支付、"股票＋负债"组合支付、"资产＋负债"组合支付、"现金＋负债"组合支付等。混合支付方式由于采用了不止一种支付手段，因此其优点也大大增加，不仅扩充了我国企业之间并购支付方式的种类，也使得企业在并购活动中能获得更好的绩效目标。

基于信息不对称角度，马克等（Marco et al.，2020）认为由于企业并购中的双方信息不对称问题会导致定价支付偏离标的企业实际价值的风险，股份支付可以使得并购对方承担一定的定价风险，实现风险的部分转移，因此收购方往往会更倾向于股份支付作为并购的支付方式。邓鸣茂和梅春（2019）的研究表明由于并购双方的信息不对称，主并方对并购标的企业的价值估计可能并不准确，这极易导致产生高溢价、低价值的并购交易。但股票支付的并购方式，通过以股换股使并购双方的股东在并购完成后均需对企业面临的风险负责。因此，基于股票支付的这一情况，稳健的并购企业出于避免来自信息不对称的高溢价风险，会更倾向于股票支付。李善民（2009）在对比了中外企业的并购风险之后发现，如果并购双方信息不对称问题程度较高，企业普遍会选择股份支付完成并购。并且与现金支付相比，股份支付使并购双方的联系更加紧密，这会有效降低对目标企业整合的难度，从而更高效地实现并购的协同效应。吴娜等（2018）认为企业在并购交易中采用现金支付，会为企业日常经营带来极大的资金压力。如果行业或企业内部环境发生变化，对企业现金流造成威胁，现金支付造成的资金压力可能会使企业承担更多的债务风险。因此，稳健程度较高的企业为保证资金充足，会更倾向于选择股份支付的并购支付方式。

不同的支付方式会对并购双方的股东收益产生影响，这主要表现在三个方面：其一是税务因素，埃克博（Eckbo，1983）提出了纳税协同效应的观点，认为并购可以更好地利用避税手段，如资本利得税和增加资产。采用证券（以股票为主）支付方式时，可以使目标企业股东延迟纳税和进行税种替代，这对目标企业的股东有利；而采用现金方式支付时，收购方增加了资产，从而扩大了折旧避税额，所以收购方也愿意支付更高的价格。其二是信息不对称因素，特拉夫洛斯（Travlos，1987）以及路易斯（Louis，2002）都认为，当企业意识到价值被高估，管理层就会利用所拥有的私人信息发行证券为并购融资，所以股票价格并不能准确反映并购的信息，从长期看这会导致公司股价下降。其三是信号因素，该理论认为，支付方式的选择揭示了未来的投资机会或现金流量情况。现金融资型并购表明，收购方的现有资产可以产生较大的现金流量，或者表明收购方有能力充分利用目标企业所拥有的或由并购所形成的投资机会；相反，股票融资则是一个不良信号。因此，从理论上讲，收购方采用现金并购的超常收益通常要高于股票并购。从实证检验结果来看，特拉夫洛斯（Travlos，1987）研究发现，采用现金并购比股票并购可以产生更多的超常收益。林恩和斯维泽（Linn & Switzer，2001）从目标企业角度也证实了现金并购的超常收益相对较高。但是，路易斯（Louis，2002）发现，在采用现金并购时，收购方的长期超常收益为零，无显著差异，而股票并购收益则显著为负。阿加瓦尔（Agrawal，2003）以60家私募基金为样本进行实证研究，探索并购支付方式与并购绩效的关系，研究发现股权集中度高的企业指标数据更优，因为公司的股权集中度高使得企业决策效率提升，获得了更高的经营绩效。因此在企业并购过程中，股权集中度更高的企业使用股票支付方式能获得比现金支付方式更好的绩效。陈涛等（2013）采用事件研究法对我国上市公司收购非上市公司的569个事件进行实证分析，研究得出使用股票支付的支付方式会对主并方股东收益产生显著的正向影响，现金支付的并购支付方式对主并方股东收益影响并不显。周绍妮和王惠瞳（2015）基于公司治理视角，研究股票支付和现金支付两种并购支付方式对并购绩效的影响，研究结果表明企业利用股票支付帮助公司引入战略投资者，不仅使股权结构得到优化，还加强了对企业的监督管理，对比使用现金支付完成的并购绩效，股票支付对并购绩效明显有提升作用。

由此看来，现有的实证检验结果大体上支持了理论研究，但是，在收购方获取超常收益的程度这一问题上，仍然存在分歧。

2.4　关于企业并购绩效的研究

并购绩效是企业通过并购后为其自身带来的经济效果和结果的统称，也是企业在并购后的某段经营期内的经营成绩与效益。如同绩效是衡量员工在工作上的成绩与效果，企业并购绩效对于公司来说就是衡量一个企业通过并购这一经济行为对公司产生的成绩和效果。工作中的成绩是需要某种指标度量，而并购上的成绩和效果，并不能被完全度量，且度量方式也有偏差。通常情况下都是运用收益变化来衡量并购效果，由于并购绩效在不同维度的测量可能会得到差异结果，而并购绩效也可以从度量时间维度分为短期绩效、中长期绩效与长期绩效。通过对以往文献的回顾可知，通常短期绩效与长期绩效是较为普遍的研究对象，股价的短期波动较多被形容是短期绩效的直观表现，而股东价值较多被形容是长期绩效的一种表现。

并购绩效一直是并购学术界关注的重点，国内外学者运用短期及长期事件研究法对公司并购绩效的研究并未得到统一的结论。一些研究发现并购可以为并购公司股东创造更多的财富（Eckboand Thorbun，2000；Masuliss，2007；朱滔，2006）。另一些研究却发现并购带来的累计超额收益为负（Moellea，2004；Caiand Sevilit，2012；田高良等，2013）。学者们采用会计研究法对企业并购绩效也做了大量的研究，由于所选取财务指标的不同导致研究结果存在一定的差异（Healy & Palepu，1992；DeLong，2003；Zolo，2004）。周绍妮和文海涛（2013）基于产业演进的视角设计了相应的财务指标体系来评价企业的并购绩效。即便是采用同样的研究方法，运用同样的财务指标对不同的并购企业进行研究，得出的结论也大相径庭。到底影响并购绩效的因素有哪些？国内外学者主要从如下几方面进行了研究：其一，并购支付方式对并购企业绩效的影响。从实证检验结果来看，无论是从短期（Trawlos，1987；Walker，2000）还是长期（Linn & Switser，2001；Sudarsan & Mahate，2006；葛结根，2015）来看，大部分研究都支持了现金支付方式比股票支付方式可以产生更多的超常收益的结论。也有研究认为，在并购交易中使用股票支付获得的累计超常收益更显著（李井林、刘淑莲和韩雪，2014）。其二，并购行业的相关程度对并购企业绩效的影响。辛格（Singh，1987）根据并购双方的战略匹配性把并购分为相关并购和非相关并购。检验结果表明，对于收购方而言，相关并购所创造的价值比不相关并购要高（陈旭东、曾春华和杨兴全，2013；宋淑琴和代淑江，2015）。哈里森（Harrison，2015）研究了公司管理层能力的高低对收购行为的影响，管理层能力高对收购企业绩效产生正的效应，而管理层能力比较低则产生更加低的正效应，甚至是负效应。李曜和宋贺（2017）以 2010～2013 年我国创业板上市公司的并购事件为样本，探讨了风险投资对企业并购绩效的影响，研究表明相比于无 VC 支持企业，VC 支持企业在并购宣告后的短期和长期绩效均显著更好。

2.5 文献回顾小结

会计稳健性要求企业在对具有不确定性的经济业务进行会计处理时，会计信息应该始终体现谨慎性原则，既不能高估资产和收入，也不能低估负债和费用，从而提高企业的会计信息质量。在会计稳健性的度量方面，巴苏（1997）通过量化会计稳健性，利用盈余——报酬回归模型，首次从实证的角度发现美国公司普遍存在会计稳健性。霍尔特豪森（Holthausen，2001）利用巴苏（1997）创建的盈余——报酬回归模型衡量稳健性，验证了在准则出现前，稳健性就已普遍存在。对于会计稳健性的计量方法主要有盈余——股票报酬计量法（1997）；多期间累积的盈余——股票报酬计量法（Roychowdury & Watts，2007）等。加西亚等（Garcia et al.，2016）以及张悦玫、张芳和李延喜（2017）均选择坏消息确认及时性衡量会计稳健性，在巴苏（Basu，1997）以及许和瓦特（Khan & Watts，2009）的基础上，用 G-Score 与 C-score 之和度量公司年度的会计稳健性程度。参考以往研究，可以发现几乎全部的实证研究应用的是国外学者设计的会计稳健性的计量模型，国外学者对会计稳健性的度量方面的研究较国内趋于成熟，在国内，很少有学者针对中国市场的特点设计合适的会计稳健性计量模型。

会计稳健性对企业的影响是多方面的。关于会计稳健性对投资效应的影响，主要分为投资不足、投资过度和并购，一种观点认为会计稳健性能够有效遏制公司的投资过度行为，缓解公司的投资不足行为（Biddle et al.，2009；Garcia et al.，2016）；另一种观点则认为会计稳健性能够有效减少公司的投资过度行为，但却会加剧公司投资不足行为（张悦玫、张芳和李延喜，2017）。从并购角度研究会计稳健性对投资的影响时，克莱维特（Kravet T. D.，2014）认为会计稳健性程度的提高，会减少管理者的风险性并购活动。在会计稳健性与并购绩效的研究方面，弗朗西斯和马丁（Francis & Martin，2010）认为会计稳健性能够通过及时确认损失来减少管理层的过度投资行为，使公司避免因参与高风险投资而导致损失。于江和张秋生（2015）基于企业并购的视角，探究了会计稳健性对企业投资效率的事前和事后影响，研究发现非条件稳健性可以提升企业事前投资效率（降低并购溢价，提升累计超额收益率），阻止管理层的机会主义行为；条件稳健性会促进企业事后投资效率（并购前后绩效变化），保证项目的盈利性。而李维安和陈钢（2015）则认为会计稳健性对并购绩效的正向影响只限于长期并购绩效，对公司短期并购绩效的影响并不显著。艾哈迈德和埃尔尚迪（Ahmed & Elshandidy，2016）却发现会计稳健性对并购企业短期绩效的影响为负。

会计稳健性通过提高企业的会计信息质量，可以有效降低信息的不对称程度，而且通过加强对企业管理层的监督，能够有效抑制企业的过度投资行为，更好地控制企业的自由现金流，提高资金配置效率，提升企业管理效率，并缓解企业存在的委托代理问题，进而为企业创造更多的价值。另外，企业的会计稳健性水平可以通过获得债权人信任，从而降低企业债权融资成本，有利于企业的长远发展。并购作为企业扩张的重要手段，对企业的发展至关重要，结合以往研究，会计稳健性对企业并购绩效的影响效果一直在学术界存在争议，因此本书的研究内容具有十分重要的理论价值。

并购行为是一个过程变量，所有的并购行为构成一个企业完整的并购活动，最终影响企业的价值创造（张晓明和宫巨宏，2016）。并购关键行为因为与并购关键风险点息息相关，进而会对企业的并购绩效产生较为重要的影响，在企业不同的并购阶段风险类别并不相同。通过识别不同阶段的不同风险，找出各个阶段中与之对应的并购行为，将其作为本书的主要研究内容。随着企业并购热潮的出现，国内外学界对企业并购绩效的研究也日益增多，是并购学术界关注的重点，国内外学者运用短期及长期事件研究法对公司并购绩效的研究并未得到统一的结论。其影响并购绩效的因素有：并购支付方式、并购行业的相关程度、并购双方企业的特征、并购交易中的具体因素以及并购双方的关联情况等，这些都会对并购绩效产生影响。

因此本书参考目前学术界对企业并购行为与并购绩效的研究，从战略制定、目标选择、并购实施三个阶段中选择对并购绩效有主要影响的并购行为进行分析，分析会计稳健性是如何通过对并购行为中的并购概率、并购频率、并购目标方选择、并购支付方式选择产生影响进而对并购绩效产生影响的。

第 **3** 章

会计稳健性对企业并购行为及
并购绩效的影响机理 ▶

- 会计稳健性对企业并购行为的影响机理

- 会计稳健性对并购概率的影响机理分析

- 会计稳健性对并购频率的影响机理分析

- 会计稳健性对并购目标方选择的影响机理分析

- 会计稳健性对并购支付方式选择的影响机理分析

- 会计稳健性对企业并购绩效的影响

3.1　会计稳健性对企业并购行为的影响机理

目前全球企业已进入一个新的竞争时代，并购重组成为企业发展壮大的必经之路，并且其作为一种有效提升企业价值的投资活动，近年来颇受上市公司的青睐。当前，在我国稳步增长的社会经济转型背景下，各个行业并购市场获得了迅速的发展，国内上市公司出现了并购的热潮。同时，会计稳健性在实务中也得到了越来越多的重视，大量的学术研究发现，会计稳健性这种制度安排可以协调企业利益相关者的利益，有效治理经营风险。

通过梳理学术界对会计稳健性与并购的相关研究发现，会计稳健性作为一种对企业经营中的固有风险和不确定因素审慎反应，通过发挥其降低信息不对称的治理机制，能够影响企业并购不同阶段的关键活动，进而对并购绩效产生影响。学术界对于并购阶段的具体划分，讨论不一而足，但总体而言将并购活动划分为战略制定、目标选择、并购实施与并购整合四个阶段，这是学术界较为统一的划分方法（骆家骓等，2010）。并购行为是一个过程变量，所有的并购行为构成一个完整的并购活动，最终将会影响企业的价值创造（张晓明和宫巨宏，2016）。并购关键行为由于与并购关键风险点息息相关，进而会对企业的并购绩效产生较为重要的影响。在企业不同的并购阶段，其风险类别并不相同，通过识别不同阶段的不同风险，找出各个阶段中与之对应的并购行为，将是本书重点研究的内容之一。由于并购整合阶段实际上会受到并购决策和执行的影响（杨勃和杜晓君等，2015），因此本书参考目前学术界对企业并购绩效与并购行为的研究，从战略制定、目标选择、并购实施三个阶段中选择对并购绩效有主要影响的关键并购行为进行研究，分析会计稳健性如何通过对并购行为中的并购概率、并购频率、目标方选择、支付方式选择这几个方面的影响最终作用到并购绩效的。

3.2　会计稳健性对并购概率的影响机理分析

在全球化发展进程不断推进、我国产业转型升级的背景下，政府开始加大并购政策的推出，鼓励企业积极进行并购。在外部环境的影响下，企业间的交流合作也愈加频繁，兼并、收购成为当前市场中的常态化行为。企业并购不仅会增加企业所拥有的各项资源，扩大公司规模，更重要的是在一定程度上能够改变企业资源配置方式，提升企业资源配置效率，从而帮助企业扩张经营规模。并且，梳理过往的并购事件可以发现，大部分企业的并购活动都是同行业或相关行业间的并购，推动横向一体化战略或纵向一体化战略，从而扩大生产规模或经营范围，形成供产销一体化，实现协同效应，将企业的外部交易转换为内部交易，降低企业的交易成本，进而促进企业绩效的提升。梳理国内外企业间的并购活动发现，企业间的并购活动虽然频繁发生，但是企业间的并购由于涉及多个企业主体与资源等，使其往往伴随着更高的并购风险。随着全球市场竞争的激烈化，许多竞争力较差的企业被迫开始将闲置的资源售卖给具有购买力且急需扩大生产规模或经营范围的企业，而这一过程就是并购发生的驱动力。但通过对过往并购文献的梳理，发现我国本土企业的并购虽时有发生，但成功实现并购的概率较低，众多企业的并购活动还存在诸多问题。因此，探究会计稳健性对于并购概率的影响对于企业提升并购成功率具有非常重要的意义。

从委托代理层面进行分析，随着众多企业不间断的扩张发展，仅仅依靠投资者的经营管理已经不能支撑企业日常经营决策的高要求，因此选择合适的管理者作为投资者的代理人对公司日常的经营活动进行管理就成为众多企业的最优选择，以此进一步提升企业的价值。事实上，虽然所有权与经营权的分离使得企业的管理效率能够进一步提升，但同时也产生了委托代理问题，两权分离的管理现状使得企业的管理者会在企业决策上更加倾向于选择有利于其个人利益的项目，包括公司管理权利的进一步扩大、管理地位的变动等有益于管理者本人的项目，而这些项目往往与企业规模紧密联系。因此，管理者可能仅仅为了扩大公司规模而选择并购项目，这很可能无法为投资者带来更高的经济效益。管理者作为并购项目的决策者与执行者，在选择并购项目或实施并购过程中，更有可能注重个人利益的提升，而置企业绩效和投资者利益于不顾。即使并购完成后，也未能达成初期的预定目标甚至产生大幅亏损，致使投资者与债权人的利益遭受损失，而管理者确并不会因并购而遭受投资者的职位撤销等处罚（Harford & Li，2007）。因此，并购活动在一定程度上会成为管理者获取个人利益的手段，严重损害企业的发展，并使投资者的利益受损。

而会计稳健性是企业的一项重要会计信息属性，更是企业一项极为有效的公司治理机制。由于会计稳健性是一项重要且有效的公司治理机制，已成为解决企业代理冲突与代理成本的有效工具（李合龙等，2018）。同时，会计稳健性侧面表现了企业会计盈余对于"坏消息"的可验证性较低，进而对"坏消息"的确认会更加及时与准确。因此，会计稳健性能够及时地反映"坏消息"，帮助企业尽早确认其损失，有助于企业能够识别出降低企业价值的并购项目。并且，所有权与管理权相分离导致所有企业都面临着委托代理问题，管理者可能会选择有利于其管理地位、有利益的并购项目，而非能够为投资者与债权人带来更高效益的并购项目，而会计稳健性则能够抑制管理者的机会主义行为，帮助投资者与债权人获得更高的效益。基于管理者的视角分析，会计稳健性要求其要尽早的确认并购项目中不能获利的项目，尽早、真实地反映其造成的损失情况，因及时确认损失的负面信号，可以让管理者及时终止该并购决策，使企业利益与投资者收益免受损害（Ball，2011）。会计稳健性能够很好地解决委托代理问题，有效地减少代理方盈余管理的行为，进而保障委托方的利益，提升企业盈余管理质量与会计信息质量。会计稳健性作为一种公司治理机制要求企业要对于"坏消息"的确认要提前，而对于"好消息"则要审慎进行推迟确认，这种对于不同消息反应的时间差与不对称性在一定程度上影响管理者的决定，降低其选择损害投资者与债权人利益的并购项目的激进程度，在一定程度上降低委托代理风险，促使其能够理性做出对企业经营效益最好的并购决定。对于"坏消息"的提前确认确实会损害管理者的个人利益，使其原本能够获得的报酬大幅降低，并且可能会面临撤职与声誉受损等严重损失。综上所述，对于"坏消息"的提前确认能够促使管理者尽早放弃不利于企业及投资者的并购项目，并且债权人为了保障自己的资金安全，会对管理者进行监督，对于会计稳健性有详细且全面的要求，要求管理者在管理经营活动中提前确认损失，从而促使企业能够避免净现值为负的并购决策。这能够让企业的利益相关者更加清楚地了解企业真实的经营状况，降低委托代理冲突，增加对于会计稳健性高的企业的信赖度，愿意为其提供之后并购所需的资源支撑与资金支持，进而促进企业成功实现并购。

从信息不对称的角度进行分析，信息不对称有两种风险形式——逆向选择和道德风险，均能够对企业并购绩效产生潜在的威胁，企业为了应对这两种威胁，需要在并购活动中解决两个重要问题：信息问题和代理问题（Healy & Palepu，2001）。而由于会计稳健性是一项重要且有效的公司治理机制，通过发挥会计信息的定价功能和治理功能（魏明海、陈胜蓝和黎文靖，2007），可以有效减缓上市公司内、外部人之间的信息不对称问题，抑制管理者的自利行为。同时，会计稳健性作为良好的公司治理机制能够减弱公司内部各种缔约主体间的信息不对称的差异，降低企业由于信息不对称而产生的代理成本（Khan & Watts，2009）。

会计稳健性对逆向选择引发的信息问题的治理作用在于：一方面，使用稳健会计政策的企业为了向投资者传递其披露的是稳健的会计信息，会主动提高会计信息透明度，公开透明的企业信息可以帮助投资者降低因信息不全面而错误判断企业价值的风险（周晓苏和吴锡皓，2013）；另一方面，会计稳健性要求初始会计计量的谨慎性，避免并购初期管理层低估风险、高估价值的倾向。会计稳健性帮助管理层在投资决策时理性评估并购投资项目的收益和风险，从多角度考察并购目标方的企业价值，预估并购协同收益（于江和张秋生，2015）。会计稳健性对道德风险引发的代理问题的治理作用在于，一方面，会计稳健性可以抑制管理者向上操纵盈余，并且要求管理者披露更多的信息，大量的信息披露为所有者辨别管理者经营能力、判断投资盈利可能性提供可靠依据，减少了代理成本（李维安和陈钢，2015）；另一方面，因为会计稳健性可以及时确认损失，所以会向监管者传递一种公司利益可能受损的信号，这使监管者会致力于查找造成损失的种种原因，管理者作为企业投资决策的重要角色，会首先受到调查。这一信号使企业的监管力度加大，为避免被解雇的风险，管理者会更可能放弃机会主义倾向，尽早终止无法获利的并购战略（Ball，2001）。同时，对于管理者与投资者、债权人来讲，其所掌握与了解的企业内部信息是处于完全不对称情况的，而会计稳健性能够降低信息不对称程度，帮助投资者与债权人降低与管理者的信息不对称差异，有利于监督、评判管理者的决策。因此，会计稳健性作为公司治理机制能够有效调控管理层进行的并购决策，尤其是规避高风险低收益的并购项目，对企业的决策行为产生一定的影响。

企业管理者作为日常经营决策的主要负责人对于企业绩效与并购项目有着更加全面地了解，并且对于企业内部信息较投资者能够更加快速地获取，而信息获取的时间差导致管理者具备信息优势，其利用信息优势能够提前确认"好消息"，延迟确认"坏消息"，以此牟求个人利益。而会计稳健性则会避免管理者对于会计信息的操控，在一定程度上降低管理者对于企业资产的高估与负债的低估，有效降低代理决策风险。因此，会计稳健性能够遏制管理者的个人决策行为，避免其以权谋私，选择能够为投资者带来更高利益的并购项目。因此，会计稳健性能够通过抑制管理者的行为促进企业进行合理的并购决策，提升公司治理水平，进而提高企业并购成功的概率。

综上所述，会计稳健性能够降低企业委托代理产生的代理成本，约束管理者的利己行为，增强债权人对于企业的信赖度，帮助企业获得并购活动中所需的资源与资金的支持，提升并购成功的概率。同时，会计稳健性能够降低企业缔约主体间的信息不对称差异，抑制管理者对于会计信息的操控，有利于投资者与债权人对管理者的监督，有效指导并购行为，提升公司治理水平，提高资源的利用效率，进而提升并购成功的概率。基于此，提出本书的研究假设 1。

H1：会计稳健性高的并购方较会计稳健性低的并购方而言，成功并购的概率会更高。

3.3 会计稳健性对并购频率的影响机理分析

随着混合所有制改革以及"走出去"战略的持续实施，我国企业并购战略的步伐仍在加快。当前我国正处于经济结构调整和产业转型升级的重要阶段，伴随中国经济的飞速发展，中国资本市场近年来的发展速度较快，资本市场上并购事件的数量也在不断增多。根据 WIND 数据库统计数据显示，近年来企业并购活动越来越活跃，并购总金额和并购次数也十分庞大。在企业并购活动的不断扩大下，学术界对并购战略的动机、影响因素等也颇为关注，已有研究认为企业并购战略的顺利实施受到企业自身并购能力和企业治理环境两个方面的影响。企业自身并购能力方面，相关学者探究了并购双方间的国有股占比、政治关联、并购经验等因素对并购战略实施的影响；企业治理环境方面，CEO 的薪酬、非实际控制人的董事会权力以及异地风险投资等能够通过提高信息优势的方式，有效发挥利益相关者的监督职能，改善企业的治理环境，进一步提高企业并购效率。基于会计稳健性理论，企业的各项战略行为离不开企业相应的信息质量要求，并且会计稳健性也在一定程度上反映了公司的风险承担能力，因此企业实施并购战略时还需考虑其会计稳健程度的大小。会计稳健性要求公司及时发现潜在的"坏事"并推迟"好事"的确认（Basu，1997），能够显著降低信息的不对称程度（LaFond & Watts，2008），减轻逆向选择和道德风险，从而降低公司所面对的风险，因此探究会计稳健性对企业并购行为的影响具有非常重要的意义。会计稳健性是否会对企业并购行为之一的并购频率产生影响呢？本书拟采用连续变量指标来衡量并购频率。在企业进行并购战略决策的准备制定阶段，企业通过对自身情况和行业发展的考量，明确并购目的，制定并购战略。

连续并购作为企业获取技术、市场、实现快速扩张的有效方法，成为企业在这一阶段需要考虑的决策方向（谢洪明等，2019）。目前学术界普遍认为连续并购意味着企业在一段时间内并购活动的高频率发生，但具体的时间区间及并购频次尚未形成统一的认识。本书选择在并购概率的基础上，以并购成功的企业为研究对象，利用 2012～2017 年并购方企业 6 年里发生并购成功的次数来衡量，次数越多，则并购频率越高；反之则越少。并购方的并购频率越高，管理范围和难度加大，并购投资管理的风险程度将会随着并购行为的增多而提高。基于公司会计稳健性的角度，为了降低不确定风险，并购方也不会有较高的并购频率。因此，通过对并购战略制定阶段的风险识别，并购频率在这一阶段成为一个较为重要的影响因素。本书分别从委托代理理论、管理层权力理论和行为一致理论来分析会计稳健性对企业并购频率的影响。

基于委托代理理论分析，在现代企业制度下，企业的所有权和经营权相互分离已成为普遍现象，因此高管与股东之间存在委托代理问题。根据委托代理理论的观点，如果在委托代理关系中缺乏对代理人的有效监督，委托代理问题将会导致委托人的利益受损，另外，公司的会计稳健性较为薄弱时，公司治理结构中也存在董事会治理程度较弱的问题。在现代公司治理结构下，作为委托人的股东通常不是直接与作为代理人的高管签订契约，而是通过董事会与高管签订契约。如果董事会与股东的利益不能保持完全一致，则很可能影响并购决策。虽然董事会直接向股东大会负责，然而，在企业的经营管理过程中，却往往存在诸多董事会与股东利益不能保持一致的情况，这也将会降低董事会的独立和监督性。在企业的会计稳健性较差时，如果董事在某些重大问题上与高管的意见不一致，后者完全有机会可以利用自己的权力向董事施加影响，给予持不同意见的董事更多好处或施加压力，从而换取该董事的支持。田敏（2019）经过深入研究发现健全的企业治理有助于会计信息质量的改善。丁含等（2021）也指出会计稳健性对公司内部的治理环境有调节效果。稳健的会计信息得益于企业会计稳健程度的提升，会计稳健性的提高能增强企业的治理环境，减少不对称性，提高企业并购决策的质量，避免发生恶意和连续并购等将企业置于危险当中的风险。拜伯切克和弗里德（Bebchuk & Fride，2006）的研究则表明企业高管可以通过并购来达到迅速扩大企业规模和重新配置资源的目的，进而增加自身所拥有的权力。大股东掏空理论认为股权的高度集中会形成大股东控制的问题，而控股股东侵占小股东利益的问题也容易由此产生。李增泉等（2005）研究发现，控股股东可能会把并购作为支持或掏空上市公司的一种重要工具。施莱弗和维什尼（Shleifer & Vishny，1997）认为，高度集中的股权结构容易导致大股东和小股东之间出现代理问题。当企业具有较高的股权集中度时，企业的利益与控股股东的利益保持一致的可能性较大，因此控股股东会有较强的动力去监督企业管理层的活动，督促其努力工作来提升经营业绩和企业价值，在一定程度上能够部分解决企业的经营管理层和企业所有者之间的代理问题。但是大股东也可以通过手中掌握的权力来独占企业的经营收益，获得大于其持股比例的控制收益，即大股东采用各种方式侵占小股东利益，通过"掏空"行为将企业利益转移给控股股东。

在委托代理理论的基础上，最优契约理论认为企业高管很可能不会积极地追求股东利益最大化，而是很可能利用手中的权力谋求个人利益最大化。该理论认为，企业要解决委托代理问题就得给予高管足够多的激励。而管理层权力理论则在解决代理问题的观点上进行了一定程度的发展，管理层权力理论认为高管薪酬已经不是有效地激励高管为股东利益服务的方式了。傅颀等（2014）则发现相较于国有企业，民营企业由于更强调高管薪酬变动与个人业绩的关系，高管为完成个人业绩指标，更可能增大企业并购交易规模和复杂程度。当高管的权力达到一定程度时，高管还可以控制其自身薪酬的制定过程。因此，根据管理层权力理论的观点，当高管的权力较大时，在董事会与股东的利益不能保持一致时，股东可以通过起诉董事会、否决股票期权计划等行动来促使董事会为股东利益服务。但是，在企业的实际经营过程中，除非股东持有的股权份额较大并在股东会的决策过程中拥有一定影响力，不然股东采取这些措施将很难对高管产生实质性的影响。李善民等（2009）通过对中国上市公司的并购事件进行研究后发现，高管在并购过程中获得了薪酬水平以及在职消费水平的提高，并购已经成为高管追求个人利益的机会主义行为。

根据行为一致性理论的观点，高管作为企业实际经营者，决定了企业的会计稳健性程度，也极大地影响着企业并购投资项目的决策。大量证据表明高管个人特征对企业并购频率有关键性影响，多数学者认为管理层过度自信是导致高频率、低效率并购的主要诱因。刘莉等（2020）认为在企业并购活动中，管理者的风险偏好发挥了重要作用，偏好风险的管理者往往愿意发起并购投资活动，并且发起频率也较为频繁。赖黎等（2017）对 2006～2015 年中国 A 股上市公司进行实证研究，追踪高管的成长背景，其中发现有过部队生活经历的企业高管往往更偏爱高杠杆、高风险的融资活动，他们频繁地进行并购，但并购业绩并不尽如人意。张雯等（2013）研究认为高管具有政治关联会带来更多风险，而这样的企业反而会实施更多的并购。结合行为一致理论认为个体在某种情况下的行为会预测他将来的行为，稳健的行为通常与较高程度地规避不确定性风险紧密联系。并购活动属于风险性的投资活动，因为很难预测它给并购方企业带来的整体性后果。因此，凯恩和麦肯（Cain & McKeon，2016）认为会计稳健性与企业并购频率之间存在负相关关系。

综上所述，通过委托代理理论、管理层权力理论以及高管行为一致理论的分析，会计稳健性能够降低企业产生的委托代理矛盾，减轻"逆向选择"问题与"道德风险"问题，从而约束管理者的利己行为，减少不确定性，降低并购的频率。同时，会计稳健性的有效实施能够改善企业内部的治理环境，更好地发挥董事会等的监督职能，提高并购决策的质量，尽可能地减少并购的次数，避免让企业陷入连续并购的风险中。基于此，提出本书的研究假设 2。

H2：会计稳健性高的并购方较会计稳健性低的并购方而言，并购频率会更低。

3.4　会计稳健性对并购目标方选择的影响机理分析

市场经济条件下，企业为了拓展经营规模，集中更多的资本与资源，纷纷采取企业并购的方式来进行快速扩张，提高企业整体经济实力。在企业并购中，并购的目标企业选择至关重要，它直接关系到并购成败。目标公司的选择是企业并购决策的第一要务（Palepu，1986）。什么样的公司更可能成为并购目标，一直是理论界和实务界关注的热点。假如选择了不合适的目标企业，那么并购方向从一开始就南辕北辙了，后果可想而知。因此，企业一定要基于战略进行并购并选择并购目标。并购应当是企业实现其自身战略的一种手段，能够继续维持并不断增进企业的核心竞争力。

并购目标选择阶段主要解决企业并购方向的问题，并购方向实质上是并购战略方向，其内在需求是企业的短缺资源，这需要并购企业对目标企业进行战略运营匹配和组织管理匹配两个阶段的调查分析，通过进行翔实的调查和分析，谨慎选择企业的并购目标方。其中，根据交易双方战略匹配程度的高低，能够将并购分为相关并购和非相关并购（Tsai，2000），目标方与并购公司的现有业务或市场相关或者相似的并购为相关并购；反之，则属于非相关并购。基于信息不对称的视角进行分析认为，与并购方行业无关的目标公司并购，由于并购方不熟悉、不了解目标公司所处的行业环境，无形之中就增加了交易双方的信息不对称程度，进而使得企业的整合成本和投资风险增加，影响并购协同效应的发挥，对企业的并购绩效会产生一定的影响（孙梦男等，2017）。因此，并购目标的相关性是这一阶段有关信息不对称风险的一个重要影响因素，研究这一关键并购行为有助于企业控制并购风险，从而实现并购预期。

会计稳健性作为一种公司治理机制，能够帮助企业进行风险规避，降低企业内外部的信息不对称程度。在企业外部，相关并购相较于非相关并购的行业壁垒较小，会使并购方能够掌握目标方更多的相关信息，对目标方的了解更加充分，从而可以降低并购的风险程度；在企业内部，过度自信的管理者会盲目乐观的估计企业所处的形势和自身情况，实施的并购活动风险更大，其中的多元化并购往往是这类管理者较为青睐的一种形式。企业通过会计稳健性这一治理机制，对这些过度自信的管理者实施约束，避免了一些与自身整合能力不匹配的多元化并购，在企业仍旧缺乏实物资源、知识资源和外部资金资源的情况下，较为理性地选择相关并购，从而防止盲目并购，进一步提升企业价值。并购目标选择阶段，基于信息不对称的视角，对行业无关的目标公司进行并购时，由于并购方不熟悉目标公司的行业环境，无形中就增加了交易双方的信息不对称程度，可能导致多重代理问题。吴国鼎和张会丽（2015）实证分析发现，企业进行多元化并购加大了企业各层级之间的信息不对称程度，不利于降低企业的经营风险。而相关并购可以大大降低这一部分的并购风险，同行业的并购双方信息不对称程度也相应降低，来自规模经济的并购协同效应将会发挥更大的作用，实现预期的投资效益目标，达到扩大经营规模、增强经济实力的目的。

关于会计稳健性对并购目标的影响，张耕和高鹏翔（2020）的研究认为，企业进行非相关多元化并购的一个动因在于他们希望通过多种业务多元化经营，扩大经营范围，分散企业的经营风险。但就相关并购而言，张娟等（2017）认为，相关并购的风险在其他方面小于非相关并购，因为相关并购可以降低信息不对称程度，企业间能够更好地协作，相互之间取长补短，为企业提供了很多共享资源和技术经验的机会，在财务、经营、管理方面发挥规模经济的协同作用，使企业在协同中获益。且不相关并购虽然使企业涉足不同领域分散了行业风险，但与此同时，不相关的行业之间会有一定的行业壁垒，这种行业壁垒的存在会为企业日后的整合带来极大的不确定性，与企业的并购初衷相违背。委托代理理论认为公司内部所有者的目标与管理层目标是不一致的，就多元化并购这一层面来说管理层为了证明自身的业务能力，往往更愿意把资金投入多元化的并购项目，通过增加并购难度展示自身优秀的管理水平，得到业界认可，同时为自己争取到更多的发展机会。但是这一做法却与企业所有者希望企业价值最大化的经营目标不符（王磊等，2018），反而还加重了多重代理问题，在一定程度上也造成了资源的浪费（纪亚方，2017）。过度自信的管理层会对风险保持盲目乐观的估计态度，会更积极地开展多元化并购。由于管理者的盲目自信，使并购的风险未得到充分的考虑，在大多数情况下，这种多元的并购计划并不能实现管理者所预期的效果，不仅不能满足管理者的业绩指标需求，甚至还会加重并购风险，从而使企业陷入经营危机。并购方在完成并购后，可能无法使整个公司产生经营协同效应、财务协同效应及市场份额效应，难以实现规模经济和经验共享互补等。通过并购形成的新公司可能因规模过于庞大而产生规模不经济，甚至整个公司的经济业绩都被并购进来的公司所拖累。杨懿丁（2018）的研究指出多元化并购尽管实现了企业规模扩张但不一定对效益形成有利影响，随着企业规模扩大，管理者的权利逐渐变大此时并购的协同效应就会减小。盛香林（2021）以 2010～2018 年沪深上市公司作为研究对象发现横向并购可以实现规模化生产的同时可以共享技术有利于企业降低成本，纵向并购更能够制定战略方案增加相关环节的价值创造，因此相关并购与企业盈余信息质量是正相关的。傅传锐和杨群（2017）的研究指出混合并购总体上难以为并购方创造长期的价值。李彬等（2017）提出相较于非相关并购，行业相关的关联并购能够带来更加显著的税收协同效应。伦淑娟（2018）以恒大地产为例进行分析发现实行多元化并购会加剧经营风险导致负债水平过高。通过以上分析可知，并购目标方的选择在一起并购案中可以有效降低信息不对称的风险，对目标方的了解程度和目标行业的参与程度是并购活动中的关键风险点，影响着并购从始至终的发展。在日后的企业整合经营中，与企业匹配度更高的目标企业会更快融入管理，实现管理、经营的协同效应。曹翠珍和吴生瀛（2017）以 2013 年发生并购的主并购公司为研究对象验证了相关并购能更好地进行投资选择，把握资金流向，减少并购后的时间和成本，提高资金使用效率，能更好地实现财务协同效应。吕超（2018）选择 2010～2015 年的并购事件，发现相较于相关并购，多元化并购会削弱并购商誉有关信息对于窗口期内收购方累计超额回报率的正向影响。稳健性程度较高的公司会更倾向于相关并购，非相关并购和相关并购虽然都具有为企业提供发展新资源，增强企业市场竞争力的优势，但是相关并购由于可以更大限度地发挥规模经济和范围经济的协同效应，帮助企业实现关键技术的转移，会比非相关并购获得更多的协同收益。基于此，提出本书的研究假设3。

H3：稳健性程度较高的公司会更倾向于进行相关并购。

会计稳健性作为会计确认的重要原则，严重影响着企业的并购行为，在缓和代理冲突、降低债务成本、促进信息沟通等方面有着积极的作用。并购是企业重要的经济行为，关系到企业未来规模的整体发展。在经济一体化的大潮中，并购目标方的选择作为决策的影响因素显得尤为重要，其中，被并购方选择为上市公司还是非上市公司，也是企业需要考虑的一个重要问题。根据溢出效应，从并购方的角度来看，并购上市公司的优势体现在以下几个方面：其一，上市公司是一个良好的融资平台，由于流动性溢价的存在，上市公司通过发行股份，可以以较低的融资成本获得权益资本，产生经济溢出效应，帮助企业很好地解决资金方面的问题。另外，上市公司的财务状况和信用等级通常高一些，更容易获得债务融资。对于发展遇到严重资金瓶颈的企业来说，并入上市公司可以推动企业进一步发展。其二，可以产生良好的知识溢出效应。上市公司的管理和内控相对规范，纳入上市公司体系可以提升收购方的管理和内控水平。并购方还可以引进上市公司高效的激励机制，以提高公司员工工作的积极性，提升工作效率，为企业创造更大的效益。其三，上市公司在市场上通常具有一定的知名度，利用上市公司的品牌可以帮助收购方扩大市场影响力，甚至开拓新市场，产生品牌溢出效应。其四，上市公司的技术、流程、经验可以扩展到收购方，提升并购方的生产技术水平，改进生产工艺，提高生产效率，产生技术溢出效应。而非上市公司虽然更易于进行并购，但是其公司内部可能存在管理混乱、没有良好的内控等问题，并购后需要花费大量的人力、物力甚至资金去进行管理。同时，由于非上市公司信息不公开，可能导致一些舞弊行为的发生，为并购方带来一定的潜在风险。吴清（2018）在恒安并购皇城的案例中指出恒安选择皇城的原因之一是皇城是一家上市公司，而上市资格本身就是一项重要的资源。张玮玮（2017）认为并购过程中并购企业与目标企业之间存在信息不对称的情况，尤其是目标企业是非上市公司的情况下，由于缺少相应的监管和信息的强制披露机制，信息不对称的程度较之上市企业会更高。邢嘉威和陈新刚（2016）以 2009～2013 年我国房地产行业上市企业对非上市企业的收购为样本研究发现，无论是短期还是长期监督，上市企业收购非上市企业后普遍取得了负向的并购绩效。黄福广等（2020）研究发现并购未上市创业企业存在不利于提升并购绩效的"先天障碍"。因为非上市公司公开信息少从而加大了主并方的搜寻成本。

通过以上分析可知，并购目标方选择上市公司可以为企业带来经济、技术、品牌等方面的溢出效应，且上市公司制度较为完整，管理较为规范，并购后所带来的审计风险比较小，所以，稳健程度较高的公司会更倾向于并购上市公司，虽然上市公司和非上市公司都会为企业带来新资源、新活力，但是并购上市公司可以让溢出效应得到更好发挥，帮助企业获得更大效益。基于此，提出本书的研究假设 4。

H4：稳健性程度较高的公司会更倾向于并购上市公司。

3.5　会计稳健性对并购支付方式选择的影响机理分析

在并购活动的实施过程中，并购支付方式的选择也起到了重要的作用，是一个重要的环节，很大程度上决定着并购是否成功。支付方式会影响到一个企业的财务状况、现金流以及经营运转。如果企业选择的支付方式不当，有可能导致企业资金链断裂，最终导致并购失败。因此并购支付方式的选择也是本书应当探讨的一个重要问题。选择合适的并购支付方式也会改善企业经营绩效，提升企业价值。随着我国市场的不断规范、成熟，在企业的并购行为中，支付方式已经呈现多元化，主要包括现金支付、股票支付以及现金与股票两者相结合的混合支付等，在本章主要以股票支付和现金支付两种支付方式为主进行探讨，影响并购支付方式的主要因素有如下几个方面。

第一，信息不对称的影响。马克等（Marco et al.，2020）认为由于企业并购中的双方信息不对称会导致定价支付偏离标的企业实际价值的风险，股份支付可以使得并购方承担一定的定价风险，实现风险的部分转移，因此收购方往往会更倾向于股份支付作为并购的支付方式。邓鸣茂和梅春（2019）的研究表明由于并购双方的信息不对称，主并方对并购标的企业的价值估计可能并不准确，这极易导致产生高溢价、低价值的并购交易。并购高溢价的产生会导致并购成本的提高。但股票支付的并购方式，通过以股换股使并购双方的股东在并购完成后均需对企业所面临的风险负责。因此，基于股票支付的这一情况，稳健的并购方出于避免来自信息不对称的高溢价风险，会更倾向于股票支付。李善民（2009）在对比了中外企业的并购风险之后发现，如果并购双方信息不对称问题程度较高，企业普遍会选择股份支付完成并购。并且与现金支付相比，股份支付使并购双方的联系更加紧密，这会有效降低对目标企业整合的难度，从而更高效地实现并购的协同效应。吴娜等（2018）认为，企业在并购交易中采用现金支付，会为企业日常经营带来极大的资金压力，如果行业或企业内部环境发生变化，对企业现金流造成威胁，现金支付造成的资金压力可能会使企业承担更多的债务风险。巴斯勒里（Bruslerie，2012）基于信息不对称理论以及风险共担理论，发现在其信息掌握充足的情况下，会选择股票支付方式而不是现金支付方式，这样可以减少并购方的风险。施莱弗和维什尼（Shleifer & Vishny，2003）的研究也发现并购公司更倾向于使用股票支付。常启军等（2015）以沪深两市2011～2013年发生的并购事件为样本进行研究，发现信息不对称程度与现金支付负相关，即信息不对称程度越小，并购方越倾向于选择现金支付方式。在并购活动中以股份支付可缓解企业的资金压力，在交易完成后并购双方仍需要共同承担企业的一部分风险，是一种较为稳健的并购支付方式。稳健程度较高的企业会更倾向于低资产负债率的股份支付方式完成并购，同时为避免股权被稀释的风险，可以采取过桥收购的股权支付转移风险。由于企业并购中的双方信息不对称问题会导致并购企业极易遭受标的企业实际价值与并购约定的支付价格不符的风险，股份支付可减少来自信息不对称的估价风险。并且现金支付会带给企业很大的资金压力甚至债务风险，股权支付可以避免这部分风险。同时，相较于现金支付，股份支付会使并购公司与目标公司在并购日后的联系依然紧密，标的公司的管理层配合主并方整合工作的可能性增大，更有利于企业并购整合的推进，尽早发挥并购协同作用。

第二，公司资本结构的影响。于博和吴家伦（2018）研究发现，当并购企业面临较高的财务杠杆时，其会更加倾向于采用股票支付来降低自己面临的财务风险，而低杠杆企业通常会选择现金支付进行并购。企业如果财务杠杆较高，说明企业负债占比较大，这样的情况下如果企业继续采用现金支付的方式进行并购活动风险较大，因此稳健性较好的企业通常会选择股票支付。阿什尔等（Alshwer et al.，2011）研究美国市场发现存在融资约束的并购公司更加倾向于使用股票支付，并且投资机会越大，越倾向于股票支付，因为选择现金支付一般要通过外部借债或者发行债券作为现金支付的来源，而存在融资约束的企业比较难实现，因此通过股票支付可以节约资金。詹森（Jensen，1986）指出拥有较多的自由现金流的企业会选择现金支付方式，但这会更加刺激企业的负债水平。刘俊毅和白彦（2018）从债务比例以及实际负债比例与目标资本结构之间的偏离两个方面实证检验资本结构对并购支付方式的影响，研究发现，对于实际资本结构正向偏离最优资本结构的企业来说，现金支付的可能性低。这是因为如果企业实际资本结构比目标资本结构高，这种正向偏离会对企业获得现金的能力产生负面效果，因此限制举债筹集现金支付并购对价的可能性。众多的学者经过研究发现，资产负债率高的企业，股权支付的可能性更大。根据以上的分析可以看出，管理者选择支付方式要考虑多个方面，企业的资本结构通常也在考虑之中，反映企业资本结构比较有代表性的是资产负债率。高、林、洛博和唐（Goh，Lim，Lobo & Tong，2017）在研究中发现，稳健性对股权成本的降低大于债务成本，并且会计稳健性更高的企业倾向于发行股权而非债务，高稳健性会对股权有一种偏好。姚慧兰（2019）指出会计稳健性较高的企业通常资产负债率也较高，与稳健性较低的企业相比偿债能力较弱，面临财务风险较高。如果企业的负债很高那么会计稳健性系数也较大，管理者也会更加谨慎进行决策。股票支付的企业能够减轻现金流的负担，对并购后的优化也更加有利，因此会计稳健性高的企业一般资产负债率较高，为了尽可能减少风险也更加倾向于选择股票支付的方式进行并购。

　　第三，从企业的股权结构分析并购支付方式的选择。分析企业的股权结构，一般从股权集中度和股权制衡度来进行分析。股权集中度是指全部股东因持股比例的不同所表现出来的股权集中还是股权分散的数量化指标，一般通过第一大股东持股比例在公司总股份中所占比重来衡量。一般来说，所占比例 30% 以上算集中。股权制衡度是指企业控制权由几个大股东共同享有，任何一个大股东都无法单独控制决策，一般根据第二到第五位持股股东的比例之和与第一大股东持股比例的比值来衡量。股权集中度与股权制衡度一般是呈负相关的。以下分别从这两个方面进行分析。通常来说，当第一大股东持股比例已经达到 60% 以上，股权已经高度集中。股权高度集中的上市公司在并购支付方式上选择股份支付的可能性较大，主要是因为企业的股权高度集中，说明企业的控制权也比较集中并且控股地位比较稳固，各股东出于对企业现金流的考虑，如果采用股票支付也不会非常敏感，而且有研究指出采用股票支付时公司绩效也会有所提升。曹宇和孙铮（2005）的研究显示，股东所持股份已经达到可以控制企业时，会对企业的不利消息进行延迟或较早公布有利信息，这种做法与会计稳健性是违背的，减轻企业的稳健性程度。稳健性要求公司尽可能披露不利消息，对于损失的确认要及时，而对于收入的确认要谨慎。修宗峰（2008）研究表明，股权集中度高的上市公司将不利于会计盈余信息质量的提高，少数大股东可能通过及时确认"好消息"以及滞后确认"坏消息"的方式来掩盖对中小股东的"掏空"行为，因此会计盈余稳健性较低。宋方方和陈倩（2015）综合国内外研究发现，随着企业股权集中度的增加，大股东会侵占小股东的利益，同时股权集中度的提高使私下沟通的作用凸显，降低对稳健性会计信息的需求。因此会计稳健性高的企业为了抑制股权高度集中，一般可以通过股票支付进行股权适当分散。另外，股权制衡度也是影响支付方式的重要因素。一般来说，股权制衡度比较高的公司，会计稳健性也比较强。周绍妮和王惠瞳（2015）研究发现：股票支付方式优化了股权结构，提高了股权制衡度，同时通过引入新的战略投资者，使机构投资者持股比例提高，在公司治理中发挥了积极的监管作用。综上所述，股权高度集中的企业一般会计稳健性较低，倾向于选择股票支付；股权制衡度较高一般稳健性较强，为了更加优化企业的经营管理也倾向于选择股票支付。

第四，从管理者过度自信分析支付方式的选择。过度自信是个体对自己认识的主观性大于客观而表现出来的一个行为特征。心理学的相关理论指出，当个体将自己拥有的知识能力等方面与群体进行比较时，会有一种自己的才能高于他人的心理现象。这种心理特征会影响个人对一些事物和情况的判断，导致做出错误或者非理性的决策。这种过度自信特征可追溯到罗尔提出的自负假说。管理者过度自信是指企业中的管理者大多认为自己的能力高于他人，相信自己的行为会给企业带来价值和经济效益。多数学者都认为管理者过度自信是一种非理性的行为。拉伍德（Larwood，1977）发现企业管理者的自信程度高于非管理者，管理者在做出决策时，往往根据自身的认知和以往的经验忽略了真实的状况，他们存在过度自信的心理。该理论认为企业的管理者往往高估了自身的管理能力和水平，在计划并购时表现得过分乐观，认为自己对所处环境和目标企业经济状况都有了深入的了解，以致在资本市场上大规模高价收购其他企业，使得并购成本增加，从而导致并购失败，把财富转移给了目标企业的股东。管理者的过度自信很大程度上影响并购支付方式。他们通常认为，当前市场低估了企业的价值，因此更倾向于选择现金支付。霍尔和埃万（Hall & Hevin，2002）研究发现，管理者认为外界投资者低估了本公司的价值，在并购过程中他们担心公司的利益外流，并且担心稀释股权因此不愿意通过外部融资来支付并购项目，他们更倾向于现金支付。一方面现金支付方式简单便利，时间耗费比较短，能够阻挡并购过程中的不利竞争者的干扰，同时也对外界传递了利好信号，外界投资者会认为公司有足够的现金流，公司股票将会上涨，投资者会有更大的兴趣来投资本公司，从而提高并购的成功率，所以过度自信管理者为了并购活动的成功，他们更倾向于现金支付。过度自信管理者一般会及时确认对企业的利好消息而延迟不利消息，这不利于会计稳健性的提高。张超（2013）以2001～2011年深沪两市A股上市公司为研究样本，发现管理者过度自信与会计稳健性显著负相关。祁怀锦和刘艳霞（2018）考察了管理者自信对会计稳健性的影响，结果发现过度自信管理者会降低企业会计稳健性。国内外众多学者都提出管理者过度自信是损害会计信息稳健性的，并不利于会计信息质量的提升。基于以上分析可以得出，会计稳健性高的企业为了减轻管理者的过度自信而带来的不良后果更倾向于选择股票支付。

第五，从税负的角度研究并购支付方式的选择。齐岳等（2020）以2009～2018年我国A股上市房地产企业数据作为研究样本，发现在其他条件相同的情况下，会计稳健性的增强会降低企业的税负水平。稳健性可以递延纳税时间进而减少税收支出的现值。甘泽政（2019）以2009～2016年美国的上市公司作为样本，运用多种模型进行了验证，发现条件稳健性是可以进行税收规避的，可以起到降低税负的作用，同时也证实了劳拉等（Lara et al.，2009）的观点，即非条件与条件稳健性均可减少税负。多数学者研究发现，股票支付能够在一定程度上起到减轻税负的效果，这是因为使用股票支付对于目标企业的股东来说不用缴纳税款，只有后期出售时才会进行纳税，因此延期纳税使得企业可以合理安排纳税筹划，而现金支付通常带来很大的税收负担。目标企业股东收到现金，通常需要缴纳所得税，如果现金收购资产时相当于出售资产还需要缴纳增值税等其他税种，会增加企业的负担。埃克博（Eckbo，1990）提出了纳税协同效应，认为并购采用股票支付对目标企业股东有利，可以使股东延迟纳税；温斯利、莱恩和杨（Wansley，Lane & Yang，1983）利用市场模型考察了支付方式对目标公司累积平均超常收益的影响，研究发现，现金支付时，收购者需要为目标公司股东支付额外的税收负担。但是，股票支付可以使目标公司股东在收购发生时延缓纳税，直到其股票全部售出。据此可以得出股票支付属于免税并购的一种，同时如果目标企业合并以前年度有未弥补的亏损，可根据亏损抵减的规定获得绝对节税利益。卜楷媛（2017）研究指出，股票支付是非常具有筹划空间的。根据相关文件规定，若并购企业全部采取股份支付的方式，且满足特殊重组的其他条件，则这类并购可以成为免税并购，暂不确认转让资产的利得和损失，并购双方都不需要对交易进行纳税，被并购企业的所得税事项可以由并购企业继承，而且并购企业可以限额继承被并购企业的亏损，从而减少缴纳企业所得税。综合以上分析可以得出，会计稳健性的提高对于税负有减少作用，同时股票支付比起现金支付更能发挥节税的功效。

综上所述，通过从信息不对称、资本结构、股权结构和管理者过度自信以及纳税筹划五个方面来研究其对并购支付方式的影响，发现信息不对称的程度越高，并购双方难以做到完全的了解，因此稳健性较高的企业为了与对方共同分担风险，共同提升并购后的效益，会更加倾向于选择股票支付完成并购交易；财务杠杆较高的企业倾向于选择股票支付，同时稳健性的企业一般负债率较高，为了降低企业财务风险因此选择股票支付的可能性较大；股权高度集中的企业倾向于选择股票支付，股权制衡度较高一般选择股票支付的可能性较大。稳健性较高为了抑制高度集中的股权，提高股权制衡度，选择股票支付的可能性更大。管理者过度自信倾向于选择现金支付会导致并购行为存在盲目乐观的心理，采用激进的会计政策而降低企业的会计稳健性，而稳健性高的企业尽可能抑制管理者的过度自信因此倾向于股票支付。股票支付更能起到节税效益，会计稳健性较高的企业为了尽可能减少并购活动中税收的负担倾向于选择股票支付。基于以上五个方面的分析，可以较为全面地了解会计稳健性对于并购支付方式的影响，据此可以提出本书的研究假设 5。

H5：会计稳健性较高的企业更加倾向于选择股票支付完成并购交易。

3.6　会计稳健性对企业并购绩效的影响

3.6.1　会计稳健性通过影响并购概率进而影响企业的并购绩效

管理权与代理权的分离使企业效率进一步提高，但同时产生了委托代理问题，会计稳健性作为一项有效的公司治理机制，可以在一定程度上减少这种情况的发生。研究发现，会计稳健性高的并购方成功并购概率高，从而有利于企业的协同效应，实现产品开发、生产成本降低、竞争力增强等优势，利于企业并购绩效的提升。

作为企业投资与扩张的重要组成部分，并购开始逐渐成为企业整合优质资源、提高产能利用率以及提升绩效的重要途径。成功的并购可以提高企业的利润水平，扩张企业的产能，促进行业地位的大幅度提升，在资本市场上实现企业价值的增值。梳理众多企业的成功并购事件发现，并购活动对于并购绩效的促进作用是通过协同效应实现的，协同效应则主要分为经营协同、财务协同、管理协同。经营协同效应主要是并购企业经过横向并购形成规模经济，进而实现产品开发、生产成本降低、竞争力增强等优势，利于企业并购绩效的提升。而财务协同效应则表现为并购后合并报表能够将内部损益进行相互抵扣而降低税负，并且并购企业的冗余资金能够为被并购企业的经营活动进行补充，以帮助被并购企业的发展，从而影响并购绩效。管理协同效应在企业完成并购之后，并购企业通过与被并购企业间的融合，能够进一步实现企业的管理协同效应，使得并购方与被并购方的治理水平皆能得到提升，治理成本因此得以受到控制，进而提升并购绩效（Williamson，1975）。事实上，还存在资源与信息协同，并购企业与被并购企业还可以通过并购在信息与资源方面进行共享形成资源协同优势，使其并购绩效比两者独立时的绩效有着更好的表现（关涛等，2007）。

　　企业进行并购的动机较为多元化，但从财务绩效角度分析，主要是为了提升企业利润，部分企业甚至能够通过并购行为获取超额收益（Jensen & Ruback，1984）。从投资者角度分析来看，尽管并购方投资者因为并购决策的成本而损失部分收益，但被并购企业的投资者却能够获得较高的收益，且两者的总体的超额收益为正数（Kaplan & Weisbach，1992）。从并购完成的当年绩效研究发现，大部分企业在并购成功当年并购绩效有不同程度的提升，在之后几年盈利能力虽有降低，但总体呈现增长趋势（冯根福等，2001）。从并购完成之后的长期绩效来看，并购公司的盈利能力随着企业并购转型的完成得以提升，并且提高企业对于固定资产的利用率能够进一步获取更高的收益，并购企业对于自身费用的控制能够实现协同效应（Weston，2006）。运用因子分析法对并购企业并购前后的并购绩效进行评价发现，大多数企业在完成并购后的绩效较并购之前都得到了提升（叶璋礼，2015）。并且，即使成功并购能够进一步提升绩效，但与横向并购相比，纵向并购因节省了签订合约成本表现出更好的长期绩效表现（于洪涛，2020）。同时，大多数进行跨国并购的企业未明显受文化影响、跨国并购经验等因素影响，大部分都获得了超额收益（田海峰等，2015）。

　　并购活动不仅会影响企业的财务绩效，对于并购双方各企业的资本绩效也有着较大的影响。被并购企业在并购事件之后会有 10% ~ 30% 的超常股票收益（Bruner，2002），并购企业的收益率则呈现负数（Bruner，2002）。而针对 1993 ~ 2002 年中国的并购事件研究显示，并购企业的股票溢价率平均为 16.76%，而被并购企业的股票溢价率平均为 29.05%（张新，2003）。并购行为对并购企业来讲，短期主要表现在并购企业资本绩效的波动，长期则表现为财务绩效的波动，且资本绩效显著高于并购行为发生前（曹玲等，2017）。尽管并购企业的整体资本绩效表现略差于被并购企业，但从整体性来看，资本绩效较并购之前都有不同程度的提升。

　　面对激烈的市场竞争，并购作为企业快速扩张、成长的重要途径使得众多企业进行了并购，尽管成功并购能够提升并购绩效，但大部分企业在并购重组后，由于企业文化、管理制度等差异性较大，导致企业整体出现各种内部问题，使得企业的经营充满了各类的不稳定因素，最终导致企业未能实现并购目标，最终走向失败。现有研究发现，实施并购的企业中半数以上甚至 2/3 比例的企业并购最终都未能成功达成并购目标，以失败告终（Papadakis & Thanos，2010）。居高不下的并购失败率表明了许多并购企业不仅未能够达到并购的预期收益目标，还使得企业原有的绩效表现受到影响。并且，并购失败的程度对于绩效的影响也不同，基于失败学习理论与社会认知理论的实证研究表明，与首次并购失败程度较大的企业相比，首次并购失败程度较小的企业进行后续并购时取得的并购绩效相对更好（陈仕华等，2020）。

基于上述分析可以看出，成功并购不仅能够促进财务绩效的提升，还能在一定程度上促进资本绩效的增长，使得并购企业与被并购企业整体的并购绩效得到促进，增强企业的竞争力。而并购失败的企业不仅未能提升财务绩效，反而对原有的经营造成冲击，使得企业整体的绩效较之前有了不同程度的降低，投资者的收益也产生了损失。因此，并购概率对于企业的并购绩效能够产生冲击，造成并购企业与被并购企业并购绩效的波动。

3.6.2　会计稳健性通过影响并购频率进而影响企业的并购绩效

由于企业并购的规模一般都比较大，并购行为会直接影响到企业的资产规模和经营范围，甚至会影响企业的长远发展。一旦并购过程中出现重大失误，很可能会影响企业的持续经营能力。而高管作为并购决策过程中的重要参与者，能够对并购产生较大影响。在企业会计稳健程度较低时，企业内部的公司治理环境薄弱，高管操纵盈余的可能性就更高，因此在并购过程中可能就存在管理层的自利行为和高管的并购动机"不纯"等因素，使得企业并购失败的概率较大（赵息和张西栓，2013）。施莱弗和维什尼（Shleifer & Vishny，1989）认为高管在决定企业资源的分配时，会优先把企业资源分配到有利于高管个人利益最大化的项目而不是能使企业价值最大化的项目。罗尔（Roll，1986）提出的"自负假说"理论认为，企业的经营决策者往往对自己的管理能力过度自信，对目标企业的价值以及并购之后可能产生的预期收益估值过高，导致其在资本市场上频繁且大规模地收购其他企业，但是在并购后却不能在经营管理和企业文化等方面进行有效的整合，不能达到预期的协同效应目标。而在并购过程中支付过高并购溢价又使得企业财富在并购过程中转移给了被并购方企业的股东，会损害最后的并购绩效。在现代企业制度下，拥有企业控制权的高管在投资决策过程中往往表现出过度自信，从而认为自己能够控制企业的投资收益。在自负假说下，经营管理层可能对并购抱有良好的意愿，在并购之初可能还不是自私自利的，但是由于对目标企业的价值以及自身的经营管理能力过于自信，导致其在对并购行为进行评价时过于乐观，过度高估了目标公司的价值以及实施并购之后可能产生的潜在收益，使得企业在并购中支付较高的并购溢价并选择了不恰当的并购方案。米勒（Mueller，1969）提出的管理主义假说认为，高管的薪酬水平与其所管理的公司规模是紧密相关的，企业管理者在自利动机的驱动下会有很强的动机去扩大企业规模从而提高自己的薪酬水平，使得企业很可能接受投资报酬率很低的项目，而这些投资项目的收益往往不能覆盖其投资成本，从而导致企业股东的利益受损。因此，根据管理主义假说的观点，并购其实就是代理问题的一种表现形式，作为代理人的经营管理者在进行并购决策时，可能考虑的是通过并购实现自身利益最大化而不是股东利益最大化，其结果往往是并购绩效较差，从而导致企业的长期价值受损。

由于会计稳健性较差时，企业代理问题更加严重，因此高管倾向于利用手中掌握的权力去推动企业并购的实施。这样一来，企业所实施的并购并不能实现企业利益最大化的目标，反而有可能成为高管通过扩大企业规模来增加其自身薪酬的工具。哈福德（Harford，2007）研究发现高管们在并购过程中最关心的不是股东的利益而是他们自己的利益，而且在并购过程中即使企业的绩效变差或股东的利益受到损害，高管们也不会因此受到惩罚，所以高管会更加肆无忌惮地去推动企业并购的实施，但是对于并购之后的绩效是否会变差却关心甚少。另外，根据罗尔（1986）提出的自负假说，高管的过度自信容易使其在对企业并购行为进行评估时，高估目标公司的价值以及并购之后的潜在收益，低估并购之后不能达到预期收益的风险，从而导致并购成本过高以及并购的效率较低。因此，高管推动实施的企业并购，可能企业在并购之后的绩效并不能达到预期的理想状态，甚至很可能出现企业绩效变差的状况。部分学者认为，并购交易不仅不能给企业带来绩效提升，反而会使企业原有价值受损。蒋先玲、秦智鹏和李朝阳（2013）以 2004～2009 年我国上市公司作为样本，选用企业经营性现金流回报作为衡量指标，研究发现企业的经营绩效在并购后明显下降。卡塔日娜等（Katarzyna et al.，2019）通过对 2001～2015 年波兰银行业发生的 14 笔并购交易研究发现，大规模并购活动的最终结果往往并不成功。莱维特和马奇等（Levitt B. & March J. G.，1988）研究认为企业通过连续并购可以控制所处产业链的上下游，成为行业内的关键性企业。施博尔和汤普森（Schipper & Thompson，1983）认为连续的并购交易之间对企业绩效有关联影响，自此连续并购对并购绩效的影响进入众多研究者的视野。连续并购是同一家公司在一定时期内完成多次并购交易的行为。目前学术界对于连续并购的衡量还没有统一的指标，吴超鹏、吴世农和郑方镳（2008）在其研究中将连续并购定义为 1997～2005 年并购交易达到 2 次及以上，后续国内学者对连续并购的研究多数借鉴此文。张岚、范黎波和鲍哿（2018）在对连续并购动因开展实证研究时，将 2012 年一年内并购次数大于 1 次的交易行为视为连续并购。张晓旭、姚海鑫和杜心宇（2021）在研究沪深 A 股上市公司是否存在连续并购的同伴效应时，把连续并购概念界定为 2010～2019 年发生过 2 次及以上并购。罗尔（1986）首次提出公司并购动机的"自负假说"，研究了管理层的过度自信与资本市场中的并购行为，发现过度自信心理的心理状态使管理层减弱对风险的提防，频繁进行并购。基于这一理论，大量学者对过度自信的高管发起并购的频次与其所在公司并购绩效之间的关系进行了探讨。他们认为大部分高频率的并购往往效率更低，企业价值创造并未达到预期，有的甚至因为频繁并购造成企业的经营风险加大。并且企业内部也存在管理层的机会主义风险倾向，具体表现为高管企图通过积极的并购计划完成个人的业绩指标，甚至可以从中攫取私利（周绍妮等，2019）。低效率的连续并购，作为一种过度投资行为，不仅不利于企业价值创造，而且会对整个并购市场带来不好的影响（Yaniv & Hribar，2004）。尽管我国并购市场的发展起步较晚，但国内有相关学者研究表明，连续并购中管理层过度自信以及其委托代理行为会损害企业价值创造（施继坤、刘淑莲和张广宝，2014）。

3.6.3 会计稳健性通过影响并购目标方的选择进而影响企业的并购绩效

在企业并购中，目标企业的合理选择关乎并购的成败，所以必须运用科学的方法和程序优选目标企业。根据交易双方战略匹配程度的高低，可以将并购分类为相关并购和非相关并购，稳健性程度较高的公司会更倾向于相关并购，相关并购中的并购方与被并购方互相了解的程度较高，能够减少信息不对称带来的不利影响，同时相关并购资源能够共享，迅速扩大市场规模提高市场占有率，极大地降低了企业的生产经营成本，对企业的并购绩效会产生一定的影响。

在前文，本书已经提出假设，会计稳健性较高倾向于选择相关并购，可以减少风险获得更多的资源协助企业今后的经营发展。索尔特和温霍尔德（Salter & Weinhold，1979）开创性地在并购研究领域引入了多元化研究中的"相关性理论"，认为相关并购会为企业带来更好的并购绩效。因英德吉特（Indrajeet，2017）以及阿维克等（Avik et al.，2017）认为相关并购能够做到和非相关并购一样，使企业扩大经营规模、增强市场竞争能力、提高管理效率。同时，相关并购还可以帮助企业创造规模经济，带来更多的并购协同效应，实现行业核心技能的转移。因此相较于非相关并购，相关并购具备更多的优势，会为企业带来更好的绩效。其实证研究也表明并购双方所处行业越相关，并购绩效越高。胡林豪和赵逸雯（2017）认为相关并购更能实现并购双方之间战略协同，提升企业的发展能力，有利于并购绩效水平的提升。格雷戈里（Gregory，1997）以英国1984~1992年的452起并购事件为样本研究，对比相关并购企业和非相关并购企业公告后两年内的超常收益，得出相关行业并购的超常收益远高于非相关行业并购。企业管理者往往乐观估计跨行业并购的实际价值。李善民和朱滔（2006）调查发现实施非相关并购的企业并购后三年内，公司股东出现财富损失的概率为6.5%~9.6%。宋淑琴和代淑江（2015）以2008~2010年发生并购行为的沪深A股上市公司作为样本进行实证研究，研究表明相关并购无论是从财务方面还是市场方面，并购绩效均优于非相关并购。谢尔顿（Shelton，1986）、辛格和蒙哥马利（Singh & Montgomery，1987）根据规模经济和协同效应两个理论，研究指出相关并购更加利于发挥规模效益，并购之后各个方面的协同也会得到加强，能够创造更大的价值。帕克（Park，2003）以1974~1979年交易规模大于1000万美元为样本，也发现相关并购的绩效大于非相关并购。相关并购中的并购方与被并购方互相了解的程度较高，能够减少信息不对称带来的不利影响，同时相关并购资源能够共享，迅速扩大市场规模提高市场占有率，极大地降低了企业的生产经营成本。相反不仅非相关并购二者之间的了解较少，而且后期的整合也加大了难度；因为并购双方的资源差异较大，在共享这一方面很难做到。詹森和墨菲（Jensen & Murphy，2008）认为多元并购是管理者追求自身利益的一种方式，管理者可以扩大经营范围获得更多的权力，加大对企业的掌控和决策权，但是多元并购的双方所处行业不相关，存在并购后协调性差的问题而导致并购绩效更差。王宛玥和高小红（2019）也认为相关并购与并购绩效是呈正相关关系。从信息不对称角度来看，如果并购双方是两个不相关的行业会加大信息之间的不流通，加重信息不对称的程度，对于并购方来说可能并购的是一些劣质资产无法对企业有实质性的发展，因此降低了并购绩效。并购行业的相关程度越高，就越能体现双方的协同效应和规模经济，越容易使得核心管理能力向目标企业转移，从而提高并购绩效。总体来说相关并购带来的好处有以下几个方面，其一是更加容易共享资源，从而提高使用效率，避免资源过剩或者资源不足的问题。从某种程度上来说，资源使用效率的高低影响着并购后企业绩效的提升。对于相关并购来说，由于处于同一行业或者产业因此在供应上大多是相同的，信息的传递较为方便。同时企业之间的采购或者销售渠道也是相似的，这大大节约了寻找新的采购和销售渠道的成本。另外，储存和运输成本也会减少。其二是并购后管理层结构稳定，人员流动性较低。通常情况下企业之间的并购会使人员产生不安的心理，他们要考虑并购后新环境的适应以及新技能的学习等因素。但是因为双方具有相似的性质，人员对新环境适应度较高，大多从事着以前的技术和流程，学习新领域的知识较少；并购之后双方的目标也会更加趋于统一，对于工作人员来说加强了信心，这样在优化配置人员方面也会更加方便。因此相关并购有利于人力资源的发展，为企业保存高级人才减少离职率的发生。其三是基于信息不对称的角度。由于是相关并购，双方比较容易获得透明真实的信息，因此减少并购产生的高额溢价，双方之间的谈判也会更加顺利，这样在人力、财力上都会起到节约作用。以上三方面的分析最终会作用到并购绩效从而使得并购绩效提升，也证实了相关并购是优于多元化并购的。根据规模经济和交易费用两个理论可以得出相关并购的两个企业会获得更大的规模效应因此很大程度上可以减少企业的成本，带来的并购绩效也会更好。

同时，上文提出的假设是会计稳健性较高的企业通常会选择上市公司进行并购，这是因为一方面上市公司规模较大，资源更加充沛容易达到协同效应，另一方面上市公司每年都会对财务报告进行披露，并且会出具审计报告，在一定程度上信息公开程度高，透明度高因此降低了信息不对称的影响。上市公司的经营一般比较稳定并且业务流程也更加健全，并购后两者之间的整合也会相对容易。同时上市公司具有一定的知名度对于并购会产生更大的品牌效应，也会帮助企业在资本市场赢得更多机遇，克服许多挑战。近年来，上市公司并购活动处于上升趋势，众多学者通过事件研究法对上市公司绩效进行了分析，研究发现上市公司在并购后的长时间范围内公司的盈利能力有所增长同时长期并购绩效也会显著提高。田波平和苏杭等（2006）使用二次相对效益法进行分析得出并购当年业绩水平有略微下降，后一年的业绩有所提高，整体来看并购后业绩处于上升趋势，对企业的影响是正面的。因此本书可以得出稳健性较高的企业会选择上市公司并购，同时并购绩效也会更加显著。

3.6.4　会计稳健性通过影响并购支付方式的选择进而影响并购绩效

选择合适的目标公司之后，在并购实施时，也要对并购支付方式进行合理的选择，会计稳健性程度较高的企业会倾向于股份支付的并购支付方式，由于市场环境多变，企业与企业、企业与市场之间存在着诸多信息不对称现象，企业更愿意采用股票支付的方式来转移潜在风险。同时股票支付方式可以优化股权结构、节省现金流、减少债务成本，并且让企业有更多的时间进行纳税筹划，所以采用股票支付进行并购交易所获得的并购绩效要高于现金支付所获得的并购绩效。

研究发现大多数并购都是为了获得协同效应，通过企业之间的资源互补提升市场占有率最终为企业带来更大的效益，因此并购绩效成为众多学者关注的重点。如果并购之后的绩效相较并购之前有所提高，那么并购就是有利的，反而并没有出现明显提升甚至对企业产生不利影响，那么并购的实施就是存在隐患的。斯罗文、苏什卡和波罗切克（Slovin、Sushka & Polonchek，2005）分析了以权益为支付手段的公司之间的资产销售，发现当买方使用股权购买资产时，会使公司的价值大幅增加，并且收益会远大于现金支付，传达了有关资产和买方价值的有利信息。阿格拉沃（Agrawal，2003）以60家私募基金为样本进行实证研究，探索并购支付方式与并购绩效的关系，使用因子分析法分析私募基金的公司情况和企业并购完成后的股价变动情况。研究发现，股权集中度高的企业指标数据更优，因为公司的股权集中度高使得企业决策效率提升，获得了更高的经营绩效。因此在企业并购过程中，股权集中度更高的企业使用股票支付方式能获得比现金支付方式更好的绩效。陈涛等（2013）采用事件研究法对我国上市公司收购非上市公司的 569 个并购事件进行实证分析，得出使用股票支付的支付方式会对主并方股东收益产生显著的正向影响，现金支付的并购支付方式对主并方股东收益影响并不显著。陈佳琦等（2020）以中国 A 股上市公司 2009～2017 年的并购交易作为样本，实证检验了主并方采用股票支付的并购绩效优于现金支付。查特吉和库恩兹（Chartterjee & Kuenzi，2001）根据信号传递理论发现股票支付方式可以向市场的投资者表达一个利好信号，因此可以得出股票支付能够使并购绩效得到提升。杨等（Yang et al.，2019）发现并购方采用现金支付会带来负面效果，如果采用股票支付可以引入新股东进行股权制衡，对大股东"掏空"等行为起到抑制作用，并且还能改善股权结构进而提升并购绩效。周绍妮和王惠瞳（2015）实证分析得出相较于现金支付方式，采用股票进行支付对企业并购绩效的提高更显著。因为使用股票进行支付可以降低第一大股东的持股比例，优化股权结构。同时会给企业引入新的战略投资者，使得机构投资者的持股比例上升，更好地发挥监管作用，促进企业绩效的提高。窦炜和方俊（2018）也提出股票支付的方式能够使企业积极性提高，实现业绩的提升。王敏芳（2020）运用多元回归模型整体分析了我国商贸流通业上市公司并购支付方式与并购绩效的关系，指出采用股票支付进行并购交易所获得的并购绩效要高于现金支付所获得的并购绩效，这是因为市场环境多变，企业与企业、企业与市场之间存在着诸多信息不对称现象，企业更愿意采用股票支付的方式来转移潜在风险。张玉琨（2019）通过对 2014～2016 年的并购事件进行分析得出的结论是不论短期还是长期的并购绩效，股票支付优于现金支付。多位学者采用事件研究法指出股票支付的并购方能够获得显著的正向收益，并且在短期和长期绩效上是一样的结果。马丁和雷蒙德（Martin & Raymond，2019）则是以税收理论作为出发点，指出股票支付可以起到递延税金的作用，因此使得企业绩效更好。综合以上学者的研究，可以得出股票支付相对于现金支付带来的并购绩效更大。若主并购方采用股票支付方式进行交易通常会选择增发股票的方式去获得被购方的控制权，这会导致企业的股权发生变动，因此证监会将会严格审查，投资者会认为并购方内部制度完善，有足够的实力，在节省现金流的同时减少债务成本，同时传递出企业的市场发展较好的信号，投资者就会看好企业从而导致股价上涨提高并购绩效。尽管股票支付也稀释了企业的控制权，但是整体来看这种支付方式能够改善公司治理，优化企业经营，新进入的投资者也可能为企业带来更多的发展机遇。相反，现金支付使得企业占用大量现金流不利于后期的整合，如果企业内部留存足够的现金流，一方面为并购后的生产经营提供了资金保障，另一方面也有利于后期的投入整合、升级改造等，进而提高经营效率。胡林豪和赵逸雯（2017）提出在并购支付方式的选择上应尽量选择股份支付方式，避免企业因现金的大量支出造成企业陷入财务危机，股票支付方式更有利于并购绩效水平的提升。综合以上的分析，可以得出大多数学者基于信息不对称和税收等理论，发现股票支付可以转移风险并且为企业留下更多时间起到纳税筹划的作用，因此提出股票支付的方式可以提升并购绩效。

综上所述，本书分别从会计稳健性对并购概率、并购频率、并购目标方的选择、并购支付方式的选择等方面来分析其对并购绩效所产生的影响，形成了如下发现：其一是成功的并购会使企业的并购绩效得到提升；其二是并购的频率越高会使得并购后的绩效越差；其三是企业采用相关并购能够降低企业相关成本进而使得并购绩效得到提升，同时选择上市公司并购也使得并购绩效更好；其四是股票支付的方式相比现金支付会获得更高的绩效。通过前面的分析已经分别梳理了会计稳健性对并购概率、并购频率、并购目标方选择和支付方式选择的影响并且提出了研究假设。在并购行为中，会计稳健性较高有利于成功并购，有利于降低并购的频率，并且并购方更加倾向于选择相关并购以及采用股票支付的方式进行并购交易。基于以上分析，提出本书的研究假设6。

H6：会计稳健性较高的企业通过对关键并购行为产生影响进而会提升并购绩效。

第 **4** 章

会计稳健性对企业并购行为及
并购绩效影响的实证分析

▶

- 研究设计

- 会计稳健性对企业并购行为影响的实证分析

- 会计稳健性对企业并购绩效影响的实证分析

- 稳健性检验

- 本章小结

4.1 研究设计

4.1.1 研究思路设计

通过对以往文献资料的回顾，本书将会计稳健性的含义描述为：会计人员在不确定的会计环境下，充分估计可能发生的风险和损失，在对会计信息作出判断时，要以不高估资产或收益，也不低估负债或费用为原则，保持必要的谨慎，从而对会计要素的确认和计量作出恰当合理的估计。会计稳健性原则的意义可以从两个方面来看，一个是微观层面的意义，即对个别企业的影响；另一个是宏观层面的意义，即对整个国家经济的影响。在微观层面上，稳健性在整个会计核算工作中的适度运用，是对历史成本法计量不足的补充，它可以降低企业各契约方的违约可能性，提高会计核算的质量，降低企业的代理成本，满足内部经营决策的需要，有利于保护各投资方的利益，帮助企业规避各种经营与投资风险，强化企业的整体竞争实力。在宏观层面上，会计稳健性是社会主义市场经济发展的必然产物，符合当前我国的实际情况，它的适度运用有利于我国树立稳定可靠的财政来源，有利于稳定物价，降低经济的不稳定性，保障社会主义市场经济健康有序的发展。综述学术界对有关会计稳健性问题所进行的研究，可以发现对会计稳健性所产生的经济后果已进行了大量的研究（赵刚和梁上坤等，2015；刘运国和吴小蒙等，2010；陈圣飞和张忠寿等，2011）；关于企业并购方式和并购绩效的影响方面也有很多可供参考的学术成果（李青原，2011；池国华和王志等，2013；潘红波和余明桂等，2014）。

目前，学术界对会计稳健性在企业并购活动中能否发挥作用以及发挥怎样的作用已经进行了充分的研究，但对于会计稳健性在并购活动中如何发挥作用的机理研究相对缺乏。会计稳健性作为重要的会计准则和公司治理机制，大量的研究发现会计稳健性这种制度安排可以协调企业利益相关者的利益，在企业日常经营活动中这一特点能够有效治理经营风险，结合企业对会计稳健性的实际应用，学术界开始从公司治理的角度，研究发现会计稳健性可以对企业的委托代理问题产生治理作用，能够减少信息不对称程度，进而对企业投融资效用产生治理效果（吴良海等，2017）。在投资效用方面，对于投资过度，无论是通过直接验证两者的负相关关系（Lawal & Usman，2017）或通过损失确认及时性（Khan & Watts，2009；Ball & Shivakumar，2005）等间接方式，都能够证明会计稳健性可有效约束企业投资过度；对于投资不足，目前的研究结论尚不明确，一种看法认为，由于会计稳健性低估会计数据，韩静、陈志红和杨晓星（2014）认为会计稳健性及时确认损失，容易使管理者低估企业价值、厌恶风险，投资作为一项风险活动，会让这类管理者敬而远之，加剧投资不足。另一种看法认为，会计稳健性能够缓解投资不足，因为其可以减少信息不对称，降低投资过程的沟通成本，减少不必要的摩擦（张悦玫和张芳，2019）。针对会计稳健性与并购行为以及并购绩效的研究，目前多采用实证研究的方法，对单一并购行为进行探究。因此，本书拟用实证分析与案例分析相结合的研究方法验证会计稳健性如何通过对企业并购过程中的一些关键并购行为的影响进行对企业并购绩效产生影响。

　　首先，会计稳健性的影响贯穿始终并使企业在不同并购阶段对风险保持一致的态度。本书将并购行为这一过程作为分析对象，并借鉴骆家骓、崔咏梅和张秋生（2010）的观点，将并购活动划分为战略制定、目标选择、并购实施、并购整合四个阶段，探究不同并购阶段会计稳健性对关键并购行为的影响。其次，之前的理论文献研究对会计稳健性对并购行为影响路径的具体研究并不充分，关于会计稳健性具体影响的并购行为选择，本书一方面借鉴了胥朝阳（2004）在企业并购风险的分段识别与系统控制的研究，其根据企业并购风险识别的阶段性提出，企业第一步应确定企业希望并购达到的相关目标，第二步要谨慎选择合适的目标企业，第三步是依据企业具体情况选择并购方式和实现途径。另一方面梳理并购交易特征对并购绩效的影响研究，结合企业在并购过程中主要的几个关键并购行为，得出并购概率、并购频率、并购目标方的选择以及并购支付方式的选择是并购各个阶段中易出现信息不对称风险且会对并购绩效产生影响的关键并购行为。最后，基于行为一致性理论和信息不对称理论，通过实证分析方法分析会计稳健性对企业的并购行为发挥了怎样的治理作用，并分析企业并购前1年到并购后3年共5年的长期并购绩效变化，验证会计稳健性对企业并购绩效的影响。

4.1.2　样本选择

1. 数据来源

为避开金融危机以及股份制改革对上市公司财务状况的后续影响，本书选取 WIND 数据库中上市公司并购重组研究中2012～2017年公布的并购交易事件作为初选样本。财务特征均在 WIND 数据库中获取。样本公司中的会计稳健性代理指标、长期并购绩效代理指标以及其他的控制变量等相关数据，本书也都根据上市公司的财务报告进行了手工整理。研究中所有的实证分析均运用 Stata/SE 15.1 和 EViews 12.0 进行数据处理。

2. 样本选择

在 WIND 数据库中，按照以下标准对有并购意向的上市公司进行筛选，从中筛选出符合条件的并购企业的事件为样本数据。企业并购一般来说有以下四个阶段。

（1）有意向但未找到合适的目标；

（2）有了并购目标，但未接洽；

（3）有明确的目标，并且正在接洽谈判；

（4）已达成并购协议，正在实施并购。

本书选取并购失败的企业即处于上述并购的前三阶段的企业，第四阶段即为并购成功的企业。并购成功的企业在此基础上再次进行筛选，不满足的予以剔除：

（1）所有的并购样本均为控制权发生转移的事件，并且交易金额不低于 500 万元，以至于标的方在被收购后能对收购方的绩效产生实质影响；

（2）已经完成交易的，即进行了工商登记变更或办理了过户手续的；

（3）考虑到金融保险行业的特殊性，剔除收购公司属于金融保险行业的并购样本；

（4）考虑到 ST 公司的特殊性，剔除收购公司在并购当年为 ST 类的样本企业；

（5）本书考察收购企业并购前 1 年到并购后 3 年共 5 年的长期并购绩效变化，剔除这五年间财务指标数据信息不完整、缺失、异常值等情况的样本企业；

（6）考虑到特异值对回归的不利影响，剔除了主要变量两端 0.5% 的异常样本。

经过以上处理，在 WIND 数据库中本书共选取了 2012～2017 年这 6 年间发生的 13594 个并购事件作为并购的最终研究样本，表 4-1 和表 4-2 为样本量的时间分布和行业分布。

表 4-1　　　　　　　　　　　样本的时间分布

年份	所选公司量	
	样本量（个）	比重
2012	2164	0.1592
2013	2164	0.1592
2014	2257	0.1660
2015	2365	0.1740
2016	2447	0.1800
2017	2557	0.1881
合计	13594	1.0000

资料来源：作者手工整理。

通过对样本的时间分布进行分析，整体来说 2012～2017 年这 6 年的样本量相差不大，几乎都在 2300 个上下，其中 2012 年和 2013 年的样本量均为 2164 个；2014 年的样本量为 2257 个；2015 年的样本量为

2365 个；2016 年的样本量为 2447 个；2017 年的样本量为 2557 个，占比最大。

表 4 – 2   样本的行业分布

行业名称	公司样本量	
	样本量（个）	比重
采矿业	386	0.0284
电力、热力、燃气及水生产和供应业	376	0.0277
房地产业	201	0.0148
建筑业	216	0.0159
交通运输、仓储和邮政业	259	0.0191
科学研究和技术服务业	211	0.0155
农、林、牧、渔业	209	0.0154
批发和零售业	748	0.0550
水利、环境和公共设施管理业	323	0.0238
文化、体育和娱乐业	280	0.0206
信息传输、软件和信息技术服务业	278	0.0205
制造业	10107	0.7435
合计	13594	1.0000

资料来源：作者手工整理。

通过对样本的行业分布进行分析，本书所研究的并购事件涉及诸多行业，一共有 12 个行业，其中制造业占比最大，高达 74.35%；批发和零售业次之，样本量有 748 个；另外采矿业、电力、热力、燃气及水生产和供应业、水利、环境和公共设施管理业有关的样本量均超过了 300 个；其余行业则都小于 300 个，占比较小。

4.1.3 变量的选取与度量

关于本研究所选取的各变量的定义如表 4 – 3 所示。

表 4 – 3　　　　　　　　　　　　　变量定义表

变量类型	变量名称	变量符号	变量说明
被解释 变量	并购概率	Case	并购成功取值为1，失败取值为0
	并购频率	M&A	6年内并购方发生并购活动的次数合计
	并购目标方	Tag	并购的目标方是上市公司取值为1，非上市公司为0
	并购支付方式	Pay	现金支付取值为1，股票支付取值为0
	并购相关性	Corr	相关并购取值为0，非相关并购取值为1
	并购绩效	ROA	并购方总资产收益率
	并购绩效	ROE	并购方净资产收益率
解释变量	会计稳健性指数	Cons	根据许（Khan）和瓦特（Watts）会计稳健性指数模型计算得到
控制变量	董事会规模	Scale	并购方董事会成员数量
	独立董事比例	Ratio	并购方独立董事占董事会总人数的比例
	两职兼任情况	Dual	董事长与总经理两职兼任则取值为1，否则为0
	股权集中度	Share	并购方第一大股东持股比例
	机构投资者 持股比例	Inst	并购方机构投资者持股比例
	公司成长性	Growth	并购方营业收入增长率
	市净率	MB	每股市价/每股净资产
	公司规模	Size	公司总资产的自然对数
	公司性质	Soe	并购方终极控制人是政府为1，否则为0
	年份	Year	控制年份（2012～2017年）固定效应，设置5个哑变量
	行业	Industry	共12个行业，以制造业为基础，共设11个哑变量

1. 被解释变量

（1）企业并购行为。

目前全球企业已进入一个新的竞争时代，并购重组已变成了企业发展壮大的必经阶段，并且其作为一种有效提升企业价值的投资活动，近年来颇受上市公司的欢迎。当前，在我国稳步增长的社会经济转型背景下，各个行业并购市场获得了迅速的发展，国内上市公司出现了并购的热潮。随着世界经济的不断发展和学术理念的不断更新，会计稳健性在实务中也得到了越来越多的重视，大量的学术研究发现会计稳健性这种制度安排可以协调企业利益相关者的利益，在企业日常经营活动中这一特点能够有效治理经营风险。

通过梳理学术界对会计稳健性与并购的相关理论研究发现，会计稳健性作为一种对企业经营中的固有风险和不确定因素审慎反应，通过发挥其降低信息不对称的治理机制，影响企业并购不同阶段的关键活动，进而对并购绩效产生作用。学术界对于并购阶段的具体划分讨论不一而足，但总体而言将并购活动划分为战略制定、目标选择、并购实施、并购整合的四大阶段是目前学术界较为统一的一个划分方法（骆家骢等，2010）。并购行为是一个过程变量，所有的并购行为构成一个企业完整的并购活动，最终将会影响企业的价值创造（张晓明和宫巨宏，2016）。并购关键行为因为与并购关键风险点息息相关，因而会对企业的并购绩效产生较为重要的影响，在企业不同的并购阶段风险类别并不相同。通过识别不同阶段的不同风险，找出各个阶段中与之对应的并购行为，将其作为本书的主要研究因素。由于并购整合阶段实际上是会受到并购决策和执行的影响（杨勃和杜晓君等，2015），因此本书参考目前学术界对企业并购绩效与并购行为的相关研究，从战略制定、目标选择、并购实施三个阶段中选择对并购绩效有主要影响的关键并购行为进行分析，分析会计稳健性如何通过对并购行为中并购概率、并购频率、目标方选择以及并购支付方式选择这四个方面的影响最终作用到企业并购绩效的。

企业并购行为存在于企业并购活动中的每一环节，涵盖了交易对象、交易方式、交易价格以及支付手段等重要信息。本书主要对并购概率、并购频率、并购目标方的选择以及并购支付方式选择这四个企业关键并购行为进行研究，并且并购概率、并购目标方的选择以及并购支付方式选择均用哑变量来衡量，而并购频率用连续变量来衡量。其中，并购概率指标，本书将其划分为并购成功还是并购失败进而去分析研究；并购频率指标，目前学术界普遍认为连续并购意味着企业在一段时间内并购活动的高频率发生，但具体的时间区间及并购频次尚未形成统一的认识。本书选择在并购概率的基础上，以并购成功的企业为研究对象，利用

2012～2017 年并购方企业 6 年里发生并购成功的次数来衡量，次数越多，则并购频率越高；反之则越少。并购方的并购频率越高，管理范围和难度加大，并购投资管理的风险程度将会随着并购行为的增多而提高。基于公司会计稳健性的角度，为了降低不确定风险，并购方也不会有较高的并购频率；并购目标方的选择，本书主要从主并方和并购标的经营业务相关性的角度，将并购目标方的选择划分为相关并购和非相关并购以及并购上市公司和非上市公司进行研究分析。本书区分了相关并购样本与非相关并购样本，非相关并购有助于企业实现多元化战略、占取更大的市场份额。市场份额占有率越大，企业面临的行业竞争压力就越小。这意味着，公司所在行业的进入壁垒相应地提升（徐虹等，2015），而竞争对手数量变少了。这些因素均会实现会计利润的增长。不仅如此，非相关并购有助于企业获得规模经济的优势。规模经济能够有效降低成本、提高企业的生产效率。企业间的相关并购能够减少不必要的交易成本。具体来说，相关并购有助于上下游企业进行更有效、更稳定的资源供应。这节省了谈判和维持供应关系耗费的成本，减少并购收费。在企业并购交易中并购双方经过信息交换、价值评估、议价之后，支付方式选择是整个并购活动的最后一环，也是并购中双方最关注的核心问题。发生并购时，并购方以什么方式支付以及支付多少直接决定交易的成败。不同的支付方式对后续并购绩效有不同的影响，并购方应选择合适的支付方式，根据自身的财务状况进行后续的资源整合，从而提高资源的利用效率和企业竞争力（葛结根，2015）。关于并购的支付方式，本书主要从现金支付和股份支付两个层面来进行研究分析。近年一些文献开始关注股票流动性与公司治理和公司行为之间的关系。股票的信息含量对企业的投资决策产生积极影响，知情投资者在决定其交易策略时考虑其交易行为对管理者行为的影响，使股票价格对公司经理人员和其他利益相关者更具信息含量，能带来私有信息收益的增加，从而提升股价的信息含量（Khanna N & Sonti R，2004）。

（2）企业并购绩效。

本书研究并购企业的长期绩效，研究期间的选择会对研究结果产生重要的影响。对于样本企业研究年度的选取而言，一是年度跨度不宜过短，如果研究期间过短，并购的影响难以较为显著的凸显出来；二是年度跨度不宜过长，如果研究期间过长，并购事件受其他因素的影响会较大，就会削弱并购事件本身所带来的影响，本书借鉴李善民、王彩萍等（2004），李善民、曾昭灶等（2004）以及延斯·哈根多夫和凯文·克稀（Jens Hagendorff & Kevin Keasey，2009）对企业并购长期绩效的研究，他们的研究均是以并购前1年到并购后3年作为并购长期绩效的研究期间。基于此，本书对并购长期绩效的研究借鉴了上述学者的观点，假定并购的效益能够在并购后1年内充分地发挥出来，并以我国2012~2017年这6年发生的并购事件为样本，选取并购前1年到并购后3年共5年的数据，对其并购前后长期绩效的变动情况进行研究。

对于并购绩效指标的选择，国内外学者对公司并购绩效的研究主要有两种方法，一是基于证券市场反映的超常收益法（事件研究法）；二是基于公司财务指标的会计研究法。其中事件研究法是以有效的证券市场为前提，比较适用于发达的证券市场，但是对于我国的证券市场是否有效是存在质疑的（林晓辉和吴世农，2008）。更为重要的是事件研究法难以对并购导致的股价变化的原因提供合理的解释，使得研究工作的实践意义受到了约束。同时，事件研究法一般以考察并购的短期效应为主要目的，通常选择并购公告发布前后某个时间段，计算出公司的累积超常收益率以考察并购的短期绩效。会计研究法是采用财务指标对并购重组绩效进行评价，主要有如下两种具体的方法，一是采用单一的综合性指标；二是选取代表性指标建立指标体系；会计研究法主要适用于资本市场有效性存在较大争议的市场，通过对重组公司进行长期观察，评价其并购后绩效的变化，国内使用较多。

由于事件研究法适用于证券市场较发达的资本市场，而且多用于短期绩效的考察，本书拟对并购长期绩效进行考察，显示这种方法不适用于本书的研究。同时，会计研究法中的采用多指标构建指标体系的研究方法也存在不足：即指标选取的随意性以及赋权理论依据不足会导致研究结论的不一致。鉴于此，本书拟采用总资产收益率（ROA）和净资产收益率（ROE）来衡量企业长期并购绩效的两个指标。采用该指标，可以减少由于企业实行盈余管理带来的信息失真，可以避免会计制度和企业会计政策变更带来的比较基础不一致性的问题，也可以确保绩效的测量方法不会受到不同的并购支付方式、税务政策或者并购融资策略的影响。而且从理论角度看，企业的价值或股东价值是企业预期净现金流量的折现，采用这两个指标也和公司价值或者股东价值最大化相一致（李善民，2004）。

2. 解释变量

国际会计准则理事会（IASB）在第 1 号国际会计准则中把稳健性原则作为选择会计政策的三要素之一。我国财政部 2006 年发布的企业会计准则明确要求，企业对交易或者事项进行会计确认、计量和报告应当保持应有的谨慎，不应高估资产或者收益、低估负债或者费用[①]。但是，有关稳健性原则的争议却长期存在。美国财务会计准则委员会（FASB）指出："……稳健性的概念可能与某些重要的质量特征产生冲突，如公允表述、中立性和可比性（包括一致性）……财务报告中的稳健性不应该再蓄意地、继续地、一贯地低估净资产和利润"[②]。

对于稳健性还有很多传统的定义，但基本上没有超出 FASB 对稳健性概念的界定范围。稳健性的传统定义是模棱两可的，因为一个企业的盈余总数在其生命周期内是固定的（或者超过一个完整的商业周期）。在上述定义下难以发展出可适用的计量稳健性的技术，因此稳健性研究在实证方面一直停滞不前，这种局面直到 20 世纪 90 年代中期才有所改观。使会计稳健性实证研究取得关键突破的是巴苏（Basu）。基于对以往文献的分析，巴苏（1997）尽管没有明确提出"条件稳健性"这一会计术语，但首次探究了条件稳健性的含义，将稳健性定义为"会计人员倾向于对当期好消息的确认比对坏消息的确认要求更严格的可证实性"。只要坏消

---

① 2006 版企业会计准则中企业会计准测——基本准则（2006）第二章第十八条。

② FASB 在第 2 号财务会计概念公告（SFAC）中的解释。

息（经济损失）比好消息（经济收益）被更及时地反映，就可以认为会计上是稳健的，但是这个条件并不因尽早确认费用、推迟确认收入、在日常的基础上从低报告收入或账面价值等传统做法而得到满足。这种"损失确认的及时性"观念因为要求盈余反映当期的经济损失，后来被鲍尔和席瓦库玛（Ball & Shivakumar，2005）称为条件稳健性。巴苏给出的定义便于对会计稳健性予以量化，因为消息的好坏可以利用股票回报作为参考变量，其应用的反向回归方法在后来的实证研究中被广为借鉴。后来的文献进一步将会计稳健性明确区分为条件稳健性和非条件稳健性（Ball & Shivakumar，2005；Beaver & Ryan，2005）。两种类型的区分使得人们对稳健性原则概念的认识前进了一步。条件稳健性又称为损益表稳健性、消息依赖稳健性和事后稳健性，它起源于巴苏（1997）的稳健性定义，指的是盈余反映当期的坏消息比好消息更快。在巴苏（1997）的模型中，条件稳健性体现在对损失和收益确认的不对称的及时性，这种不对称的及时性来自会计人员确认好消息比确认坏消息要求更严格的可证实性。条件稳健性的例子包括存货的成本与市价孰低法、长期资产减值准备等（Beaver & Ryan，2005）。非条件稳健性，又称为资产负债表稳健性、独立于消息的稳健性及事前稳健性，它是一个总体的偏见，和当期消息没有关系。非条件稳健性倾向于通过加速费用确认或推迟收入确认而从低报告权益账面价值。非条件稳健性的例子包括内部无形资产开发成本的立即费用化，资产、厂房、设备的折旧采用超过其经济折旧的加速折旧法等。条件稳健性和非条件稳健性存在的基础相同，都源于经济环境内在的不确定性和风险，最终都造成净资产账面价值被低估。而且，两者被一些共同的因素所激励。例如，投资者所感受到的不对称的损失函数——由相同数量收益而增加的效用要小于由同样数量损失而减少的效用。两种稳健性概念的核心区别体现在和当期消息的关系上。条件稳健性要求会计政策能够反映当期的经济事项，并且是一种不对称的反映。会计上是否稳健是以坏消息（经济损失）比好消息（经济收益）被更及时地反映为条件的。而非条件稳健性和当期的消息无关，它是事前的和总体的偏见。只要在资产的生命周期内其市场价值大于账面价值，也就是账面价值被低估，就可以认为是稳健的。它并没有指明在某个期间内什么情况下会计政策选择才是稳健的，其实它也无法指明特定期间稳健性适用的条件，因为会计政策事先确定，本期的稳健会导致后续期间的不稳健，这是无条件稳健性始终无法圆满回答的问题。所以说无条件稳健性是一个总体的偏见，和当期的经济事项无关。在契约和公司治理的背景下，两者的作用和性质有明显的不同，条件稳健性最初的动因是抵消经理向上虚报会计数字的动机，增进缔约的有效性，其"损失确认的及时性"观点有助于更好地理解稳健性在缔约时扮演的角色。例如，由于盈余对消息的好坏做出不对称反映，经济损失相对经济收益被更及时地确认，同样条件下由于盈余更及时地反映了坏消息，可以更快地向债权人传递债务契约条款可能被违背的信号，从而保护债权人的利益。同样，及时确认损失可能有效避免经理开展净现值为负的项目，或者很快放弃正在损失的项目，因此也增进了契约和公司治理的有效性。在非条件稳健性原则下，探究稳健性在缔约过程中扮演的角色却是很困难的。因为众所周知，非条件稳健性下资产估值的偏见是事前的和总体的，理性的财务报告使用者往往会在签约时予以纠正。

综上所述，正是条件稳健性增进了债务契约、报酬契约和公司治理的有效性。条件稳健性突出了经理在接收到消息时做出的政策抉择，其行为体现了特定历史条件下各种制度因素的相互作用，反映了会计信息质量内生性的本质。可以说，条件稳健性概念的提出将会计稳健性研究带入了一个更广阔的领域。因此本书选择条件稳健性作为会计稳健性的衡量指标，参照加西亚等（García et al.，2016）的研究，选择坏消息确认及时性作为会计稳健性衡量的指标。之所以这样做，主要出于以下原因，第一，巴苏（1997）在稳健性定义中提到，"好消息"与"坏消息"并非同一个衡量标准：谨慎与及时，而谨慎并非时间性的要求。因此，现有的以两者披露"差额时间"衡量的方法，显然不能诠释其定义。第二，FASB 将稳健性定义为："是对不确定性的审慎反应，努力确保商业环境中存在的不确定性和风险被充分考虑到。如果未来收到或支付的两个估计金额有同等的可能性，稳健性要求使用较为不乐观的估计数"[①]。好消息的提前只会使估计更加乐观，而坏消息的延后会使估计结果更不乐观。从这个意义上说，会计稳健性表现为坏消息确认的及时性（李增泉和卢文彬，2003）。第三，通常情况下确实存在所谓"好消息提前，坏消息延后"的规则，在上市公司信息披露质量同时存在及时性要求的情况下，实际上就等同于"坏消息"及时披露。从对利益相关者的影响来看，坏消息的及时披露体现了信息披露质量的提升，既是对投资者保护的增强，也是对债权人保护的增强。债权人要求公司能及时报告"坏消息"，因为其权益对公司市场价值的下降更为敏感。第四，依据诺贝尔经济学奖得主丹尼尔·卡尼曼（Daniel Kahneman，2002）提出的前景理论，大多数人都有损失规避的心理，即人们对坏消息的痛苦感要大于好消息的快乐感。面对坏消息更容易导致资本市场上的非理性决策。依据巴苏（1997）模型，如式（4 – 1）所示。其中 Ret 的计算公式如式（4 – 2）所示。

$$EPS_{i,t}/P_{i,t-1} = \beta_0 + \beta_1 DR_{i,t} + \beta_2 Ret_{i,t} + \beta_3 DR_{i,t} \times Ret_{i,t} + \varepsilon_{i,t} \qquad (4-1)$$

$$Ret_{i,t} = \left[\prod_{t=5}^{4} (1 + R_{i,t}) - 1 \right] - \left[\prod_{t=5}^{4} (1 + MR_{m,t}) - 1 \right] \qquad (4-2)$$

其中，EPS 表示每股收益；P 表示股票收盘价；Ret 表示股票超额收益率；DR 表示 Ret 的哑变量，若 Ret > 0，DR 取值为 0，Ret < 0，DR 取值为 1；ε 表示随机误差项。$R_{i,t}$ 表示 i 公司 t 月考虑现金红利再投资的月个股回报率，$MR_{m,t}$ 表示 m 年 t 月按照流通市值加权平均法计算的考虑现金红利再投资的综合月市场回报率。β_2 表示会计盈余确认"好消息"的及时性，β_3 表示会计盈余确认"坏消息"比确认"好消息"的及时性的增量，$\beta_2 + \beta_3$ 表示会计盈余确认"坏消息"的及时性。卡恩和瓦茨（Khan & Watts，2009）拓展了巴苏的模型，选取企业规模（Size）、市场价值与账面价值的比率（MB）和资产负债率（Lev）作为工具变量，设计出能够度量公司年度的会计稳健性指标。模型如式（4 – 3）和式（4 – 4）所示。

---

① 美国 FASB 在 1980 年发布的《财务会计概念公告第二辑》（SFAC2）。

$$G - Score = \beta_2 = \mu_1 + \mu_2 Size_{i,t} + \mu_3 MB_{i,t} + \mu_4 Lev_{i,t} \quad (4-3)$$

$$G - Score = \beta_3 = \lambda_1 + \lambda_2 Size_{i,t} + \lambda_3 MB_{i,t} + \lambda_4 Lev_{i,t} \quad (4-4)$$

将式 (4-3) 和式 (4-4) 代入式 (4-1)，得到式 (4-5)：

$$EPS_{i,t}/P_{i,t-1} = \beta_0 + \beta_1 DR_{i,t} + (\mu_1 + \mu_2 Size_{i,t} + \mu_3 MB_{i,t} + \mu_4 Lev_{i,t}) \times$$
$$Ret_{i,t} + (\lambda_1 + \lambda_2 Size_{i,t} + \lambda_3 MB_{i,t} + \lambda_4 Lev_{i,t}) \times DR_{i,t} \times$$
$$Ret_{i,t} + \varepsilon_{i,t}$$
$$= \beta_0 + \beta_1 DR_{i,t} + \mu_1 Ret_{i,t} + \mu_2 Ret_{i,t} \times Size_{i,t} + \mu_3 Ret_{i,t} \times$$
$$MB_{i,t} + \mu_4 Ret_{i,t} \times Lev_{i,t} + \lambda_1 DR_{i,t} \times Ret_{i,t} + \lambda_2 DR_{i,t} \times$$
$$Ret_{i,t} \times Size_{i,t} + \lambda_3 DR_{i,t} \times Ret_{i,t} \times MB_{i,t} +$$
$$\lambda_4 DR_{i,t} \times Ret_{i,t} \times Lev_{i,t} + \varepsilon_{i,t} \quad (4-5)$$

运用式 (4-5)，采用年度横截面数据回归，将回归得到的系数分别代入式 (4-3) 和式 (4-4)，得到 G-Score 和 C-score。参照加西亚等 (García et al.，2016)，本书用 G-Score 与 C-score 之和度量公司年度的会计稳健性程度 Cons。

3. 控制变量

考虑到公司成为并购目标的可能影响因素，在回归中对以下几个变量给予控制。(1) 董事会规模 (Scale)。用并购方董事会成员数量来衡量。董事会作为公司的决策机构，对企业的决策行为有着重要的影响。(2) 独立董事比例 (Ratio)。承担着公司的咨询和监督职能的独立董事会影响公司内部的治理机制，进而影响到公司并购行为与动机的客观性。本书用并购方独立董事占董事会人数的比例来衡量。(3) 两职兼任情况 (Dual)。考虑公司治理层面，经营权和所有权两职合一意味着公司治理的代理成本更少，治理效率更高。为检验公司治理效率能否影响到并购标的概率，本书设定两职兼任情况虚拟变量。如果公司董事长与总经理兼任，则 Dual = 1，否则为 Dual = 0。(4) 股权集中度 (Share)。在代理问题较为严重的"一股独大"公司中，大股东能够影响公司的战略选择 (陈德萍和陈永圣，2011)，甚至可以左右公司的并购行为 (Amihud &

Lev, 1999)。因此，本书控制了股权集中度，用并购方第一大股东持股比例来度量。(5) 机构投资者持股比例 (Inst)。(6) 公司成长性 (Growth)。运用并购方营业收入增长率来度量公司的成长性。公司具有成长性，意味着有更好的前景和竞争力，在控制权市场中更加会受到关注。(7) 市净率 (MB)。用公司每股市价除以每股净资产来衡量。(8) 公司规模 (Size)。根据现有研究的度量方法，用总资产对数来衡量公司规模。(9) 公司性质 (Soe)。中国上市公司是制度转轨的产物，公司性质对于公司的行为决策的影响是不可忽视的。因此构建公司性质虚拟变量，如果并购方终极控制人是政府，则 Soe = 1，否则 Soe = 0。(10) 行业 (Industry)。由于不同行业的会计稳健性水平和企业并购绩效有差异，本书对所有的回归均控制了行业固定效应。共 12 个行业，以制造业为基础，共设 11 个哑变量。(11) 年份 (Year)。为避免年度差异带来的影响，所有的回归中均控制了年份固定效应。控制年份 (2012 ~ 2017 年) 固定效应，设置 5 个哑变量。具体变量定义与度量方法总结如表 4 - 3 所示的变量定义表。

4.1.4　回归模型的建立

为了验证假设 1、假设 3、假设 4 和假设 5 成立与否，本书构建 probit 模型来对企业并购过程中的四个关键并购行为进行研究。为了验证假设 2 和假设 6，本书构建了多元线性模型来分析会计稳健性对企业并购绩效的影响。

1. 并购概率

$$\begin{cases} 并购成功 & 1 \\ 并购失败 & 0 \end{cases}$$

$$\text{Case}_{i,t}^* = \alpha_0 + \alpha_1 \text{Cons}_{i,t} + \alpha_2 \text{Cons}_{i,t-1} + \alpha_3 \text{Control}_{i,t} + \mu_{i,t}$$

μ_i 为随机干扰项，相互独立且 $\mu_i \sim N(0,1)$。

$$\text{Case}_{i,t} = \begin{cases} 1 & \text{Case}_{i,t}^* > 0 \\ 0 & \text{Case}_{i,t}^* \leq 0 \end{cases}$$

2. 并购频率

$$\text{M\&A}_{i,t} = \alpha_0 + \alpha_1 \text{Cons}_{i,t} + \alpha_2 \text{Cons}_{i,t-1} + \alpha_3 \text{Control}_{i,t} + \mu_{i,t}$$

μ_i 为随机干扰项，相互独立且 $\mu_i \sim N(0,1)$。

3. 企业并购目标方

$$\begin{cases} \text{并购上市公司} & 1 \\ \text{并购非上市公司} & 0 \end{cases}$$

$$\text{Tag}_{i,t}^* = \alpha_0 + \alpha_1 \text{Cons}_{i,t} + \alpha_2 \text{Cons}_{i,t-1} + \alpha_3 \text{Control}_{i,t} + \mu_{i,t}$$

μ_i 为随机干扰项，相互独立且 $\mu_i \sim N(0,1)$。

$$\text{Tag}_{i,t} = \begin{cases} 1 & \text{Tag}_{i,t}^* > 0 \\ 0 & \text{Tag}_{i,t}^* \leq 0 \end{cases}$$

$$\begin{cases} \text{非相关并购} & 1 \\ \text{相关并购} & 0 \end{cases}$$

$$\text{Corr}_{i,t}^* = \alpha_0 + \alpha_1 \text{Cons}_{i,t} + \alpha_2 \text{Cons}_{i,t-1} + \alpha_3 \text{Control}_{i,t} + \mu_{i,t}$$

μ_i 为随机干扰项，相互独立且 $\mu_i \sim N(0,1)$。

$$\text{Corr}_{i,t} = \begin{cases} 1 & \text{Corr}_{i,t}^* > 0 \\ 0 & \text{Corr}_{i,t}^* \leq 0 \end{cases}$$

4. 企业并购支付方式的选择

$$\begin{cases} \text{现金支付} & 1 \\ \text{股票支付} & 0 \end{cases}$$

$$\text{Pay}_{i,t}^* = \alpha_0 + \alpha_1 \text{Cons}_{i,t} + \alpha_2 \text{Cons}_{i,t-1} + \alpha_3 \text{Control}_{i,t} + \mu_{i,t}$$

μ_i 为随机干扰项，相互独立且 $\mu_i \sim N(0,1)$。

$$\text{Pay}_{i,t} = \begin{cases} 1 & \text{Pay}_{i,t}^* > 0 \\ 0 & \text{Pay}_{i,t}^* \leq 0 \end{cases}$$

本书构建多元线性回归模型来研究会计稳健性对于企业长期并购绩效的影响，本书研究并购企业从并购前 1 年到并购后 3 年共 5 年的长期并购绩效，长期并购绩效指标采用 ROA 和 ROE 双指标，并且最后使用 EPS 作为长期并购绩效的替代性指标进行稳健性检验。

$$
\begin{aligned}
ROA_{i,t+1;t+2;t+3} = {} & \partial_0 + \partial_1 Cons_{i,t} + \partial_2 Cons_{i,t-1} + \partial_3 SCALE_{i,t-1} + \partial_4 RATIO_{i,t-1} + \\
& \partial_5 DUAL_{i,t-1} + \partial_6 SHARE_{i,t-1} + \partial_7 INST_{i,t-1} + \partial_8 GROWTH_{i,t-1} + \\
& \partial_9 MB_{i,t-1} + \partial_{10} SIZE_{i,t-1} + \partial_{11} SOE_{i,t-1} + \sum Year + \\
& \sum Industry + \varepsilon_{i,t}
\end{aligned}
$$

$$
\begin{aligned}
ROE_{i,t+1;t+2;t+3} = {} & \partial_0 + \partial_1 Cons_{i,t} + \partial_2 Cons_{i,t-1} + \partial_3 SCALE_{i,t-1} + \partial_4 RATIO_{i,t-1} + \\
& \partial_5 DUAL_{i,t-1} + \partial_6 SHARE_{i,t-1} + \partial_7 INST_{i,t-1} + \partial_8 GROWTH_{i,t-1} + \\
& \partial_9 MB_{i,t-1} + \partial_{10} SIZE_{i,t-1} + \partial_{11} SOE_{i,t-1} + \sum Year + \\
& \sum Industry + \varepsilon_{i,t}
\end{aligned}
$$

$$
\begin{aligned}
EPS_{i,t+1;t+2;t+3} = {} & \partial_0 + \partial_1 Cons_{i,t} + \partial_2 Cons_{i,t-1} + \partial_3 SCALE_{i,t-1} + \partial_4 RATIO_{i,t-1} + \\
& \partial_5 DUAL_{i,t-1} + \partial_6 SHARE_{i,t-1} + \partial_7 INST_{i,t-1} + \partial_8 GROWTH_{i,t-1} + \\
& \partial_9 MB_{i,t-1} + \partial_{10} SIZE_{i,t-1} + \partial_{11} SOE_{i,t-1} + \sum Year + \\
& \sum Industry + \varepsilon_{i,t}
\end{aligned}
$$

4.2 会计稳健性对企业并购行为影响的实证分析

4.2.1 描述性统计

由各变量的描述性统计结果可知（见表 4 - 4），本次研究样本中有效数据为 13594 份。企业并购概率的平均值为 0.5986，可知在有并购意向的企业中最终并购成功和并购失败的企业都很多，并购成功与否与本书所研究的会计稳健性有关。会计稳健性能够降低企业委托代理产生的代理成本，约束管理者的利己行为，增强债权人对于企业的信赖度，帮助企业获得所需并购活动中的资源与资金的支持，提升并购概率。同时，会计稳健性能够降低企业缔约主体间的信息不对称差异，抑制管理者对于会计信息的操控，有利于投资者与债权人对管理者的监督，有效指导并购活动，提升公司治理水平，提高资源的利用效率，进而提升并购概率。这一点在后续分析过程中进行验证。

表 4 - 4　　　　　　　　　　主要变量的描述性统计结果

Variable	Obs	Mean	Std. Dev.	Min	Max
Case	13594	0.5986	0.2031	0	1
M&A	13594	1.9375	1.12511	0	5
Tag	13594	0.8801	0.1089	0	1
Pay	13594	0.1829	0.3866	0	1
Corr	13594	0.0175	0.1313	0	1
Size	13594	22.1105	1.2478	14.9416	27.6856
Scale	13594	8.4250	1.5785	4	18
Ratio	13594	0.3756	0.0543	0.1428	0.71428
Dual	13594	0.2943	0.4557	0	1
Share	13594	0.3340	0.1457	0.0355	0.8999
Growth	13594	0.4056	4.9894	−1	367.532
Inst	13594	0.2978	0.2269	0	1.2572
MB	13594	2.0617	766.8062	−100994	21788.02
Soe	13594	0.2658	0.4417	0	1
$Cons_{i,t}$	13594	0.1540	0.0727	−0.0082	3.5894
$Cons_{i,t-1}$	13594	0.1513	0.0766	−0.00819	3.6070

资料来源：作者根据 Stata 输出结果整理得出。

由表 4 - 4 可知，并购频率的平均值接近于 2，也就是说并购方在 6 年里发生两起并购行为是普遍的，而 6 年里也可能不会发生并购，但也有可能会发生 5 起并购行为。根据本书的理论背景，并购次数越多，则并购的频率越高。周荷晖等（2019）研究发现企业在同一时间或连续处理多起并购交易，会导致信息负载过大引起管理层信息遗漏、判断失误等问题，降低并购绩效。张于（2018）在其论文中分析并购频率对制造业的盈利能力和发展能力的影响发现并购频率与公司的盈利能力负相关且显著，与并购母公司的发展能力也是负相关。基于本书的研究背景会计稳健性程度来看，并购次数的增多会增加企业的各种风险从而降低会计信息的稳健程度。

企业并购目标方的平均值为 0.8801，更接近于 1（1 表示并购上市公司），说明所选样本中并购非上市公司的数量较少，而并购上市公司的数量较多，并购方基于公司稳健性程度来考虑，为了规避风险以及降低信息不对称的影响，都更加倾向于选择上市公司作为并购的目标公司。上市公司最大的好处在于其所有的财务信息都是公开披露，因此与非上市公司相比，上市公司的信息更加透明化，这会极大地减少不对性及不确定性（Wilson，2003）。因此上市公司数量占比相应较高也符合本书的理论背景。

相关并购的平均值为 0. 0175，更接近于 0（0 表示相关并购），说明公司的并购多为相关并购，极少是非相关并购。效率理论认为，并购行业的相关性越高，则越能体现并购双方的协同作用，实现规模经济效应，降低生产与经营成本。另外，从信息不对称的视角分析来看，并购非相关公司会由于并购方不熟悉目标公司行业环境，无形中增加了交易双方的信息不对称程度，使公司的整合成本和投资风险加大，因此并购方在选择并购目标企业时也会倾向于选择并购相关公司，因此样本统计结果中的并购目标方企业多为相关并购也符合理论预期。并购目标方的选择在一起并购案中可以有效降低信息不对称的风险，对目标方的了解程度和目标行业的参与程度是并购活动中的关键风险点，对并购活动会产业极其重要的影响。在日后的企业整合经营中，与企业匹配度更高的目标企业会更快融入管理，实现协同效应。稳健性程度较高的公司会更倾向于相关并购，非相关并购和相关并购虽然都具有为企业提供发展新资源，增强企业市场竞争力的优势。但是相关并购由于可以更大限度地发挥规模经济和范围经济的协同效应，帮助企业实现关键技术的转移，会比非相关并购获得更多的协同收益。

并购支付方式的平均值为 0. 1829，更接近于 0（0 表示并购采用股票支付的方式），说明样本公司并购时大多会选择股票支付的方式，较少公司选择采用现金支付。本书分别通过信息不对称角度、资本结构、股权结构和管理者过度自信以及纳税筹划五个方面研究对并购支付方式的影响，发现以下几个结论：第一，信息不对称的程度越高，并购双方难以做到完全的了解，因此稳健性较高的企业为了与对方共同分担风险共同提升并购后的效益更加倾向于选择股票支付完成并购交易。第二，财务杠杆较高的企业倾向于选择股票支付，同时稳健性的企业一般负债率较高，为了降低企业财务风险因此选择股票支付的可能性较大。第三，股权高度集中的企业倾向于选择股票支付，股权制衡度较高一般选择股票支付的可能性较大。稳健性较高为了抑制高度集中的股权，提高股权制衡度，选择股票支付的可能性更大。第四，管理者过度自信倾向于选择现金支付会导致并购行为存在盲目乐观的心理采用激进的会计政策而降低企业的会计稳健性，而稳健性高的企业尽可能抑制管理者的过度自信因此倾向于股票支付。第五，股票支付更能收到节税效益，会计稳健性较高的企业为了尽可能减少并购活动中税收的负担倾向于选择股票支付。基于以上五个方面的分析可以了解会计稳健性对于并购支付方式的影响。

另外，从表 4-4 中可以得出当期会计稳健性的平均值为 0.1540，最小值为 -0.0082，最大值为 3.5894，滞后一期会计稳健性的平均值为 0.1513，最小值为 -0.00819，最大值为 3.6070。从当期会计稳健性和滞后一期会计稳健性的平均数均大于零这一事实中看出，稳健性是上市公司财务报表的共同特征。还可以发现会计稳健性前后两期的最大值和最小值数值相近且差异都较大，说明不同企业的会计稳健性水平存在较大差异且波动程度较大。并且将本书中利用中国上市公司计算出来的会计稳健性与卡恩和瓦特（Khan & Watts，2009）计算出的美国上市公司的会计稳健性程度相比之下，中国上市公司会计信息的稳健性不高。

4.2.2　相关性分析

由表 4-5 的相关性分析结果可得，并购成功与当期会计稳健性之间的相关系数为 0.0193，在 1% 的水平上显著为正，与滞后一期的会计稳健性之间的相关系数为 0.0254，也在 1% 的水平上显著为正，这也间接说明了当期的会计稳健性和滞后一期的会计稳健性都与并购概率存在正相关关系，为本书后续进行三者之间的回归提供了基础。

表 4-6 为并购频率的相关系数，各变量间的相关系数均在 0.5 以下，表明所选取的各变量具有较好的合理性，且不会产生较大的多重共线性

表 4－5　并购概率相关系数

	Case	$Cons_{i,t}$	$Cons_{i,t-1}$	Scale	Ratio	Dual	Share	Inst	Growth	MB	Size	Soe
Case	1.0000											
$Cons_{i,t}$	0.0193 ***	1.0000										
$Cons_{i,t-1}$	0.0254 ***	0.2923 ***	1.0000									
Scale	0.0893 ***	-0.0909 ***	0.0612 ***	1.0000								
Ratio	0.0234 **	0.0243 **	-0.0456 ***	0.0556 ***	1.0000							
Dual	0.0823 ***	0.0767 ***	-0.0600 ***	-0.1693 ***	0.1063 ***	1.0000						
Share	-0.0389 ***	0.0746 ***	0.0352 ***	-0.0253	0.0160 **	-0.0224 ***	1.0000					
Inst	0.0244 ***	0.1530 ***	0.1225 ***	0.1544 ***	-0.0817 ***	-0.1465 ***	0.2952 ***	1.0000				
Growth	0.0119 *	0.0161 *	0.0858 ***	-0.0183 **	0.0151 **	-0.0052	0.0005	0.0221 ***	1.0000			
MB	0.2562	-0.0153 **	-0.0019	-0.0239	-0.0035	-0.0891	0.0231	0.0003	0.1419	1.0000		
Size	0.2396 ***	0.2944 ***	0.1400 ***	0.2728 ***	-0.0627 ***	-0.1501 ***	0.1646 ***	0.2726 ***	0.0138	0.1085	1.0000	
Soe	0.2583 ***	0.1706 ***	0.1435 ***	0.2400 ***	-0.0853 ***	-0.2530 ***	0.2140 ***	0.1789 ***	-0.2404	0.2310	0.0895 ***	1.0000

注：表格中数据为 Pearson 检验结果，*、**、*** 表示在 0.10、0.05、0.01 的水平上显著（双尾检验）。

资料来源：作者根据 stata 输出结果整理得出。

表 4 - 6　　并购频率相关系数

	M&A	$Cons_{i,t}$	$Cons_{i,t-1}$	Scale	Ratio	Dual	Share	Inst	Growth	MB	Size	Soe
M&A	1.0000											
$Cons_{i,t}$	-0.3596***	1.0000										
$Cons_{i,t-1}$	-0.2884***	0.1726**	1.0000									
Scale	0.0996**	-0.0912*	0.0733**	1.0000								
Ratio	0.0225*	0.0354**	-0.0356***	0.0457***	1.0000							
Dual	0.0513***	0.0825**	-0.0502***	-0.2683***	0.2002***	1.0000						
Share	-0.0344***	0.0656***	0.0453***	-0.0294	0.0132*	-0.0233***	1.0000					
Inst	0.0354**	0.2510**	0.1235**	0.2344**	-0.0716**	-0.1455**	0.2972***	1.0000				
Growth	0.0229*	0.0261**	0.0388**	-0.0199**	0.0172**	-0.0042	0.0016	0.0321**	1.0000			
MB	0.2362	-0.0154*	-0.0020	-0.0240	-0.0014	-0.0701	0.0242	0.0002	0.1420	1.0000		
Size	0.2396	0.3947***	0.2401***	0.2738***	-0.0627***	-0.2201***	0.1540***	0.3026***	0.0238	0.1095	1.0000	
Soe	0.2685***	0.2607***	0.1445***	0.1300***	-0.0984**	-0.2330***	0.3240***	0.1689**	-0.2419	0.2240	0.0905*	1.0000

注：*、**、*** 表示在 0.10、0.05、0.01 的水平上显著（双尾检验）。

资料来源：作者根据 stata 输出结果整理得出。

问题。并购频率指标（M&A）与当期会计稳健性与滞后一期会计稳健性之间的相关系数是高度显著并且负相关的，这也是对本书研究假设的初步检验。此外，各控制变量的相关系数均不超过 0.4，表明各控制变量间存在较弱的相关关系，并且多重共线性问题并不严重。

表 4 - 7 显示，并购采用现金支付方式与当期的会计稳健性之间的相关系数为 - 0.0813，在 1% 的水平上显著为负，与滞后一期的会计稳健性之间的相关系数为 - 0.0654，也在 1% 的水平上显著为负，这表示当期会计稳健性和滞后一期的会计稳健性都与现金支付方式存在负向关系，间接说明了会计稳健性与股票支付方式存在正向关系。

表 4 - 8 显示，并购上市公司与当期的会计稳健性之间的相关系数为 0.0381，在 1% 的水平上显著为正，与滞后一期的会计稳健性之间的相关系数为 0.0397，也在 1% 的水平上显著为正，说明当期会计稳健性和滞后一期的会计稳健性都与并购上市公司之间存在正向关系。

表 4 - 9 显示，非相关并购与当期的会计稳健性之间的相关系数为 - 0.0705，在 1% 的水平上显著为负，与滞后一期的会计稳健性之间的相关系数为 - 0.0258，也在 1% 的水平上显著为负，这表示当期会计稳健性和滞后一期的会计稳健性都与非相关并购存在负向关系，间接说明了会计稳健性与相关并购存在正向关系。

模型中的被解释变量与解释变量及各控制变量之间的相关系数均小于 0.3，被解释变量与解释变量及控制变量之间的相关性都基本通过了显著性检验，说明各变量之间不存在多重共线性，各模型选取的变量合理，由此得出的回归结果具有可靠性和有效性。

4.2.3　回归过程与结果分析

通过对 probit 模型和多元线性模型的实证回归，本书将企业四个关键并购行为的回归结果列入表 4 - 10 中。本书将结合表 4 - 10 分析企业并购概率、并购频率、并购目标方的选择、并购支付方式的选择这四个关键并购行为，研究会计稳健性对它们产生的影响，最终得出会计稳健性对企业并购行为的影响机理。

表 4－7　现金支付相关系数

	Pay	Cons$_{i,t}$	Cons$_{i,t-1}$	Scale	Ratio	Dual	Share	Inst	Growth	MB	Size	Soe
Pay	1.0000											
Cons$_{i,t}$	-0.0813***	1.0000										
Cons$_{i,t-1}$	-0.0654***	0.2223***	1.0000									
Scale	-0.0773***	0.0999***	0.0812***	1.0000								
Ratio	0.0423**	-0.0143**	-0.0306***	-0.5354***	1.0000							
Dual	0.0811***	-0.0767***	-0.0600***	-0.1693***	0.1063***	1.0000						
Share	-0.0354***	0.0364***	0.0350***	-0.0053	0.0159**	-0.0224***	1.0000					
Inst	-0.0654***	0.1530***	0.1225***	0.1544***	-0.0817***	-0.1465***	0.2952***	1.0000				
Growth	-0.0129*	0.0161*	0.0858***	-0.0183**	0.0151**	-0.0052	0.0005	-0.0221***	1.0000			
MB	0.0102	-0.0153**	-0.009	-0.0007	-0.005	-0.0111	0.0001	-0.0000	0.0019	1.0000		
Size	-0.1196***	0.2944***	0.1499***	0.2728***	-0.0627***	-0.1501***	0.1646***	0.3726***	0.0038	0.0085	1.0000	
Soe	-0.1771***	0.1706***	0.1435***	0.2488***	-0.0853***	-0.2530***	0.2140***	0.3779***	-0.0004	0.0010	0.3673***	1.0000

注：表格中数据为 Pearson 检验结果，*、**、*** 表示在 0.10、0.05、0.01 的水平上显著（双尾检验）。

资料来源：作者根据 stata 输出结果整理得出。

表4-8

并购上市公司相关系数

	Tag	$Cons_{i,t}$	$Cons_{i,t-1}$	Scale	Ratio	Dual	Share	Inst	Growth	MB	Size	Soe
Tag	1.0000											
$Cons_{i,t}$	0.0381 ***	1.0000										
$Cons_{i,t-1}$	0.0397 ***	0.2223 ***	1.0000									
Scale	0.0270 ***	0.0999 ***	0.0812 ***	1.0000								
Ratio	-0.0107	-0.0143 **	-0.0306 ***	-0.5354 ***	1.0000							
Dual	-0.0004	-0.0767 ***	-0.0600 ***	-0.1693 ***	0.1063 ***	1.0000						
Share	-0.0089	0.0364 ***	0.0350 ***	-0.0053	0.0159 **	-0.0224 ***	1.0000					
Inst	0.0524 ***	0.1530 ***	0.1225 ***	0.1544 ***	-0.0817 ***	-0.1465 ***	0.2952 ***	1.0000				
Growth	0.0109	0.0161 *	0.0858 ***	-0.0183 **	0.0151 **	-0.0052	0.0005	-0.0221 ***	1.0000			
MB	-0.0632 ***	-0.0153 **	-0.009	-0.0007	-0.005	-0.0111	0.0001	-0.0000	0.0019	1.0000		
Size	0.1106 ***	0.2944 ***	0.1499 ***	0.2728 ***	-0.0627 ***	-0.1501 ***	0.1646 *	0.3726 ***	0.0038	0.0085	1.0000	
Soe	0.0546 ***	0.1706 ***	0.1435 ***	0.2488 ***	-0.0853 ***	-0.2530 ***	0.2140 *	0.3779 ***	-0.0004	0.0010	0.3673 ***	1.0000

注: 表格中数据为 Pearson 检验结果, *、 **、 *** 表示在 0.10、 0.05、 0.01 的水平上显著 (双尾检验)。

资料来源: 作者根据 stata 输出结果整理得出。

表 4 - 9　　非相关并购相关系数

	Corr	$Cons_{i,t}$	$Cons_{i,t-1}$	Scale	Ratio	Dual	Share	Inst	Growth	MB	Size	Soe
Corr	1.0000											
$Cons_{i,t}$	-0.0705***	1.0000										
$Cons_{i,t-1}$	-0.0258***	0.2223***	1.0000									
Scale	-0.0082	0.0999***	0.0812***	1.0000								
Ratio	-0.0086	-0.0143**	-0.0306***	-0.5354***	1.0000							
Dual	-0.0004	-0.0767***	-0.0600***	-0.1693***	0.1063***	1.0000						
Share	0.0567***	0.0364***	0.0350***	-0.0053	0.0159**	-0.0224***	1.0000					
Inst	0.0452***	0.1530***	0.1225***	0.1544***	-0.0817***	-0.1465***	0.2952***	1.0000				
Growth	0.0015	0.0161**	0.0858***	-0.0183**	0.0151**	-0.0052	0.0005	-0.0221***	1.0000			
MB	-0.0009	-0.0153**	-0.009	-0.0007	-0.005	-0.0111	0.0001	-0.0000	0.0019	1.0000		
Size	0.0436***	0.2944***	0.1499***	0.2728***	-0.0627***	-0.1501***	0.1646***	0.3726***	0.0038	0.0085	1.0000	
Soe	0.0054	0.1706***	0.1435***	0.2488***	-0.0853***	-0.2530***	0.2140***	0.3779***	-0.0004	0.0010	0.3673***	1.0000

注：表格中数据为 Pearson 检验结果，*、**、*** 表示在 0.10、0.05、0.01 的水平上显著（双尾检验）。

资料来源：作者根据 stata 输出结果整理得出。

表 4 – 10   并购概率的 probit 回归结果

Variable	Case（1）	Case（2）
$Cons_{i,t}$	0. 7091 ***	0. 6917 ***
$Cons_{i,t-1}$	0. 00290 **	0. 0017 ***
Scale		– 0. 0304
Ratio		– 0. 8400
Dual		0. 1664 ***
Share		– 1. 0700 *
Inst		0. 4660 **
Growth		0. 0153 *
MB		– 0. 0101
Size		0. 2796
Soe		0. 2000 *
Year		yes
Industry		yes
_cons	– 0. 4470 **	– 0. 4375 ***
Chi^2	1. 47	7. 36
R^2	0. 0009	0. 0007

注：＊、＊＊、＊＊＊表示在0. 1、0. 05、0. 01 的水平上显著。
资料来源：作者根据 Stata 输出结果整理得出。

1. 会计稳健性对企业并购概率的回归结果与解析

根据 probit 模型回归后的统计结果显示，在加入控制变量和不加入控制变量的情况下并购概率都与当期会计稳健性和滞后一期的会计稳健性呈显著正相关关系，这与本书在做并购概率与当期会计稳健性和滞后一期会计稳健性时的假设是相吻合的，也验证了 probit 回归的正确性。从表中可知：在考虑控制变量的情况下，当期会计稳健性的回归系数为0. 6917，在 1% 水平上显著为正，表明企业并购的概率与当期会计稳健性正相关；滞后一期的会计稳健性的系数为 0. 0017，也在 1% 的水平上显著为正。

结合本书对于并购概率与会计稳健性的假设，会计稳健性是企业的一项重要会计信息属性，更是企业一项极为有效的公司治理机制。而由于会计稳健性是一项重要且有效的公司治理机制，成为解决企业代理冲突与代理成本的有效工具（李合龙等，2018）。同时，会计稳健性侧面表明了企业会计盈余对于"坏消息"的可验证性较低，进而会对"坏消息"的确认会更加及时与准确。因此，会计稳健性能够及时地反映"坏消息"，帮助企业尽早确认其损失，有利于企业能够识别出降低企业价值的并购项目。并且，所有权与管理权相分离导致所有企业都面临着委托代理问题，管理者可能会选择更加有利于其管理地位的并购选择，而非能够为投资者与债权人带来更高效益的并购项目，而会计稳健性则能够抑制管理者机会主义行为，帮助投资者与债权人获得更高的效益。基于管理者的视角分析，会计稳健性要求其要尽早确认并购项目中不能获利的项目，尽早、真实地反映其造成的损失情况，及时确认损失的负面信号，可以让管理者及时终止该并购决策，使企业利益与投资者收益免受损害（Ball，2001）。会计稳健性能够很好地调控委托代理问题，有效地减低代理方盈余管理的行为，进而保障委托方的利益，提升企业盈余管理质量与会计信息质量。会计稳健性作为一种公司治理机制要求企业对于"坏消息"的确认要提前，而对于"好消息"则要审慎进行推迟确认，这种对于不同消息反应的时间差与不对称性在一定程度上影响管理者的决定，降低其选择损害投资者与债权人利益的并购项目的激进程度，在一定程度上降低委托代理风险，促使其能够理性做出对企业经营效益最好的并购决定。对于"坏消息"的提前确认确实会损害管理者的个人利益，使其原本能够获得的报酬大幅降低，并且可能会面临撤职与声誉受损等严重损失。综上所述，对于"坏消息"的提前确认能够促使管理者尽早地放弃不利于企业及投资者的并购项目，并且债权人为了保障自己的资金安全，会对管理者进行监督，并且对于会计稳健性有详细且全面的要求，要求管理者在管理经营活动中提前确认损失，从而促使企业能够避免净现值为负的并购决策。而这能够让企业的利益相关者更加了解企业真实的经营状况，降低委托代理冲突，增加对于会计稳健性高的企业的信赖度，愿意为其提供之后并购所需的资源支撑与资金支持，最终提升企业成功并购的概率。

另外考虑到信息不对称问题，信息不对称有两种风险形式——逆向选择和道德风险，均能够对企业并购绩效产生潜在的威胁，企业为了应对这两种威胁，需要在并购活动中解决两个重要问题：信息问题和代理问题（Healy & Palepu，2001）。而由于会计稳健性是一项重要且有效的公司治理机制，通过发挥会计信息的定价功能和治理功能（魏明海、陈胜蓝和黎文靖，2007），可有效缓减上市公司内部人、外部人之间的信息不对称水平，抑制管理者的自利行为。同时，会计稳健性作为良好的公司治理机制能够减弱公司内部各种缔约主体间的信息不对称的差异，降低企业由信息不对称产生的代理成本（Khan & Watts，2009）。会计稳健性对逆向选择引发的信息问题的治理作用在于，一方面，使用稳健会计政策的企业为了向投资者传递其披露的是稳健的会计信息，会主动提高会计信息透明度，公开透明的企业信息可以帮助投资者降低因信息不全面而错误判断企业价值的风险（周晓苏和吴锡皓，2013）。另一方面，会计稳健性要求初始会计计量的谨慎性，避免并购初期管理层低估风险、高估价值的倾向。会计稳健性帮助管理层在投资决策时理性评估并购投资项目的收益和风险，从多角度考察并购目标方的企业价值，预估并购协同收益（于江和张秋生，2015）。会计稳健性对道德风险引发的代理问题的治理作用在于，一方面，会计稳健性可以抑制管理者向上操纵盈余，并且要求管理者披露更多的信息。大量的信息披露为所有者辨别管理者经营能力、判断投资盈利可能性提供可靠依据，减少了代理成本（李维安和陈钢，2015）。另一方面，因为会计稳健性可以及时确认损失，所以会向监管者传递一种公司利益可能受损的信号，这使监管者会致力于查找造成损失的种种原因，管理者作为企业投资决策的重要角色，会首先受到调查。这一信号使企业的监管力度加大，为避免被解雇的风险，管理者会更可能放弃机会主义倾向，尽早终止无法获利的并购战略（Ball，2001）。

同时，对于管理者与投资者、债权人来讲，其所掌握与了解的企业内部信息是处于完全不对称情况的，而会计稳健性能够降低信息不对称程度，帮助投资者与债权人降低与管理者的信息不对称差异，有利于监督、评判管理者的决策。综合上述分析，会计稳健性作为公司治理机制能够有效调控管理层进行的并购决策，尤其是规避高风险低收益的并购项目，对企业的决策行为产生一定的影响。企业管理者作为日常经营决策的主要负责人对于企业绩效与并购项目有着更加全面的了解，并且对于企业内部信息较投资者能够更加快速地获取，而信息获取的时间差使管理者具备信息优势，其利用信息优势能够提前确认"好消息"，延迟确认"坏消息"，以此谋求个人利益。而会计稳健性则会避免管理者对于会计信息的操控，在一定程度上降低管理者对于企业资产的高估与负债的低估，有效降低代理决策风险。因此，会计稳健性能够遏制管理者的个人决策行为，避免其以权谋私，选择能够为投资者带来更高利益的并购项目。因此，会计稳健性能够通过抑制管理者的行为促进企业进行合理的并购决策，提升公司治理水平，进而提升企业成功并购的概率。

2. 会计稳健性对企业并购频率的回归结果与解析

表 4 - 11 为并购频率的多元线性回归结果。由表 4 - 11 可知：在有控制变量时并购频率与当期会计稳健性的回归系数为 - 20.1476，并且在 1% 的水平上显著为正。另外，在没有控制变量的情况下并购频率都与当期会计稳健性和滞后一期的会计稳健性呈显著的负相关关系，这些均与本书的研究假设一致。根据本书的研究假设，稳健程度较高的企业在并购战略制定阶段，会结合自身情况和行业大环境的发展做出积极稳健的战略布局，保证企业风险在一定可控的范围内。而稳健性低的企业会做出相反的举动，高频率的并购在一段时间使企业的资产规模迅速扩大之后，因为时间较短吸收大量的人力、物力、财力，使得企业原有的机制体制无法很好地兼并融合，产生的往往是适得其反的效果，加之，企业通过高频率并购来的资产，除了优质资产之外，势必会夹带一些不利于公司发展的因素。周荷晖等（2019）研究发现企业在同一时间或连续处理多起并购交易，会导致信息负载过大引起管理层信息遗漏、判断失误等问题，降低并购绩效。会计稳健性要求企业提前确认坏消息，推迟确认好消息，这种对不同消息反映的不对称性在一定程度上影响管理者的

激进程度，进而使其理性做出并购决策。随着市场不断扩大，单由投资者进行经营已经不能满足公司需求，所以聘用管理者并要求其管理公司的日常经营活动，以实现企业价值最大化。基于稳健的会计政策，管理者的短期行为会在管理层的任职期间反映在当期报表中，增加了管理者的违约风险。管理层考虑到自身的声誉和违约成本等问题，会及时终止对公司不利的并购行为。所以，会计稳健性能抑制管理者的谋私行为和机会主义行为，促使公司进行合理的并购行为，提高公司治理水平。会计稳健性原则提高了企业对坏消息的敏感性，从而提醒管理者事前就认识到企业自身的营运能力、盈利能力和偿债能力等，抑制管理者过度自信倾向，提高投资效率。可较好约束企业内部人的机会主义行为。行为一致性理论认为企业的会计稳健性程度与高管的过度自信有关，而管理层的过度自信具有"杠杆效应"（施继坤等，2014）。而高频率并购中存在着并购标的遍布广泛，连续并购间隔时间短等问题，因此并购方在几年内发生连续并购行为时也会综合考虑风险因素，不会将自身陷入很大的风险之中，这也意味着会计稳健性高的企业不会发生太高频率的并购，这与本书的研究假设和回归结果均相符。

表 4 - 11　　　　　　　　　　并购频率的多元线性回归结果

Variable	M&A (1)	M&A (2)
$Cons_{i,t}$	- 20.6826 ***	- 20.1476 ***
$Cons_{i,t-1}$	- 15.0020 **	- 19.0019 ***
Scale		- 0.0770
Ratio		- 0.6400
Dual		0.2514 **
Share		1.2711 ***
Inst		0.4550 *
Growth		0.0253 ***
MB		- 0.0011 **
Size		0.3754
Soe		0.2101 *
Year		yes

续表

Variable	M&A（1）	M&A（2）
Industry		yes
_cons	− 0. 3489 **	− 0. 4465 ***
Chi²	2. 05	6. 57
R²	0. 0008	0. 0007

注：*、**、*** 表示在 0.1、0.05、0.01 的水平上显著。

资料来源：作者根据 Stata 输出结果整理得出。

3. 会计稳健性对企业并购支付方式的回归结果与解析

由表 4 – 12 可知，在考虑控制变量的情况下，现金支付方式对当期会计稳健性的回归系数为 − 0. 6014，对滞后一期的会计稳健性的回归系数为 − 0. 4487，第三列回归结果表明，会计稳健性的回归系数无论是当期会计稳健性还是滞后一期会计稳健性都在 1% 水平上显著为负，表明并购时采用现金支付方式与当期会计稳健性和滞后一期的会计稳健性都呈负相关关系，反向说明了并购时采用股票支付方式与当期会计稳健性和滞后一期的会计稳健性呈显著的正相关关系，即会计稳健性程度高的企业并购时多采用股票而非现金支付的方式完成并购，这一点与本书在相关性分析得出的结果一致。

表 4 – 12　　　　　　　　　　现金支付的 probit 回归结果

Variable	Pay（1）	Pay（2）
$Cons_{i,t}$	− 1. 0935 ***	− 0. 6014 ***
$Cons_{i,t-1}$	− 0. 81333 ***	− 0. 4487 ***
Scale		− 0. 0060
Ratio		0. 6261 **
Dual		0. 1172 ***
Share		0. 0430
Inst		0. 1289 *
Growth		− 0. 0025
MB		0. 0001
Size		− 0. 0647 ***

续表

Variable	Pay（1）	Pay（2）
Soe		− 0. 4361 ***
Year		yes
Industry		yes
_cons	1. 2012 ***	2. 3746 ***
Chi^2	141. 37	712. 00
R^2	0. 0078	0. 0392

注： * 、 ** 、 *** 表示在 0. 1、0. 05、0. 01 的水平上显著。
资料来源：作者根据 Stata 输出结果整理得出。

通常来说，当第一大股东持股比例已经达到 60% 以上，股权已经高度集中。股权高度集中的上市公司在并购支付方式上选择股份支付的可能性较大，主要是因为企业的股权高度集中，说明企业的控制权也比较集中并且控股地位比较稳固，各股东出于对企业现金流的考虑，如果采用股票支付也不会非常敏感，而且有研究指出采用股票支付时公司绩效也会有所提升。曹宇、李琳和孙铮（2005）的研究显示，股东所持股份已经达到可以控制企业时，会对企业的不利消息进行延迟或较早公布有利信息，这种做法与会计稳健性是违背的，减轻企业的稳健性系数。稳健性要求公司尽可能披露不利消息，对于损失的确认要及时，而对于收入的确认要谨慎。修宗峰（2008）的研究表明，股权集中度高的上市公司将不利于会计盈余信息质量的提高，少数大股东可能通过及时确认"好消息"以及滞后确认"坏消息"的方式来掩盖对中小股东的"掏空"行为，因此会计盈余稳健性较低。宋方方和陈倩（2015）综合国内外研究发现，随着企业股权集中度的增加，大股东会侵占小股东的利益并且通过操作掩饰这种行为，同时股权集中度的提高使私下沟通的作用凸显，降低对稳健性会计信息的需求。股权高度集中的上市公司在并购支付方式选择股份支付的可能性较大，主要是因为企业的股权高度集中，说明企业的控制权也比较集中并且控股地位比较稳固，各股东出于对企业现金流的考虑，如果采用股票支付也不会非常敏感，而且有研究指出采用股票支付时公司绩效也会有所提升。通常来说，当第一大股东持股比例已经达到60%以上，股权已经高度集中。因此会计稳健性高的企业为了抑制股权高度集中，一般可以通过股票支付进行股权适当分散。周绍妮和王惠瞳（2015）研究发现，股票支付方式优化了股权结构，提高了股权制衡度，同时通过引入新的战略投资者，使机构投资者持股比例提高，在公司治理中发挥了积极的监管作用。同时，目标公司会计信息质量越高，越有利于抑制自利或自大管理者的机会主义并购行为，影响买方的并购绩效。市场价值高估的并购公司倾向于选择股票作为并购对价方式，市场错误定价对并购对价方式选择产生了显著影响，获得更高的溢价（李井林，2017）。在有效市场中，信息充分披露，交易双方掌握对方全部的信息，采用何种对价支付方式对公司价值没有影响，但在现实资本市场中，双方获取信息的能力有限，不同的并购支付方式反映公司不同的价值信息，不同的支付方式市场反应不同，进而影响并购双方股东的短期超额收益和并购后公司的业绩。综上所述，股权高度集中的企业一般会计稳健性较低，倾向于选择股票支付；股权制衡度较高一般稳健性较强，目标公司获取的买方信息多，双方信息不对称程度小，为了更加优化企业的经营管理降低机会主义，也倾向于选择股票支付。

4. 会计稳健性对企业并购目标方的回归结果与解析

（1）并购上市公司。

对于企业并购目标方的选择，本书主要是指会计稳健性程度较高的并购方在进行并购交易时，更倾向于选择什么类型的公司作为标的公司。这里主要考虑公司是上市公司还是非上市公司。根据表4-13可知，在考虑控制变量的条件下，并购上市公司对当期会计稳健性的回归系数为0.0442，在5%的水平上显著为正；滞后一期的会计稳健性的回归系数为0.4914是在1%的水平上显著为正的，这表明会计稳健性程度高的公司更多地去选择上市公司作为标的公司，本书在进行相关性分析时得出的结果是并购上市公司与当期会计稳健性和滞后一期的会计稳健性之间是呈现正相关关系的，因此相关性分析与probit回归的结果一致。根据本书的假设，稳健性程度较高的并购方，在进行并购交易时，更倾向于选择上市公司作为标的公司。稳健性程度较高的并购方，出于规避风险以及降低信息不对称的考虑，更倾向于选择上市公司作为其标的公司。根据溢出效应，从并购方的角度来看，并购上市公司的优势体现在以下几个方面：其一，上市公司是一个良好的融资平台，由于流动性溢价的存在，上市公司通过发行股份，可以以较低的融资成本获得权益资本，产生经济溢出效应，帮助企业很好地解决资金方面的问题。另外，上市公司的财务状况和信用等级通常高一些，更容易获得债务融资。对于发展遇到严重资金瓶颈的企业来说，并入上市公司可以推动企业进一步发展。其二，可以产生良好的知识溢出效应。上市公司的管理和内控相对规范，纳入上市公司体系可以提升收购方的管理和内控水平。并购方还可以引进上市公司高效的激励机制，以提高公司员工工作的积极性，提升工作效率，为企业创造更大的效益。其三，上市公司在市场上通常具有一定的知名度，利用上市公司的品牌可以帮助收购方扩大市场影响力，甚至开拓新市场，产生品牌溢出效应。其四，上市公司的技术、流程、经验可以扩展到收购方，提升并购方的生产技术水平，改进生产工艺，提高生产效率，产生技术溢出效应。而非上市公司虽然更易于进行并购，但是其公司内部可能存在管理混乱、没有良好的内控等问题，并购后需要花费大量的人力、物力甚至资金去进行管理。同时，由于非上市公司信息不公开，可能导致一些舞弊行为的发生，为并购方带来一定的潜在风险。并购目标方选择上市公司可以为企业带来经济、技术、品牌等方面的溢出效应，且上市公司制度较为完整，管理较为规范，并购后所带来的审计风险比较小，所以，稳健程度较高的公司会更倾向于并购上市公司，虽然上市公司和非上市公司都会为企业带来新资源、新活力，但是并购上市公司可以让溢出效应得到更好发挥，帮助企业获得更大效益。基于此，本书认为稳健性程度高的并购企业在并购目标的选择上，与非上市公司相比，更倾向于并购上市公司。

表 4 – 13　　　　　　　　　　　　上市公司的 probit 回归结果

Variable	Tag（1）	Tag（2）
$Cons_{i,t}$	0. 6136 ***	0. 0442 **
$Cons_{i,t-1}$	0. 5801 ***	0. 4914 ***
Scale		– 0. 0203
Ratio		– 0. 8488
Dual		0. 1689 **
Share		– 1. 0733 ***
Inst		0. 4569 **
Growth		0. 0033
MB		– 0. 0001
Size		0. 2576 ***
Soe		0. 1600 *
Year		yes
Industry		yes
_cons	– 2. 4485 ***	– 7. 6009 ***
Chi^2	22. 47	263. 61
R^2	0. 0091	0. 1062

注：＊、＊＊、＊＊＊表示在 0. 1、0. 05、0. 01 的水平上显著。

资料来源：作者根据 Stata 输出结果整理得出。

（2）非相关并购。

由表 4 – 14 可知，在考虑控制变量和控制了行业控制效应和年度控制效应下，非相关并购对当期会计稳健性的回归系数为 – 0. 8158，对滞后一期的会计稳健性的回归系数为 – 0. 4992，都在 1% 的水平上显著为负，这表明非相关并购与会计稳健性之间呈现显著的负相关关系，间接说明了相关并购与当期会计稳健性和滞后一期的会计稳健性之间呈现显著的正相关关系，这一点与本书在做相关性分析时得出的结果是一致的，即会计稳健性程度高的企业选择并购行业时更多地选择相关并购而不是非相关并购。

表 4 – 14　　　　　　　　　　非相关并购的 probit 回归结果

Variable	Corr（1）	Corr（2）
$Cons_{i,t}$	– 0. 8063 ***	– 0. 8158 ***
$Cons_{i,t-1}$	– 0. 4150 ***	– 0. 4992 ***
Scale		– 0. 0422 *
Ratio		– 1. 0904 *
Dual		– 0. 0022
Share		1. 1352 ***
Inst		0. 5365 ***
Growth		0. 0026
MB		– 0. 0001
Size		0. 0937 ***
Soe		– 0. 1574 **
Year		yes
Industry		yes
_cons	2. 3020 ***	0. 5787
Chi^2	31. 68	156. 19
R^2	0. 0094	0. 0463

注：* 、 ** 、 *** 表示在 0. 1、0. 05、0. 01 的水平上显著。
资料来源：作者根据 Stata 输出结果整理得出。

关于会计稳健性对并购目标的影响，张耕和高鹏翔（2020）认为企业进行非相关多元化并购的一个动因是在于他们希望通过多种业务多元化经营，扩大经营范围，分散企业的经营风险。但就相关并购而言，张娟、李培馨和陈晔婷（2017）认为相关并购的风险在其他方面的风险小于非相关并购，因为相关并购可以降低信息不对称程度，企业间能够更好地协作，相互之间取长补短，为企业提供了很多共享资源和技术经验的机会，在财务、经营、管理方面发挥规模经济的协同作用，使企业在协同中获益。且不相关并购虽然使企业涉足不同领域分散了行业风险，但与此同时，不相关的行业之间会有一定的行业壁垒，这种行业壁垒的存在会为企业日后的整合带来极大的不确定性，与企业的并购初衷相违背。委托代理理论认为公司内部所有者的目标与管理层目标是不一致的，就多元化并购这一层面来说管理层为了证明自身的业务能力，往往更愿意把资金投入多元化的并购项目，通过增加并购难度展示自身优秀的管理水平，得到业界认可，同时为自己争取到更多的发展机会。但是这一做法却与企业所有者希望企业价值最大化的经营目标不符（王磊、胡纯华和孔东民，2018），反而还加重了给企业的多重代理问题，在一定程度上也造成了资源的浪费（纪亚方，2017）。过分自信的管理层会对风险保持盲目乐观的估计态度，会更积极地开展多元化并购。由于管理者的盲目自信，使并购的风险未得到充分的考虑，在大多数情况下，这种多元的并购计划并不能实现管理者所预期的效果，不仅不能满足管理者的业绩指标需求，甚至会因为加重了并购风险，而使企业陷入经营危机。并购方在完成并购后，可能无法使整个公司产生经营协同效应、财务协同效应及市场份额效应，难以实现规模经济和经验共享互补等。通过并购形成的新公司可能因规模过于庞大而产生规模不经济，甚至整个公司的经营业绩都被并购进来的公司所拖累。因此，出于稳健性的考虑，会计稳健性程度高的企业选择并购行业时更多地选择相关并购而不是非相关并购。

4.3　会计稳健性对企业并购绩效影响的实证分析

本书对构建的多元线性回归模型进行回归，从而分析会计稳健性对于企业长期并购绩效的影响，本书研究并购企业从并购前 1 年到并购后 3 年共 5 年的长期并购绩效，长期并购绩效指标采用总资产收益率（ROA）和净资产收益率（ROE）双指标，并且最后使用每股收益（EPS）作为长期并购绩效的替代性指标进行稳健性检验。

4.3.1　并购后一年绩效回归结果与解析

根据表 4 - 15 第（1）和第（3）列的多元线性的回归结果来看，在不考虑并购企业的控制变量时，核心解释变量当期和滞后一期的会计稳健性的系数在对两个长期绩效因变量 ROA 和 ROE 的回归结果中均保持显著为正，表明具有稳健程度较高的企业具有显著为正的长期并购绩效，并且这一正向效应在并购完成后一年仍然显著，这也与并购后一年的长期并购绩效与滞后一期的会计稳健性之间也是正相关关系的结论相一致。

表 4 – 15　　　　　　　　　　并购后一年绩效回归结果

Variable	(1) ROA$_{i,t+1}$	(2) ROA$_{i,t+1}$	(3) ROE$_{i,t+1}$	(4) ROE$_{i,t+1}$
Cons$_{i,t}$	0.1834 ***	0.1941 ***	0.2034 **	0.2019 ***
Cons$_{i,t-1}$	0.0334 *	0.0184 *	0.0345 **	0.02133 **
Scale$_{i,t-1}$		− 0.0001		− 0
Ratio$_{i,t-1}$		− 0.0237		− 0
Dual$_{i,t-1}$		0.0030		0.0050
Share$_{i,t-1}$		0.0102		0.0112
Inst$_{i,t-1}$		0.0036		0.0300
Growth$_{i,t-1}$		0		0
MB$_{i,t-1}$		0		− 0
Size$_{i,t-1}$		− 0.0015		− 0.0006
Soe$_{i,t-1}$		− 0.0082 **		− 0.0008 **
_cons	0.01734 **	0.0528 *	0.0187 ***	0.02355 *
R^2	0.0084	0.0104	0.0088	0.0124
F	46.9710	10.5465	52.4564	9.7843

注：*、**、*** 表示在 0.1、0.05、0.01 的水平上显著。
资料来源：作者根据 Stata 输出结果整理得出。

回归（2）和回归（4）验证的是在考虑控制变量的情况下，当期和滞后一期的会计稳健性对并购后一年的并购绩效的影响。结果显示，并购后一年的长期并购绩效总资产收益率 ROA 与当期的会计稳健性的多元回归系数为 0.1941，并且系数在 1% 的水平上显著为正，说明了并购后一年的总资产收益率 ROA 与当期的会计稳健性之间呈显著的正向关系，即会计稳健性越高，并购后一年的总资产收益率 ROA 越大。相比来看，并购后一年的长期并购绩效 ROA 与滞后一期的会计稳健性的回归显著性也都在 10% 的水平上显著为正，表明并购后一年的长期并购绩效总资产收益率与滞后一期的会计稳健性之间也是正相关关系，这两点与本书提出的假设相同。同样，另一个长期并购绩效指标 ROE 的分析结果与 ROA 基本一样，在有控制变量的情况下，并购后一年的长期并购绩效 ROE 对当期的会计稳健性的多元回归系数为 0. 2019，在 1% 的水平上显著为正，说明了并购后一年的 ROE 与当期的会计稳健性呈正相关关系，即会计稳健性越高并购后一年的长期并购绩效越大。并购后一年的长期并购绩效 ROE 对于滞后一期的会计稳健性的回归显著性也都在 5% 的水平上显著为正，表明并购后一年的长期并购绩效与滞后一期的会计稳健性之间也是正相关关系，这也进一步验证了本书提出的研究假设。

4.3.2　并购后两年绩效回归结果与解析

由表 4 - 16 可得：在没有控制变量的情况下，并购后两年的长期并购绩效 ROA 对当期的会计稳健性的多元回归系数为 0. 0640，在 1% 的水平上显著为正，表明并购后两年的 ROA 与当期的会计稳健性呈正相关关系，即会计稳健性越高并购后两年的总资产收益率越大；在考虑控制变量的情况下，当期会计稳健性的多元回归系数也在 1% 的水平上显著为正。并购后两年的长期并购绩效 ROA 对于滞后一期的会计稳健性的回归显著性也都在 10% 的水平上显著为正，表明并购后两年的长期并购绩效与滞后一期的会计稳健性之间也是正相关关系，这与本书的假设相同。再来看另一个并购长期绩效指标净资产收益率 ROE。从表 4 - 16 的第（3）、第（4）列可以看到，无论有没有控制变量，并购后两年的长期并购绩效 ROE 与当期的会计稳健性的多元回归系数都在 1% 的水平上显著为正，说明了并购后两年的净资产收益率 ROE 与当期的会计稳健性呈正相关关系，即会计稳健性越高并购后两年的长期并购绩效越大。同时，并购后两年的长期并购绩效 ROE 与滞后一期的会计稳健性的回归显著性也都在 5% 的水平上显著为正，表明并购后两年的长期并购绩效与滞后一期的会计稳健性之间也是正相关关系，这两点与本书提出的假设相同。会计稳健性会保证企业稳健的会计信息，也会增加对外提供财务报表的可信度，降低信息不对称程度，避免道德风险等问题，作为一项治理机制的会计稳健性通过对企业并购行为（即并购频率、并购目标方选择、并购支付方式）的影响，最终作用到企业的并购绩效。尤其是研究并购前后企业的长期并购绩效显示，会计稳健性程度较高的企业并购绩效更好。会计稳健性加强了公司的治理环境，约束了管理层谋取私利的机会主义行为，能够使管理层站在企业发展的角度，谨慎客观地评估并购标的的价值和风险，提高并购成功的概率；相关并购也发挥着纵向并购的优势，可以实现核心技能在相关产业间的转移，保证来自规模经济和范围经济的协同收益，提高规模经济和管理效率；并购方采用股票支付能够缓解企业的资金压力，使并购双方共担风险。会计稳健性有效地对这些关键并购行为中的风险进行了治理，降低了企业整合管理的难度，有效提升企业并购效率，保证企业达到预期的并购效应，也使得会计稳健性对企业并购绩效的影响更加长远。

表 4-16   并购后两年绩效回归结果

Variable	(1)	(2)	(3)	(4)
	$ROA_{i,t+2}$	$ROA_{i,t+2}$	$ROE_{i,t+2}$	$ROE_{i,t+2}$
$Cons_{i,t}$	0.0640 ***	0.0626 ***	0.0663 ***	0.0667 ***
$Cons_{i,t-1}$	0.0252 *	0.0184 *	0.0254 **	0.0205 **
$Scale_{i,t-1}$		0.0002		0.0009
$Ratio_{i,t-1}$		-0.0412 *		-0.0442 *
$Dual_{i,t-1}$		-0.0058 **		-0.0006 **
$Share_{i,t-1}$		0.0252 ***		0.0223 ***
$Inst_{i,t-1}$		0.0024		0.0006
$Growth_{i,t-1}$		-0		-0
$MB_{i,t-1}$		0		-0
$Size_{i,t-1}$		-0.0030 ***		-0.0003 ***
$Soe_{i,t-1}$		-0.0005		-0.0004
_cons	0.0522 ***	0.1232 ***	0.0552 ***	0.1222 ***
R^2	0.0026	0.0062	0.0023	0.0006
F	14.1807	6.2393	18.1800	8.9323

注：*、**、***表示在0.1、0.05、0.01的水平上显著。

资料来源：作者根据 Stata 输出结果整理得出。

4.3.3　并购后三年绩效回归结果与解析

根据表 4 – 17 第（1）和第（2）列的多元线性的回归结果来看回归结果，在考虑控制变量的情况下，当期会计稳健性的回归系数在 1% 的水平上显著为正，表明并购后三年的长期并购绩效 ROA 与当期的会计稳健性之间呈正相关关系，即与会计稳健性程度较低的并购方相比，会计稳健性程度较高的并购方的并购后三年的长期并购绩效总资产收益率更高。同样来分析表 4 – 17 中的回归（3）、回归（4），在没有控制变量的情况下，并购后三年的长期并购绩效 ROE 对当期的会计稳健性的多元回归系数为 0.0046，在 5% 的水平上显著为正，说明了并购后三年的 ROE 与当期的会计稳健性呈正相关关系，即会计稳健性越高并购后三年的长期并购绩效越大，也表明了会计稳健性的长期效应，在并购后三年依然有影响；在考虑控制变量的情况下情况也相同，当期会计稳健性的多元回归系数为 0.0001，在 1% 的水平上显著为正。并购后三年的长期并购绩效 ROE 对于滞后一期的会计稳健性的回归显著性也都显著为正，表明并购后三年的长期并购绩效与滞后一期的会计稳健性之间也是正相关关系，这两点与本书提出的假设相同，进一步验证了本书提出的关于会计稳健性对于并购绩效影响的假设。根据本书的假设：两权（所有权与控制权）分离引发代理问题，进而导致了信息不对称是现代公司的重要特征之一。在信息不对称的情况下，作为具有信息优势一方的管理层可能会以牺牲股东利益为代价去追求能够给自身带来丰厚利益的投资项目（李善民和朱滔，2005）。并购会加剧管理者与股东之间的代理冲突（Jensen & Mecking，1976），有可能成为管理者谋取个人私利的工具，使企业价值遭受损失（Harford & Li，2007）。由于会计稳健性是一项有效的治理机制，有助于缓解企业各缔约主体之间的信息不对称，降低代理成本（Watts，2003；Lafond & Watts，2008；Khan & Watts，2009），因此，会计稳健性可以有效抑制管理者的自利行为。而且并购决策的结果受公司各利益相关者投入关键资源的多少的影响（Deng et al.，2013），如债权人提供的资金等。会计稳健性抑制了管理层将债权人的利益转移给股东，进而获取个人利益的机会主义行为，从而缓解了管理层和债权人之间的代理冲突（Ball & Shivakumar，2005），降低了信息不对称程度，使得债权人更愿意向会计稳健性程度较高的并购企业提供更为丰厚的资源。另外，会计稳健性会促使公司放弃净现值为负的并购决策，最终影响并购企业的并购绩效。基于以上分析，本书认为：与会计稳健性程度较低的并购方相比，会计稳健性程度较高的并购方的并购绩效更好，回归结果也进一步验证了本书的假设。

表 4 - 17   并购后三年绩效回归结果

Variable	(1) $\text{ROA}_{i,t+3}$	(2) $\text{ROA}_{i,t+3}$	(3) $\text{ROE}_{i,t+3}$	(4) $\text{ROE}_{i,t+3}$
$\text{Cons}_{i,t}$	0.0030 **	0.0001 ***	0.0046 **	0.0001 ***
$\text{Cons}_{i,t-1}$	- 0.0140 *	- 0.0130 **	0.0196 *	0.0142 ***
$\text{Scale}_{i,t-1}$		- 0.0002		- 0.0002
$\text{Ratio}_{i,t-1}$		- 0.0039		- 0.0003
$\text{Dual}_{i,t-1}$		0.0017		0.0018
$\text{Share}_{i,t-1}$		0.0247 ***		0.0255 ***
$\text{Inst}_{i,t-1}$		- 0.0002		- 0.0001
$\text{Growth}_{i,t-1}$		- 0.0001		- 0
$\text{MB}_{i,t-1}$		- 0		- 0
$\text{Size}_{i,t-1}$		- 0.0005		- 0
$\text{Soe}_{i,t-1}$		0.0019		0.0020
_cons	0.0404 ***	0.0453 *	0.0404 ***	0.0469 *
R^2	0.0001	0.0023	0.0002	0.0042
F	0.6912	2.3269	0.7070	2.7089

注：* 、** 、*** 表示在 0.1、0.05、0.01 的水平上显著。
资料来源：作者根据 Stata 输出结果整理得出。

对于会计稳健性对于长期并购绩效的影响机理，本书从以下三个方面进行了分析。第一是并购概率，成功并购不仅能够促进财务绩效的提升，还能在一定程度上促进资本绩效的增长，使得并购企业与被并购企业整体的并购绩得到促进，增强企业的竞争力。而并购失败的企业不仅未能提升财务绩效，反而对原有的经营造成冲击，使得企业整体的绩效较之前有了不同程度的降低，投资者的收益也产生了损失。因此，并购概率对于企业的并购绩效能够产生冲击，造成并购企业与被并购企业并购绩效的波动。管理权与代理权的分离使企业效率进一步提高，但同时产生了委托代理的问题，会计稳健性作为一项有效的公司治理机制，可以在一定程度上减少这种情况的发生，会计稳健性高的并购方成功并购概率高，从而有利于企业的协同效应，实现产品开发、生产成本降低、竞争力增强等优势，利于企业并购绩效的提升。第二是并购目标方的选择，相关并购带来的好处有以下几方面，其一是并购双方的资源更加容易协调分配。因为并购双方的业务是相关的，对于市场、业务以及消费者有相似之处，这样双方在后期进行整合也会更加容易协商分配资源和企业的核心业务。而企业资源的协调分配会使得资源利用率提升进而促进企业绩效提高。从信息角度来说，非相关并购使得信息传递变得更加困难，由于双方所处业务领域不同，彼此业务都互不熟悉，所以信息沟通成本和谈判成本也会大幅增加，而相关并购能够有效避免信息沟通的困难，双方比较容易获取真实的信息，因此并购能够更加顺利地推进。其二依据波特五力模型，相关并购使得企业现有的竞争会减弱，因为如果采用相关并购的方式，并购双方之前为竞争对手，会竭尽全力抢占市场份额和占有率，然而进行相关并购后，会使得两个企业劲往一处使，双方有了共同的战略目标，有利于增强企业员工的信心，在企业的人力资源建设上发挥重要的作用，此外由于双方性质相似，会大大节省人工成本。对于非相关并购，由于双方的互不了解，因此对于各自的业务需要重新进行学习和培训，这无疑增加了企业的支出，而相关并购有利于员工适应新的环境，并且领域是员工所熟悉的，能够在已有知识的基础上进行学习，因此大大减少了这类培训费用。基于以上分析本书认为相关并购是优于非相关并购的，相关并购对于企业并购前的调查，并购中的谈判以及并购后的整合都起到重要的作用，因此带来的并购绩效也会更好。第三是并购采用的支付方式。根据前文的实证分析本书已经得出了采用股票支付的方式带来的并购绩效会更好的结论。主要基于以下几点：一是从外界的角度来看，采用股票支付的方式能够传递出企业的发展较好的价值观，由于证监会的严格审批程序，因此更能体现出企业采用股票支付的方式，其内部控制系统的完善，因此不论是企业现有投资者还是外来投资者对企业具有可观的印象，都可能加大对企业的投资。二是从现金流层面来看，并购支付的对价并不是一笔小支出，企业采用现金支付使得资产负债率大幅度提升，企业还可能面对高昂的利息费用，大幅提升了企业的运营风险。此外我国大多数企业的现金流并不充裕，如果采用现金支付可能会让企业背上巨额债务，不利于后期的整合，同时也增加了税务负担。因此现金流风险带来的后果难以预估。而且企业能够把充足的现金流留存内部，这无疑对并购后期的整合起到了保障作用。三是从风险角度来看，股票支付使得并购双方成为风险共担体，双方携手合作共同面对未来的风险，合作也会更加密切，这对于提高企业的效益也是重要的一方面。基于以上分析，本书提出股票支付提高了并购绩效。

综上所述，本书分别从并购概率、并购频率、并购目标方选择、并购支付方式四个方面分析会计稳健性对并购行为及并购绩效的影响，并得出如下几个结论：其一是会计稳健性会提升并购的成功率，进而提升企业的并购绩效；其二是会计稳健性会降低并购的频率，进而提升企业的并购绩效；其三是会计稳健性较高的企业倾向于选择上市公司进行相关并购，这能够降低企业相关成本进而提升企业并购绩效；其四是会计稳健性较高的企业倾向于选择股票支付的方式，相比现金支付会获得更高的并购后绩效。基于以上分析也可得出会计稳健性较高的企业通常并购后的绩效也比较好。

4.4　稳健性检验

对于并购长期绩效的选择本书用到了总资产收益率（ROA）和净资产收益率（ROE），但是衡量企业长期绩效的指标还有多种，为了提高回归结果的可信度，本书采用并购未来一、二、三期的每股收益 EPS 作为替代性指标，替代 ROA 和 ROE 进行多元回归分析，验证多元回归的正确性。每股收益是衡量公司业绩的基本指标，吴联生（2001）分析了所有财务指标与投资者收益的相关性，研究结果显示，每股收益指标与投资者收益最相关。袁琳和廖晓鹏（2009）基于费森—奥尔森估值模型以中国 A 股市场的上市公司为样本，检验了每股收益和每股净资产对股票价格的影响程度及解释能力，认为存在账面净资产是影响股票价格的主要因素，并且这一盈余指标具有比会计盈余指标更强的解释能力。基于此，本书选用 EPS 作为替代性指标，进行稳健性检验。

4.4.1　并购后一年绩效的回归结果与解析

根据表 4 - 18 显示的回归结果，在没有控制变量的情况下，并购后一年的长期并购绩效的替代性指标 EPS 对当期的会计稳健性的多元回归系数为 0.3089，在 5% 的水平上显著为正，说明了并购后一年的每股收益与当期的会计稳健性呈正相关关系，即会计稳健性越高并购后一年的长期并购绩效越好；在考虑控制变量的情况下情况也相同，当期会计稳健性的多元回归系数也显著为正。相比之下，并购后一年的长期并购绩效 EPS 对于滞后一期的会计稳健性的回归显著性也都在 10% 的水平上显著为正，表明并购后一年的长期并购绩效每股收益与滞后一期的会计稳健性之间也是正相关关系。

表 4 - 18　　　　　　　　　EPS 并购后一年绩效回归结果

Variable	$EPS_{i,t+1}$	$EPS_{i,t+1}$
$Cons_{i,t}$	0.3089 **	0.1419 ***
$Cons_{i,t-1}$	0.1731 *	− 0.0318 *
$Scale_{i,t-1}$		0.00215307
$Ratio_{i,t-1}$		− 0.2750 *
$Dual_{i,t-1}$		0.0107
$Share_{i,t-1}$		0.0402

续表

Variable	$EPS_{i,t+1}$	$EPS_{i,t+1}$
$Inst_{i,t-1}$		0.0535 *
$Growth_{i,t-1}$		0.0006
$MB_{i,t-1}$		-1.6555
$Size_{i,t-1}$		0.0449 ***
$Soe_{i,t-1}$		-0.0057
_cons	0.2271 ***	-0.6413 ***
R^2	0.0020	0.0140
F	11.0870	14.2379

注：*、**、*** 表示在 0.1、0.05、0.01 的水平上显著。
资料来源：作者根据 Stata 输出结果整理得出。

4.4.2　并购后两年绩效的回归结果与解析

由表 4-19 可得，在没有控制变量的情况下，并购后两年的长期并购绩效的替代性指标 EPS 对当期的会计稳健性的多元回归系数在 5% 的水平上显著为正，说明了并购后两年的长期并购绩效的替代性指标 EPS 与当期的会计稳健性呈正相关关系，即会计稳健性越高并购后两年的每股收益越大；在考虑控制变量的情况下也相同，当期会计稳健性的多元回归系数也在 5% 的水平上显著为正。相比来看，并购后两年的长期并购绩效的替代性指标 EPS 对于滞后一期的会计稳健性的回归显著性也都在 10% 的水平上显著为正，表明并购后两年的每股收益 EPS 与滞后一期的会计稳健性之间也是正相关关系。

表 4-19　　　　　　　　EPS 并购后两年绩效回归结果

Variable	$EPS_{i,t+2}$	$EPS_{i,t+2}$
$Cons_{i,t}$	0.1598 **	0.0235 **
$Cons_{i,t-1}$	0.0812 *	-0.0599 *
$Scale_{i,t-1}$		0.0045
$Ratio_{i,t-1}$		-0.1071
$Dual_{i,t-1}$		-0.0123

续表

Variable	$EPS_{i,t+2}$	$EPS_{i,t+2}$
$Share_{i,t-1}$		0. 1295 ***
$Inst_{i,t-1}$		0. 0741 **
$Growth_{i,t-1}$		0. 0003
$MB_{i,t-1}$		− 0
$Size_{i,t-1}$		0. 0092
$Soe_{i,t-1}$		0. 0377 **
_cons	0. 2655 ***	0. 0349
R^2	0. 0005	0. 0071
F	2. 6510	7. 1663

注：* 、** 、*** 表示在0. 1、0. 05、0. 01 的水平上显著。
资料来源：作者根据 Stata 输出结果整理得出。

4.4.3 并购后三年并购绩效的回归结果与解析

由表4 – 20 可得，在没有控制变量的情况下，并购后三年的长期并购绩效的替代性指标 EPS 对当期的会计稳健性的多元回归系数在1% 的水平上显著为正，在考虑控制变量的情况下也相同，当期会计稳健性的多元回归系数在10% 的水平上显著为正；并购后三年的长期并购绩效替代性指标 EPS 对于滞后一期的会计稳健性的回归显著性也都在10% 的水平上显著为正，表明并购后三年的长期并购绩效的替代性指标每股收益与当期和滞后一期的会计稳健性之间也是正相关关系。

表 4 – 20　　　　　　　　EPS 并购后三年绩效回归结果

Variable	$EPS_{i,t+3}$	$EPS_{i,t+3}$
$Cons_{i,t}$	0. 3529 ***	0. 2042 *
$Cons_{i,t-1}$	0. 1125 *	− 0. 0497 *
$Scale_{i,t-1}$		− 0. 0032
$Ratio_{i,t-1}$		− 0. 0030
$Dual_{i,t-1}$		0. 0192
$Share_{i,t-1}$		0. 1281 **

续表

Variable	$EPS_{i,t+3}$	$EPS_{i,t+3}$
$Inst_{i,t-1}$		0.0250
$Growth_{i,t-1}$		-0.0006
$MB_{i,t-1}$		-0
$Size_{i,t-1}$		0.0291***
$Soe_{i,t-1}$		0.0429**
_cons	0.2331***	-0.3958**
R^2	0.0016	0.0095
F	9.3448	9.6934

注：*、**、*** 表示在0.1、0.05、0.01的水平上显著。
资料来源：作者根据Stata输出结果整理得出。

另外，由于我国目前上市公司的治理机制不尽相同，治理效果参差不齐，在不同的治理机制下，会计稳健性所能发挥的治理效果也大相径庭。当单纯依赖董事会结构、股权结构等治理机制无法有效缓解信息不对称时，会计稳健性可以更好地发挥其治理效用，有助于缓解股东与管理者、管理者与债权人等各方之间的代理冲突，进而在并购活动中为企业创造更多的价值。也就是说，会计稳健性在管理者受到的监督力度较弱的并购方公司中发挥的效用更明显。因此，本书认为，并购方公司的董事会结构、股权结构等治理机制越差，会计稳健性对并购绩效的影响越大；即会计稳健性作为一项公司治理机制，与公司的其他治理机制（董事会规模、独董的比例、股权结构、机构投资者持股比例等）存在替代效应。从回归结果中可以看到，EPS对于股权集中度（Share）、公司性质（Soe）等的结果也是5%水平上显著为正的，表明其与会计稳健性的作用相同，对于稳健性程度较高的企业其并购后的绩效也会更好。上述稳健性检验结果表明，本书的回归结果具有较好的稳健性。

4.5 本章小结

本章首先介绍了实证分析用到的样本企业的选取、数据的来源，以及变量的选取和度量，并对其如何衡量进行了简要的阐述和说明。然后根据本书的研究问题，建立了 probit 回归模型来验证会计稳健性对企业并购行为的影响，建立了多元线性回归模型去分析会计稳健性对企业并购绩效的影响，通过上述分析形成了如下研究结论。

第一，会计稳健性与企业的并购概率之间存在正相关关系，即会计稳健性高的企业进行并购时更容易成功。

第二，会计稳健性与企业的并购频率之间存在显著的负相关关系，即会计稳健性越高的企业其并购频率是越低的。

第三，会计稳健性程度较高的并购企业在并购目标的选择上，与非上市公司相比更倾向于并购上市公司，与非相关并购相比更倾向于进行相关并购。

第四，会计稳健性程度较高的并购企业在并购支付方式的选择上更倾向于选择股票支付而非现金支付。

第五，在研究了会计稳健性对企业长期并购绩效的影响后发现，与会计稳健性程度较低的并购方相比，会计稳健性程度较高的并购方的并购绩效更好，二者呈显著的正相关关系，并且本书也进行了稳健性检验，将长期绩效的指标从 ROA 和 ROE 换成了它的替代性变量 EPS，假设仍然成立。本章也对描述性统计、相关性分析、实证回归结果以及稳健性检验所得出的结论进行了解释与分析，并且在分析过程中与本书的研究假设进行了比对，发现实证分析得出的结果与本书提出的研究假设相符，验证了本书提出的研究假设。

第 5 章

会计稳健性对企业并购行为及并购绩效影响的案例分析

- 研究设计
- 案例介绍
- 案例分析
- 本章小结

005

5.1　研究设计

5.1.1　研究思路设计

根据对学术界有关会计稳健性问题的探讨总结发现，关于会计稳健性对企业经济后果的影响，已有大量的研究文献。在会计稳健性对企业并购方式的影响、对并购绩效的影响等方面也有很多可供参考的学术成果。目前，学术界所进行的大量研究中，对会计稳健性在企业并购活动中能否发挥作用，以及发挥怎样的作用已经进行了充分的研究，然而，对于会计稳健性在并购活动中如何发挥作用，其发挥作用的影响机理是什么，这个方面的研究相对较少。会计稳健性作为一种财务处理原则，可以通过降低代理成本从而影响企业的投融资效率，根据行为一致性理论，企业会计稳健性会对企业投资行为产生影响。因此，本章在上一章实证分析的基础上，拟采用双案例对比分析的方法，深入研究会计稳健性是如何通过对企业并购流程中的一些关键并购行为产生影响，进而影响到企业并购绩效的，对上一章的实证分析进行补充验证。

首先，会计稳健性的影响贯穿始终，并使企业在不同并购阶段对风险保持一致的态度。本章将并购行为这一过程变量作为分析对象，借鉴骆家骒、崔咏梅和张秋生（2010）的观点，将并购活动划分为战略制定、目标选择、并购实施、并购整合四个阶段，探究不同并购阶段会计稳健性对企业关键并购行为的影响。其次，对已有文献进行整理总结后，可以看出之前的文献关于会计稳健性对并购行为影响路径的研究方面并不充分，关于会计稳健性具体影响的并购行为选择，本章一方面借鉴了胥朝阳（2004）企业并购风险的分段识别与系统控制的研究，根据企业并购风险识别的阶段性，提出企业第一步应该是确定企业希望并购达到的相关目标，第二步应该是要谨慎选择合适的目标企业，第三步则是依据企业具体情况选择并购方式和实现途径；另一方面梳理并购交易特征对并购绩效的影响研究，结合案例企业在并购过程中的几个关键并购行为，从并购频率、并购目标方选择、并购支付方式选择等方面分析其对并购绩效产生的影响。最后，根据行为一致性理论和信息不对称理论，分析会计稳健性如何对案例企业的并购行为发挥治理作用，并通过对比两家企业并购前一年、并购当年以及并购后三年的长期并购绩效进行验证，希望以此找到一些规律，为各上市公司在日后的并购事件中提供一些可供参考的意见和建议。

5.1.2　案例的选取

根据本章所研究问题的需要，利用 C-score 模型对企业行业稳健性程度进行了度量，本章选择了近年来并购交易数量较多的医药产业作为主要研究的行业，在医药行业中，又选择了两家发生并购的 A 股上市公司作为研究对象，分别是沃森生物和上海莱士，通过对这两家医药行业具有代表性的并购案例进行研究，来分析会计稳健性如何对并购企业的并购行为发挥治理作用。选取样本企业的理由有以下几点：首先，近年来，为了实现医疗资源的合理配置，确保每个人包括弱势群体都能享受到政府的医疗服务，我国一直积极致力于医疗体制改革，大力鼓励企业进行收购重组的行业整合行为，产业内并购活动频发。在这样的市场环境背景下，更容易找到值得研究的典型并购案例。并且将这个行业中的 A 股上市公司作为研究对象，数据容易获取，可信度高，信息的获取手段多样，从中取样能够在很大程度上提高本研究的信度与效度。其次，所选取的这两家案例企业均于 2013 年发起并购，所以本章选择收取案例并购前 1 年至并购后第 3 年（2012~2016 年）的数据计算会计稳健性。最终收集到该行业 32 家 A 股上市公司 2012~2016 年的年报数据，以 C-score 模型为基础，运用 Stata 15.0 对生物制药行业的稳健性系数进行计算，得出生物制药行业的稳健性系数（即 C-score 值）平均值为 0.0445，沃森生物的稳健性系数为 0.0226，低于行业平均水平，稳健性较弱；上海莱士的稳健性系数为 0. 1060[①]，高于行业平均水平，稳健性较强。稳健性系数的计算给两家企业的会计稳健程度提供了清晰可观的对比，保证了双案例对比分析的可比性，结合两起并购事件的发生时间接近，主并购方所处行业、发展规模相同，排除了外部社会经济发展环境可能带来的影响。最后，案例企业满足理论构建的需要，能够对本章的研究问题进行很好的诠释。两家企业的会计稳健性程度迥异，通过双案例对比可以分析出会计稳健性是如何通过影响并购行为进而影响到企业并购绩效的，很好地诠释了会计稳健性对企业并购行为和并购绩效的作用机理。

5.1.3　研究方法

1. 对比分析法

对比分析法是本章所采用的主要的研究方法。本章利用定性研究法探讨会计稳健性程度不同的上市公司之间并购行为和并购绩效之间的差异，通过对具有代表性、典型性的企业并购案例的对比分析，得出会计稳健性对并购行为及并购绩效的影响。在选取研究案例时，本章依照典型性原则，从我国医药行业选取了两家发生并购的时间相近、规模相当、稳健性程度不同的 A 股上市公司，作为双案例研究对象进行对比分析，探索企业会计稳健性和并购行为之间的逻辑关系，并分析其对企业并购绩效所产生的影响，帮助企业有效规避并购中的高风险行为。由于并购的协同效应只有在长期经营中才能体现，所以本章侧重于研究会计稳健性对企业并购长期绩效的影响。据此，本章选择通过对比两家企业的总资产收益率（ROA）、净资产收益率（ROE）和每股收益（EPS），对其并购前一年、并购当年以及并购后三年的长期绩效进行对比分析。

2. 案例分析法

本章采用案例分析的方法来分析会计稳健性对上市公司并购行为和

---

① 数据来源见本章附录。

并购绩效的影响，主要原因在于：一方面，本章旨在回答"并购企业如何利用会计稳健性这一会计原则解决企业低效并购的现状，以及如何通过稳健的并购策略实现企业价值的提升"的问题，主要解决的是有关路径的问题，并且基于本章的研究重点在于企业并购这一动态过程，因此采用案例研究方法较为合适。另一方面，鉴于已有研究虽然已从投资过度与投资不足两方面对会计稳健性是否有助于提升企业投资效率进行了分析，但对企业并购这一高风险企业活动的绩效产生的影响的研究并不充分，因此本章借助案例来分析会计稳健性对当前上市公司并购行为和并购绩效的影响，利用会计稳健性这一原则提高会计信息质量，从而提升企业价值，能够为并购企业及其治理层决策提供一定的参考。另外，研究会计稳健性对并购决策的影响不仅可以帮助企业提升并购投资的效率，还可以将高质量的会计信息披露给企业利益相关者，保护其利益，有利于其进行投资决策。

5.1.4 数据收集说明

进行案例研究的前提是保证案例相关信息数据的真实性、有效性，同时为便于查找和收集数据，资料的收集渠道也应该简单易得。因此，基于以往学者们对案例资料收集的研究和经验，本章将保证案例信息和研究数据收集渠道的多样化，多样化的渠道可以为研究带来多种不同角度的观点描述，从而实现数据的交叉验证，提高数据和资料信息的可信度和效度。因此，本章对于相关数据和资料的收集和取得主要通过以下三种方式：第一，从各种正规金融信息平台和金融数据库中查阅相关的信息材料和新闻报道。主要的金融信息平台有新浪财经、巨潮资讯网、东方财富网和中国财经报等，金融数据库本章主要依据锐思数据库进行企业财务数据资料的提取，同时辅以万方、国泰安、Wind 等数据库为补充。第二，翻阅与案例相关的学术性研究资料，比如知网中相关学者的学术论文、同行业企业高管调研形成的行业数据资料、专题报告等，从中获取案例企业的相关信息数据。第三，可以直接通过企业官方网站进

行信息的获取，了解企业的发展规模、人员构成，下载企业历年的财务
报告和相关公司公告了解企业动向。最终将收集到的资料进行整理、汇
总，具体资料来源汇总如表 5 – 1 所示。

表 5 – 1　　　　　　　　　　资料来源汇总

	资料来源	数量	时间
公司档案和媒体 报道汇总	搜索引擎	3 个	2012 ~ 2017 年
	年报	10 份	2012 ~ 2016 年
	媒体报道	396 篇	2012 ~ 2017 年
	中国知网	329 篇	2012 ~ 2017 年

资料来源：作者手工整理。

5.1.5　指标的定义与度量

1. 企业并购行为指标

企业并购行为存在于企业并购活动中的每一环节，涵盖了交易对象、
交易方式、交易价格以及支付手段等重要信息。由于本章是选取两家已
经发生并购的 A 股上市公司作为研究对象，所以主要对并购频率、并购
目标方的选择、并购支付方式这三个企业关键并购行为进行研究。其中，
并购频率指标可量化。企业的并购频率主要是用企业在一年中的并购次
数来衡量，目前学术界普遍认为高频并购意味着企业在短时间内实施连
续的多次并购行为，但具体的时间区间及并购频次尚未形成统一的认识。
本章参考了富勒（Fuller，2002）对高频率并购的认定标准，将 3 年内进
行 5 次以上并购界定为高频率的并购。并购目标方的选择，本章主要从
主并方和并购标的经营业务相关性的角度，将并购目标方的选择划分为
相关并购和非相关并购从而进行研究分析。关于并购的支付方式，本章
主要从现金支付和股份支付两个层面来进行研究分析。

2. 并购绩效指标

企业并购绩效根据距离并购发生的时间长短可分为长期绩效和短期

绩效，根据前人的研究发现会计稳健性与企业并购的短期绩效并未呈现出显著的相关关系，且并购的协同效应只有在长期经营中才能体现。因此本章侧重于运用财务指标分析法，针对两家企业并购前1年和后3年的财务数据对企业并购的长期绩效进行对比分析。关于并购财务绩效的评价指标有很多，冯根福和吴林江（2001）选取了总资产周转率、资产净利润率、每股收益、净资产收益率来对并购后的绩效进行评价；宋淑琴和代淑江（2015）以净资产收益率来衡量并购绩效；胡杰武和韩丽（2017）选择以每股收益作为并购绩效的评价指标。因此，在回顾已有文献研究的基础上，基于科学性、重点性等原则，选取总资产净利率（ROA）、净资产收益率（ROE）和每股收益（EPS）来评价企业的长期并购绩效。其中，总资产净利率是用来反映企业全部资产创造净利润的能力，净资产收益率反映净资产的获利水平，每股收益反映普通股的获利水平，上述指标可以充分反映企业利润的取得情况，对企业财务绩效的反映具有较强的说服力。以期通过对比企业在并购前后的不同财务指标的变化，对两家企业的并购长期财务绩效进行评价研究。相关指标的具体计算方法如表5-2所示。

表5-2   并购绩效度量指标选取

指标名称	含义	计算公式
总资产净利率（ROA）	衡量每单位资产创造多少净利润的指标，评估公司相对其总资产值的盈利能力的指标。该指标越高，表明企业资产利用效果越好	资产净利率＝税后净利润/平均资产总额
净资产收益率（ROE）	是净利润与平均股东权益的百分比，是公司税后利润除以净资产得到的百分比率，该指标反映股东权益的收益水平，用以衡量公司运用自有资本的效率。指标值越高，说明投资带来的收益越高。该指标体现了自有资本获得净收益的能力	净利润/［（期初所有者权益＋期末所有者权益）/2］
每股收益（EPS）	是普通股股东每持有一股所能享有的企业净利润或需承担的企业净亏损。每股收益通常被用来反映企业的经营成果，衡量普通股的获利水平及投资风险，是投资者等信息使用者据以评价企业盈利能力、预测企业成长潜力、进而做出相关经济决策的重要的财务指标之一	基本每股收益＝归属于普通股股东的当期净利润/当期发行在外普通股的加权平均数

资料来源：作者手工整理。

5.2　案例介绍

近年来，我国针对医药行业推行了一系列重磅政策和改革措施，引领医药行业变革的深度发展。目前，国内医药行业的未来发展方向明确，持续推进的医疗体制改革加快了产业格局重塑的步伐，行业内发展成熟的一批企业积极进行并购活动，极大地提高了行业的集中度。我国生物制药产业起步于 20 世纪晚期，产业整体发展表现出如下特点：其一是发展速度虽快，但集中度不高且企业规模偏小。国内生物制药产业市场规模 2016 年高达 3227 亿元，在整个医药市场占比 22%。2010～2016 年生物制药年均增长 23%，超过医药产业年均 15% 的增长水平[①]；33 家沪深 A 股生物制药上市公司 2016 年的销售总额 296.17 亿元，不及国外同类知名公司辉瑞一家同期销售额的 1/10。2016 年世界生物制药销售额前五位公司的销售总额占整个产业销售总额的 56%，而国内 33 家上市公司的销售总额仅占国内生物制药产业销售总额的 9%[②]，相比之下，国内生物制药企业规模之小、集中度之低是显而易见的。其二是创新研发投入力度不大，意愿不强。2016 年世界规模前十的生物制药企业的研发投入占比均在 16% 以上，最高的阿斯利康达到了 23%，反观国内规模前十的生物制药上市公司的当年研发占比均在 8% 以下。其三是融资约束问题明显，但企业并购频率居高不下。由于生物医药制品的研发周期长、转化率低、风险高，造成现阶段生物制药企业债务融资受限问题严重，加之国内该类企业大部分规模偏小，在现行审批核准制度下获得 IPO 资格的成功率并不高。在融资受阻、上市无望且急需发展资金的情况下，很多生物制药企业只能转而选择绕道借壳上市，于是近年来生物制药产业企业并购交易显著增多。

血液制品行业是生物制药行业中一个重要组成部分，属于国家重点

---

①②　笔者根据 Wind 数据库中的数据整理。

稀缺的生物制品资源，具有广阔的发展前景。1995年，距离血液制品行业起步仅30年，发生了由采浆导致的艾滋病（HIV）感染事件，此次事件在全国范围内造成了恶劣影响，许多省份更是紧急关停了省内所有的单采血浆站点，次年国务院发布了《血液制品管理条例》，并同时在设置审批、执业、监督管理、罚则等各个方面全面加强浆站监管。目前我国对血液制品行业再次实施改革，以促进国内血液制品的发展。但目前来看，我国血液制品行业的市场发展与国外相比仍有一定差距，主要表现在人均量少、品种结构落后、行业集中度低。在品种数量上，国外已经上市或正在进行临床试验的血浆蛋白产品有近30种，国际一流厂商均可以分离和生产20种以上的血浆组分产品，我国仅11种①。相较之下，我国血制品行业仍有较大的发展空间。但另外，由于血液制品的特殊性，国家对血液制品的生产和审批管理十分严格，尤其是对于血液制品行业的准入牌照，从2001年起就不再下发。这就形成了行业内的存量格局，血液制品企业想要发展就必须进行资源整合，通过并购的方式抢占浆站资源。目前，我国通过GMP认证的血液制品生产企业共30家（GMP是一套适用于制药、食品等行业的强制性标准，要求企业从原料、人员、设施设备、生产过程、包装运输、质量控制等方面按国家有关法规达到卫生质量要求，形成一套可操作的作业规范帮助企业改善企业卫生环境，及时发现生产过程中存在的问题，加以改善。GMP要求制药、食品等生产企业应具备良好的生产设备，合理的生产过程，完善的质量管理和严格的检测系统，确保最终产品质量符合法规要求）。这30家企业主要分为三类，第一类是大型、产品种类多的企业；第二类是产品线单一，却在当地拥有浆源垄断优势的企业；第三类是在规模、产品线、资源上都不占优势的小型企业，但由于我国血浆的需求量长期处于供不应求的状态，行业的未来发展可期，所以目前国内血液制品行业并购市场发展火热，并购成为行业内一些领军企业做大做强的必然选择。

---

① 本部分案例是由笔者根据前瞻产业研究院发布的《中国血液制品行业产销需求与投资预测分析报告》整理。

在这样的市场环境下，作为生物制药行业中的龙头企业——上海莱士和沃森生物也积极开展了自己的并购计划，希望在内涵式发展动力不足的情况下能够通过外延式扩张来扩大自身的业务版图，抢占更多的战略资源。生物制药特有的投入高、风险高和技术成果转换率低等产业特性，决定了自身拥有丰富技术资源且研发能力较高的公司在并购选择中更容易受到青睐，两家公司分别对自身未来的发展制订出了不同的战略和规划，选取了顺应自身发展目标的标的企业实施并购，但最终二者并购战略的实施效果却大相径庭，究其原因是两家企业会计稳健性程度不同影响了对并购活动中关键并购行为的选择，从而使企业产生了不同的并购绩效。在这场抢占行业资源的并购大战中，上海莱士和沃森生物均进行了不止一次的并购活动。而本章则选取了两家企业最具有代表性的典型并购事件——沃森生物并购大安制药和上海莱士并购邦和药业，按照前文提出的并购流程进行并分析以探究会计稳健性对企业并购行为及并购绩效的影响机理。

5.2.1　上海莱士并购邦和药业

1. 企业简介

上海莱士血液制品股份有限公司（以下简称"上海莱士"）由美国稀有抗体抗原供应公司和上海市血液中心血制品输血器材经营公司于 1988 年 10 月合资成立，作为国内第一家由中外合资建立的血液制品上市企业，于 2008 年在深交所成功挂牌上市。企业主要业务有血液制品、疫苗、诊断试剂及检测器具的生产、销售和服务，主要生产人血白蛋白、静注人免疫球蛋白等七个品种的血液制品，规格数量有 24 种，是国内最早实现血液制品批量生产的厂家之一。上海莱士的血液制品主打高品质路线，在血液制品行业的中高端市场发展，七个品种的血液制品价格均高于业内平均水平。产品的高品质离不开企业严格监管和领先的专业技术，上海莱士作为国内首批获得 GMP 认证和 ISO 9001 证书的企业，十年如一日地严格遵守国内外血液制品的指导规范进行血液制品的大规模生产，在产品投放市场的十多年间，产品的安全和优质，使上海莱士在中国市场上赢得了良好的声誉，公司成立至今，产品质量始终得到可靠保障。同时，上海莱士也是国内首位进军国际市场的血液制品企业，企业利用其中外合资的优势开拓海外市场，成为生物制药行业中由国内出口海外的领军企业。为适应国内市场消费特点，上海莱士积极出口富余品种，提高经济效益，是我国最早开拓海外市场的血液制品生产企业，产品远销海外，在超过 20 个国家注册，是国内出口规模最大的血液制品生产企业。

郑州邦和药业有限公司是由始建于 1987 年的空军后勤部血液制品研究所，在 2006 年 8 月重组成立而来。公司早在 1998 年 10 月即通过国家 GMP 认证，并于 1999 年 9 月获得了 GMP 认证证书。该公司研发能力十分强大，硬实力方面，公司拥有世界先进的血制药机械设备、完善的检测仪器，质量管理体系十分严格；软实力方面，优质的技术研发团队为企业核心，专业技术人员占职工总数的 56%①。于 2004 年 7 月通过国家的 GMP 换证检查，2004 年 8 月获得新的 GMP 认证证书。公司主要研发产品有 3 大系列 8 个品种，主营业务产品为人血白蛋白、球蛋白等。公司在成立之初已按 GMP 标准要求的药品生产自动化、系统化、密闭化，建设规范的血液制品生产车间，严格把控每一生产环节的生产质量，形成了科学严密的质量控制体系。邦和药业试图寻找扩大企业规模、提升业内地位的新出路，但因为医药行业新出台的规定，邦和药业已经不能再新设血浆站，已经拥有的两家血浆站虽然拥有较高水平的管理模式和血浆综合运用能力，但是原材料的严重缺乏还是会限制邦和药业未来的发展。

2. 并购过程简介

并购战略制定阶段。企业的主要工作是对自身进行深入全面的分析

---

① 本部分案例是由笔者根据郑州邦和药业有限公司官方网站发布的数据整理。

以及竞争优势的定位，协同效应预期是催生和推进并购的主要影响因素，加之血液制品业是技术密集型行业，其行业特性标志着并购行为将激发企业无限的发展潜力，企业明确并购的目标和动机，制定合理有效的并购战略。目前我国血液制品行业规模不大，行业集中度不高，而国家的医药政策改革正在鼓励医药行业出现几家领军企业以带动整合行业的发展，血液制品行业的上市公司共 5 家，分别为华兰生物、天坛生物、上海莱士、博雅生物、广东双林。五家上市公司中华兰生物拥有的产品种类最多，天坛生物次之。基于此，上海莱士决定抓住这个机会进行发展，进一步巩固自己在国内市场上的地位，成为国家血液制品行业的龙头企业。因此，为了拥有更多的血浆站和原料血浆，已发展成为国内血液制品市场上占据主导领先地位的上海莱士决定并购几家拥有稀缺资源和技术优势的优质生物制药企业，以期提升浆站采浆规模与采浆能力。但由于我国血液制品行业尚处于发展的初期，业内各种条件和环境并不十分成熟，过度竞争、频繁并购可能适得其反，为企业带来风险，影响企业价值创造。上海莱士并未制订高频率的并购战略计划，坚持以"内生式增长为根基，以外延式并购为跨越，将公司打造为国际血液制品行业的民族航母"为战略指导。在进一步巩固内生增长的同时，利用自身在资本市场上的优势，保持着"求精不贪多"的原则，选择优质的并购标的企业进行外延式的并购发展战略。

并购目标选择阶段。当前我国生物制药行业发展前景广阔，国家政策也对这一行业有所倾斜，行业内部并购市场火热。在国内血液制品市场初具规模的上海莱士为避免参与市场过度竞争的风险，降低企业内外部信息不对称程度，没有贸然进入新的行业领域进行并购，而是选择在具有发展潜力的血液制品行业寻找并购机会。邦和药业拥有醴陵和上林两家单采血浆站，而在血浆供应整体不足的情况下，血浆站就是行业内的稀缺资源，对于血液制品行业公司至关重要，而我国浆站设立审核严格，增设难度较高，浆站分布较为分散，极大地限制了上海莱士的发展；邦和药业的前身是空军血液研究所，技术人才储备雄厚，拥有多项技术专利，体现在企业毛利率方面，并购前 2011 年和 2012 年邦和药业的毛利率也远高于行业平均水平。依托如此之多的战略优势，邦和药业由此进入了上海莱士的视线。此前，邦和药业曾申请首次公开募股 2200 万股，拟融资 1.85 亿元①，但因 IPO 专项审核条件不达标未获批准，只能放弃上市的计划，加上当时国家不能扩大血浆供给量的政策限制，邦和药业不得不另寻他路以求发展。上海莱士提供的并购方案不仅为邦和药业提供了一个借壳上市的机会，强强融合，同时也进一步提升了自己的核心竞争力。

并购实施的支付阶段。上海莱士选择以股份支付的方式完成对邦和药业的并购。但出于稳定股权结构，避免溢价风险的考虑，上海莱士没有直接对邦和药业进行股份支付。而是引入科瑞天诚和新疆华建作为搭桥公司，进行过桥股份收购。并购过程主要分为以下两步：第一步，科瑞天诚和新疆华建对邦和药业的股份实施购进，成为邦和药业暂时的股东。科瑞天诚作为上海莱士的大股东，支付现金对价 5.61 亿元，购买了邦和药业 31.17% 的股权。新疆华建是这场并购交易中的独立第三方投资机构，它以 5.73 亿元的价格收购了 29 名邦和药业小股东的股份，股份合计为 31.83%②。第二步，经过第一步的实施，邦和药业的股权结构几乎呈现为科瑞天诚、新疆华建和傅建平三足鼎立的状态。此时，上海莱士为了购买邦和药业全部的股份，对邦和药业的三大股东发行了 9365.24 万股，以每股 19.22 元的价格将邦和药业纳入囊中③，实现了资产证券化。上海莱士的过桥收购满足了并购交易各方的需求，既满足了邦和药业中小股东的资金需求，也帮助上海莱士转移了并购价格波动的不确定风险，保持了股权结构的基本稳定。并购过程中加入了私募股权机构的中介角色，九鼎系 PE 包括了盈泰九鼎、金泽九鼎、昆吾九鼎等，首先盈泰九鼎持有邦和药业的股份，成为其股东，在此期间，盈泰九鼎对邦和药业的

---

① 本部分案例是由笔者根据 2012 年 9 月国家环保部网站公示邦和药业股份有限公司上市环保核查报告整理。

② 本部分案例是由笔者根据 2013 年 7 月 2 日发布的《上海莱士血液制品股份有限公司拟发行股份购买郑州邦和生物药业有限公司 100% 股权项目资产评估报告》整理。

③ 本部分案例是由笔者根据 2014 年 2 月 18 日发布的《上海莱士血液制品股份有限公司关于本次重大资产重组交易对方承诺情况的公告》整理。

估值大概是 9 亿元①，昆吾九鼎和那曲元和以市场价格通过受让股权的方式入股邦和药业。随后 2011 年 8 月，作为邦和药业股东的昆吾九鼎将其所持的股份转让给河南九鼎。近几年，由于国家政策的支持和行业的特殊性，生物制药行业并购热潮迭起，但大多只有并购方与被并购方作为并购活动的主体，此次并购多了私募机构的角色。通过私募机构的参与，新疆华建以当时 26.89 元的市价收购了这几家金鼎系所持有的邦和药业的所有股份，② 成功锁定了一部分股权，为之后的过桥并购提供便利。新疆华建的加入解决了邦和药业的诸多股东对不确定因素影响的担忧，他们愿意以一个稳定而合理的价格转移自己的股权，尤其是河南九鼎和厦门九鼎这样的中小股东，更愿意接受风险较小的确定性收益。在此次并购中，新疆华建和科瑞天诚承担了"桥梁"的作用，既能使邦和药业的中小股东们愿意交付手中的股权，满足了他们的要求，从而保证了并购活动的顺利完成，同时上海莱士在并购之后的股权结构并未发生大的变动。科瑞天诚是上海莱士的股东之一，同时作为桥梁公司并未获得额外利益，只是为了稳定自己在上海莱士的持股比例。2013 年 4 月 30 日，上海莱士通过发行股份的方式收购了邦和药业的全部股权。并购结束后，上海莱士依然是科瑞天诚和莱士中国控股的上市公司，并且这两家公司所持有的股份的股权稀释较小。上海莱士并购前后的股东结构如表 5 - 3 和表 5 - 4 所示。

表 5 - 3　　　　　　　　　上海莱士并购前后的股东结构

股东名称	本次交易前		本次发行股份数	本次交易后	
	股数	持股比例（%）		股份	持股数（%）
科瑞天诚	188897317	38.58	29191467	218088784	35.80
莱士中国	183600000	37.50	26000000	209600000	34.40
新疆华建	—	—	29809573	29809573	4.89
傅建平	—	—	29968782	29968782	4.92

①② 本部分案例是由笔者根据河北经贸大学吕晨曼 2018 年硕士学位论文《上海莱士并购邦和药业案例研究》整理。

续表

股东名称	本次交易前		本次发行股份数	本次交易后	
	股数	持股比例（%）		股份	持股数（%）
肖湘阳	—	—	4682633	4682633	0.77
其他股东	117102683	23.92	—	117102683	19.22
合计	489600000	100	119652444	609252444	100

资料来源：作者依据公告手工整理。

表5－4　　　　　上海莱士向邦和药业股东定向增发股票情况

股东	持股比例（%）	增发股份数（股）	交易价格（元/股）	增发金额（万元）
傅建平	32.00	29968782.00		57600.00
新疆华建	31.83	29809573.00		57294.00
科瑞天诚	31.17	29191467.00	19.22	56106.00
肖湘阳	5.00	4682622.00		9000.00
合计	100.00	93652444.00		180000.00

资料来源：作者依据公告手工整理。

　　并购整合阶段。高稳健程度的上海莱士通过对并购活动的谨慎决策，不贸然频繁实施并购，保证了整合的管理范围和难度的可控；同行业的相关并购极大降低了信息的不对称程度，节省了整合成本；过桥股份收购不仅保证了整合过程中的资金链完整，还保证了公司股权不被过分稀释。并购前期关键的并购行为有效帮助了企业日后的并购整合工作，使上海莱士在短期内得到了快速的发展，收购后所产生的协同效应非常明显。首先实现了管理协同，邦和药业拥有完善的管理制度体系和先进的生产工艺，在单个血浆站的采浆力来看，邦和药业的单个血浆站每年采集血浆的能力为60吨，而当时的上海莱士作为国内领军级别的血液制品公司，其年采浆量也只有30吨[①]，主要是由于上海莱士的管理能力没能跟上企业的发展。并购邦和药业后，上海莱士吸取邦和药业先进的管理经验，提升自有血浆站的采浆效率，结合双方管理优势。其次实现了经

---

　　① 本部分案例是由笔者根据河北经贸大学吕晨曼2018年硕士学位论文《上海莱士并购邦和药业案例研究》整理。

营协同，上海莱士通过并购邦和药业，成功实现了对上游采集血浆渠道的扩展，更加充足的血浆供应有效缓解了来自外部的血浆需求，同时上海莱士将开拓血液检测市场，丰富血液检测的产品品类，提高了在血液医疗产品行业的产业链覆盖率。同时我国血液检测市场尚处于发展阶段，部分产品品类由国外品牌垄断打通产业链下游，对邦和药业的并购使上海莱士吸收整合先进的生产技术、扩大产品线，提高血浆的综合利用率及单位血浆带来的收入，双方的主营业务形成协同互补，进一步提升长期盈利水平。最后实现了财务协同，上海莱士自身的企业规模庞大，并购邦和药业提升了血浆的综合利用效能，其营运能力和经营能力都有大幅提升，其规模的壮大巩固了行业龙头的地位，此举也拓宽了融资渠道，并购后的上海莱士的偿债能力和周转能力也随之获得提升。而反观邦和药业，虽然之前没能成功上市，但此次并购活动使其能够借助上海莱士跻身上市公司，得以获取大量资金推进技术发展、提升生产能力，实现财务协同。

　　上海莱士通过并购实现了自身聚集资源，扩大市场占有率的目标，使公司年均采浆量提升了41.5%[1]；邦和药业通过并购解决了原材料匮乏的问题，并且"注入"上海莱士后，邦和药业想要获得更多资金和发展机会的难题迎刃而解，虽然 IPO 申报受阻，但加入上海莱士完美弥补了这一缺憾。双方由于主要产品类型重合度很高，技术资源的整合完全可以实现优势互补，完全打通了上游的采集血浆渠道和下游的销售渠道。同时，邦和药业拥有的两家血浆站投浆量，在与其同样体量的血浆站对比中保持领先，拥有较高的工艺水准和健全的管理体系。这使得上海莱士在完成对邦和药业的并购之后能够有效提升企业对血浆这一稀缺资源的占有率，并且利用邦和药业先进的管理经验提高血浆采集效率，实现了资源与技术的结合。

　　综上所述，将主要的并购事件发生的时间以及具体的并购过程概括

---

　　① 本部分案例是由笔者根据河北经贸大学吕晨曼 2018 年硕士学位论文《上海莱士并购邦和药业案例研究》整理。

如表 5 - 5 所示。

表 5 - 5   并购事件时间线

时间	并购过程
2013 年 3 月 27 日	上海莱士股票停牌，公告公司拟筹划重大事项
2013 年 7 月	公司董事会审议通过此次资产重组的议案：公司将向邦和药业的股东定向增发股票收购邦和药业 100% 的股权，同时向特定对象莱士中国发行股份募集配套资金
2013 年 8 月 7 日	证监会受理上海莱士的资产重组申请
2013 年 10 月 18 日	2013 年底邦和药业是否能取得 GMP 认证，使邦和药业未来的经营发展存在不确定性，证监会未通过此次重大资产重组事项
2013 年 11 月 8 日	公司董事会审议通过了继续推进此次资产重组的议案，决定原有整体方案不做重大调整，补充资料，重新提交申请
2013 年 12 月 20 日	证监会受理了上海莱士的第二次资产重组申请
2014 年 1 月 10 日	上海莱士此次资产重组的申请获得证监会通过
2014 年 1 月 26 日	完成资产交割和工商变更，邦和药业成为上海莱士的全资子公司
2014 年 2 月 20 日	对邦和药业原股东增发股票在深交所上市
2014 年 6 月 10 日	对莱士中国配套增发股票在深交所上市

资料来源：作者手工整理。

5.2.2 沃森生物并购大安制药

1. 公司简介

云南沃森生物技术股份有限公司（以下简称"沃森生物"）成立于
2001 年，是我国生物制药行业专业从事疫苗等生物药品研发、生产及
销售的高新技术企业，于 2010 年 11 月 12 日，在深交所正式挂牌上市。
沃森生物在昆明国家高新区拥有一个先进的新型疫苗研发中心和中试基
地，在玉溪高新区与江苏泰州中国医药城建成了现代化的疫苗生产基
地，构建了一个覆盖国内 29 个省区市、2000 多个区县的营销网络①。

---

① 本部分案例是由笔者根据沃森生物官方网站企业简介整理。

成立之初，沃森生物根据国内的疫苗市场需求，主要研发能够填补国内空白和促进产业升级的疫苗产品，并且积极进行生产和销售，形成了一套具备了研制、生产、销售的完善制药流程，其推出的新疫苗产品在业内有口皆碑，生物制药技术水准较高。2011 年起，沃森生物的上市成功伴随着其一大批储备产品的成熟，公司将进入新一轮新产品生产建设高峰期，沃森生物的经营业绩也将因为后续大量新产品的投放市场而将迎来新一轮的攀升。自 2010 年上市以后，沃森生物根据当前企业所处的环境，对未来的发展有了新思路，重新制定了企业的发展战略，坚持在实现企业疫苗业务内生发展的同时，进行外延式扩张以扩大企业规模和经营内容，增强企业的市场竞争优势，成长为国内生物制药行业中综合能力较强的高新技术企业。根据 2012 年沃森生物的财务报告显示，沃森生物决定通过外延式并购完成企业"疫苗 + 血液制品 + 单抗"的发展战略。在企业疫苗主营业务的基础上，通过并购进入单抗和血液制品行业，完成企业布局"疫苗 + 血液制品 + 单抗"的大生物发展战略构想。

河北大安制药有限公司于 1992 年成立于河北省石家庄市，其前身为石家庄血液制品所，2004 年 5 月组建为河北大安制药有限公司，由河北医科大学控股。企业专门从事血液制品研发、生产和销售，是一家具有国家级高新技术的现代化生物制药企业。企业目前的主要血液制品产品有人血白蛋白、狂犬病人免疫球蛋白等五大种类，在研产品有静注人免疫球蛋白、人凝血酶原复合物、Ⅷ因子三个主要项目，预计两年内完全可以实现销售。拥有正常运营的 3 个单采血浆站（河间、怀安、邢邑），具备年 100 吨左右的采浆能力。目前公司已储备了约 180 吨血浆[①]，公司经批准建设的另外两个单采血浆站（魏县、栾城）处于筹建状态。

2. 并购过程简介

并购战略制定阶段。在沃森生物寻求外延式发展计划前，公司的业

---

① 本部分案例是由笔者根据 2012 年 8 月 4 日发布的《云南沃森生物技术股份有限公司签订受让河北大安制药有限公司股权框架协议的公告》整理。

务主要集中于疫苗产品的研发、生产和销售，在疫苗市场上保有较高的占有率，营业收入与利润十分可观。由于企业良好的经营状况，自2012年起，国家积极改革医药行业，沃森生物也面对企业上市扩大业务的需要，在内外部行业环境的推动下，企业制定了以疫苗为基石业务，通过外延式发展进入血液制品、单抗药物、新型疫苗领域的"大生物"战略。企业希望借生物医药产业政策红利的东风，进一步扩展经营领域，为企业寻求更大的发展。但稳健程度较低的沃森生物由于对并购风险的认识不足，盲目乐观地估计了企业的并购能力，选择在短时间内频繁地进行并购活动，试图通过快速整合完成企业的"大生物"发展战略。

并购目标选择阶段。沃森生物基于大生物战略，开启了单抗、血液制品、新型疫苗的连续并购。除了继续经营企业本身的疫苗业务外，通过并购进入单抗、血液制品这两个不同的经营领域。由于2001年起国家不再新批血液制品的经营牌照，完全消灭了其他行业企业申请牌照的可能性，想要进入血液制品行业除了对已有稀缺牌照的企业进行并购外，别无他法。于是沃森生物为进入血液制品行业，选择河北大安制药有限公司作为构建血液制品营销体系的切入点。

结合大安制药拥有的资源丰富度来看，沃森生物的这一决策相对合理。大安制药拥有经验丰富的产品研发团队，多项血液制品高新生产技术和稳定投浆量的单采血浆站。在京津冀地区内，大安制药是唯一具有单采血浆站的血液制品企业。其拥有100吨/年的采浆能力，血浆储备约180多吨。这些都是大安制药单采血浆站不可否认的稀缺价值，但大安制药的实际经营情况并不乐观，一般而言，血液制品生产需拥有单采血浆站牌照、GMP证书以及单个产品的生产许可证。也就是说，若沃森生物收购了大安制药，还需进一步追加投资，使其通过新版药品GMP认证，同时建设单采血浆站等也会加大沃森生物的投资。另外，从公告中能够看出，大安制药尚未完全取得单个产品的生产许可证，是否能够取得以及何时取得仍存在风险。根据公开资料显示，在并购之前，大安制药已有停产和亏损的状况，并且面临资不抵债的风险。截至评估基准日8月31日，在原股东在双方签署收购框架协议后火速增资1.23亿元后，该公

司净值为 - 5746. 39 万元①。

并购实施阶段。截至 2011 年沃森生物一直专注于传统疫苗产业市场的发展，各种产品在市场上均有较高的占有率。且疫苗产品为高新技术产品，虽然前期研发成本较高，但产品一旦投产利润十分可观。沃森生物的自主疫苗在国内市场占比较高，能够为企业带来丰厚的利润收益。公司于 2010 年上市有效拓宽了融资渠道，为企业带来大量的资金流入。因此沃森生物有充足的资金进行并购战略，在接下来的一系列连续并购中均采用了现金支付的方式。2012 年 9 月 13 日，沃森生物发布了《收购河北大安制药有限公司 55% 股权的可行性研究报告》，公告称将以 5 亿元超募资金和 2900 万元自有资金，收购大安制药股东四川方向药业有限责任公司及成都镇泰投资有限公司所持公司 55% 股权；2013 年 6 月 13 日，沃森生物与石家庄瑞聚全医药技术咨询有限公司进行了河北大安的股权转让，以 3. 36 亿元的价格取得瑞聚全手中的大安制药 35% 股权。收购完成后，沃森生物成为大安制药的绝对控股人，持有了其 90% 的股权②。沃森生物对大安制药的并购是分步进行的，一方面降低了一次性支付巨额现金造成的现金流压力，另一方面也可以了解目标公司的经营状况，同时可以更好地实现多元产品的延伸，渐进地步入新领域在一定程度上也降低了风险。

并购整合阶段。稳健程度较低的沃森生物虽然通过了多元化并购，获得了血液制品行业的稀缺牌照，但由于血液制品行业前期已有大批企业布局，形成稳定的产业规模，沃森生物在短期内很难形成与之匹配的生产经营管理和销售渠道，其理想的协同效应并未显现。并且高频率的现金并购，对企业的整合管理能力提出了更高的要求，一旦有一家子公司的整合不力，一系列的风险就会随之而来，造成企业的经营困难。同时，由于大安制药本身并不理想的经营状况，并购后连续两年出现经营

---

①　本部分案例是由笔者根据 2012 年 9 月 13 日发布的《云南沃森生物技术股份有限公司河北大安制药有限公司 2011 年度及 2012 年 1~8 月财务报表及审计报告》整理。

②　本部分案例是由笔者根据 2013 年 6 月 13 日发布的《云南沃森生物技术股份有限公司关于受让河北大安制药有限公司 35% 股权的公告》整理。

不佳的亏损，成为沃森生物业绩下滑的主要因素。

并购后续阶段。大安制药不仅长期停产和亏损，就连账面资产也持续资不抵债。截至评估基准日 8 月 31 日，该公司净值达 – 5746. 39 万元。而这还是原股东在双方签署收购框架协议后火速增资 1. 23 亿元的结果。撇开该部分增资，该公司账面负值高达 18046. 39 万元①。

5.3 案例分析

5.3.1 会计稳健性对企业并购行为的影响

1. 会计稳健性对企业并购频率的影响

为了在激烈的市场竞争中快速地获取更多的市场份额，进行多元化经营，企业往往会通过并购来满足其发展需要。并购需要有详细的规划，并不是一蹴而就的。在并购交易的前期，首先企业需要准备相关的条文和细则，而这些文件往往会受到企业管理层个人意愿的影响；其次我国政府为了适应经济发展新阶段特征，结合企业的诉求，对上市公司的并购重组活动在一定程度上放松了监管，这促使资本市场出现了企业在一段时间连续开展并购活动的现象，这一系列的并购加之管理层的过度自信使得他们高估了企业自身实力，忽略了公司价值融合、员工忠诚度等方面的具体问题，进而导致了企业高频率、低效率的并购。同时，管理层出于牟取私利的机会主义动机，为完成自身的业绩指标频繁进行并购，乐观地估计了并购的协同效应，低估了并购带来的风险，影响了企业的价值创造。

案例中沃森生物，自 2012 年开始第一次对大安制药并购以来至其后的三年内，即 2013 ~ 2015 年，沃森生物为了快速实现自身"疫苗 + 血液制品 + 单抗"发展战略，连续发生了八次大大小小的并购。高频率的并

---

① 本部分案例是由笔者根据 2012 年 9 月 13 日发布的《云南沃森生物技术股份有限公司河北大安制药有限公司 2011 年度及 2012 年 1 ~ 8 月财务报表及审计报告》整理。

购活动使沃森生物在短时间内身价大涨，但短时间内消化大量的并购实际上是对企业信息获取分析能力、经营整合能力的严峻考验。2013 年，沃森生物利润总额为 1030.12 万元，较去年同期下降 96.15%，实现归属于母公司股东的净利润 4789.31 万元，较去年同期下降 79.43%，归属于母公司股东的扣除非经常性损益的净利润为 6680.12 万元，较去年同期下降 65.29%[①]。沃森生物标的企业大安制药是河北省内唯一具有单采血浆站的血液制品企业，已具备 100 吨/年的采浆能力，并且储备了约 180 吨血浆还可分期分批再建新的浆站，除了单采浆站等独有稀缺价值外，在血液制品领域获得包括人血白蛋白等药品生产批准文号，共 4 个品种 22 种规格[②]。血液制品在中国有着严格的准入机制，没有从业牌照便无法进入。而自从 2001 年开始，这一血液制品牌照"单采血浆许可证"便不再获批。"后来者"只有通过收购牌照持有者的方式"曲线进入"。而河北省唯一牌照持有者为大安制药。正是基于前述资料，评估机构在评估时，给予其诸多恢复生产并盈利的假设。建立在良好假设的基础上，该公司依照收益法估值最终达到了 10.2 亿元。高估值掩盖下，公司财务状况难具参考价值。这也使得该公司的财务处理显得更为宽松。大安制药审计报告显示，公司对其他应收款项计提坏账准备达 7251.48 万元，净值仅余 8.8 万元[③]。显然，仅此一项就可导致公司资不抵债。稳健程度较低的沃森生物由于对自身能力的盲目乐观，又迫于希望快速实现大生物战略的要求，在频繁进行并购后，由于多家子公司业绩连年亏损，并涉事"山东疫苗案"的丑闻，业绩大变脸一跌再跌。截至 2014 年 3 月 31 日，沃森生物合并报表层面资产负债率为 52.35%，总负债为 339690.67 万元。其中短期借款 123750.00 万元、占流动负债比例为 63.66%，为流动负债的

---

① 来源于 2014 年 4 月 16 日发布的《云南沃森生物技术股份有限公司 2013 年年度报告》中主要会计数据和财务指标。

② 来源于 2012 年 9 月 13 日发布的《云南沃森生物技术股份有限公司关于受让河北大安制药有限公司 55% 股权的公告》和 2012 年 8 月 4 日发布的《云南沃森生物技术股份有限公司签订受让河北大安制药有限公司股权框架协议的公告》。

③ 来源于 2012 年 9 月 13 日发布的《云南沃森生物技术股份有限公司河北大安制药有限公司股权转让股东全部权益价值资产评估报告书》。

主要组成部分；应付债券 98885.43 万元，占非流动负债比例为 68.06%，为非流动负债的主要组成部分。截至 2014 年 3 月 31 日，公司流动比率和速动比率分别为 1.19 和 1.00①，处于较低的水平，公司负有一定的短期偿债压力。不得不通过非公开发行募集资金用于偿还银行贷款与补充流动资金，也不得不放弃自己曾经制定的"疫苗 + 血液制品 + 单抗"发展战略，只能通过变卖剥离自己的资产，挽救自身严重亏损的经营状况。

会计稳健性要求企业提前确认坏消息，推迟确认好消息，这种对不同消息反应的不对称性在一定程度上影响管理者的激进程度，进而使其理性做出并购决策。随着市场不断扩大，单由投资者进行经营已经不能满足公司需求，所以聘用管理者并要求其管理公司的日常经营活动，以实现企业价值最大化。基于稳健的会计政策，管理者的短期行为会在管理层的任职期间反映在当期报表中，增加了管理者的违约风险。管理层考虑到自身的声誉和违约成本等问题，会及时终止对公司不利的并购行为。所以，会计稳健性能抑制管理者的谋私行为和机会主义行为，促使公司进行合理的并购行为，提高公司治理水平。会计稳健性原则提高了企业对坏消息的敏感性，从而提醒管理者事前就认识到企业自身的营运能力，盈利能力和偿债能力等，抑制管理者过度自信倾向，提高投资效率。可较好约束企业内部人的机会主义行为。

在上海莱士并购前期，我国血液制品企业约 30 多家，投浆量 100 吨以上的企业屈指可数，行业集中度低。稳健程度较高的上海莱士在认真分析了国内的血液制品行业已经转变为资源密集型行业，企业的成长仅依赖于单采血浆站的数量及采浆量后，决定在坚持内生增长为根基的同时，及时抓住了行业并购风潮加速公司发展。2013 ~ 2015 年，通过严谨精确的分析和筛查选择了两家发展优良，拥有丰富单采血浆站资源的血液制品公司进行并购，充分发挥了并购的协同效应。其中的邦和制药主要产品是人血白蛋白、静注人免疫球蛋白、人免疫球蛋白、乙型肝炎人

---

① 依据 2014 年 4 月 26 日发布的《云南沃森生物技术股份有限公司 2014 年第一季度报告全文》中合并资产负债表计算得出。

免疫球蛋白等。邦和药业 2012 年营业总收入约 2.32 亿元，其中净利润约
为 7174 万元。而邦和药业预计 2013 年和 2014 年两个年度的合并净利润
将分别达到 7517 万元和 1.048 亿元，同比将较去年提升约 4% 和 46%①。
在这已形成"存量格局"的血液制品行业里，凭借及时适当的并购活动，
拥有了较大的单采血浆数量与整体规模，并购后上海莱士可同时生产人
血白蛋白、人免疫球蛋白和凝血因子三大类产品，拥有 7 个品种、共 23
个规格产品的药品生产批准文号，产品结构丰富；而邦和药业成为其全
资子公司后，年投浆量也将由目前的 355 吨增至 475 吨②，成功跻身中国
血液制品的龙头企业行列。

结合前文对并购频率的理论回顾，本书对并购频率的高低以企业 3
年内发生 5 次并购为划分标准，五次以上为高频率并购。沃森生物连续
三年（2013～2015 年）进行了八次并购，属于高频率的并购；上海莱士
连续三年（2013～2015 年）发生了两起并购活动，不属于高频率并购。
通过对两家企业并购频率的对比分析发现，会计稳健性会影响企业关于
发起并购的谨慎态度，能够有效约束企业内部人的机会主义行为。稳健
程度较高的企业在并购战略制定阶段，会结合自身情况和行业大环境的
发展做出积极稳健的战略布局，保证企业风险在一定可控的范围内。而
稳健性低的企业会做出相反的举动，高频率的并购在一段时间使企业的
资产规模迅速扩大之后，因为较短时间吸收大量的人力、物力、财力，
使得企业原有的机制体制无法很好地兼并融合，产生的往往是适得其反
的效果。加之企业通过高频率并购来的资产，除了优质资产之外，势必
会夹带一些不利于沃森生物发展的不利因素。外延式扩张是企业在激烈
的市场竞争中发展壮大的必经阶段，但是会计稳健性原则能够提高企业
投资效率和融资效率，促进企业作出并购行为的合理决策。同时，会计
稳健性能降低管理者的机会主义行为，有利于保护所有者和债权人的利

---

① 来源于 2013 年 7 月 2 日发布的《上海莱士血液制品股份有限公司郑州邦和生物药业有
限公司 2013 年度、2014 年度盈利预测审核报告》。
② 来源于 2013 年 7 月 2 日证券时报和同花顺财经网站发布的《上海莱士 18 亿收购邦和药
业成血制品龙头》。

益，提高企业在市场上的竞争力，为企业稳定发展打下良好的基础。

2. 会计稳健性对并购目标方选择的影响

（1）上海莱士并购邦和药业。

基于信息不对称理论的视角，对行业无关的目标公司进行并购，由于并购方不熟悉目标公司的行业环境，无形中增加了交易双方的信息不对称程度，产生多重代理问题。会计稳健性程度不同的企业，管理层对不确定风险的反应以及决策的选择会有不同的结果。具体来说，企业的稳健性程度越低，股东和管理者之间的信息不对称程度越高，管理者可能推迟坏消息（经济损失）的确认，可以将损失推迟给之后的管理者，或者用其他投资的收益来掩盖损失，那么受此影响的管理者将会更加倾向于风险性并购；而在会计稳健程度较高的企业，虽然市场环境增加了管理者并购决策的自由度以及为发展自身而引发的并购动机，但是股东与管理者之间的信息不对称程度较低，能够更及时地向股东和董事会传递并购损失信息，并购决策可能带来的损失能够在管理层任职期间得到确认，减少管理者基于收益的薪酬，有效抑制管理层在并购过程中的道德风险和逆向选择，防范和控制管理层进行风险性并购以及投机并购，缓解并购方公司的代理冲突，及时阻止不获利的并购决策，避免给企业带来更加大的损失。

上海莱士希望通过此次并购提升行业集中度，而且新增的浆站也可以为企业带来采浆量的增长，能够带来相应的规模效益，带动盈利能力的增长。而并购的结果也确实实现了预期。并购后上海莱士可以同时生产人血白蛋白、人免疫球蛋白和凝血因子三大类产品，拥有 7 个品种、共 23 个规格产品的药品生产批准文号，产品结构丰富。在并购前，上海莱士对邦和生物进行了全面的调查，邦和药业当前持有的 4 个产品批文中，有 3 个正在申请临床批件，另一个产品已于 2013 年 3 月获得药品生产批准文号①。

---

① 来源于 2013 年 7 月 2 日证券时报和同花顺财经网站发布的《上海莱士 18 亿收购邦和药业成血制品龙头》。

业内一致认为，这4个产品未来的市场价值巨大。而上海莱士也希望能通过此次并购进一步增强自己在血液制品行业中的市场地位，提高市场占有率。邦和医药拥有广西上林、湖南醴陵两个浆站，这两个浆站曾被预计在2013～2016年的年复合增长达27%，至2016年净利润可达17125万元①。如此被看好的企业是上海莱士进行并购实现发展的绝佳目标。但另外，由于信息不对称带来的不可预见的协同效应是并购企业需要顾虑的主要风险之一。尤其是在并购邦和药业之前的2013年，上海莱士第一次进行并购活动，其尝试购入中国生物9.90%的股份，交易总价值5315.32万美元②，但交易进度仅仅进行到董事会预案就无法再进行下去了，双方对于并购行为也并未达成一致，中国生物认为这次并购是上海莱士的恶意收购，上海莱士符合中国生物此前签署的《优先股权利协议》中所定义的收购人，9.90%的股比例表面上没有超过协议里规定的10%的警戒线，但中国生物的董事会并没有因上海莱士的投机行为吃亏，上海莱士的第一次并购行动就此失败。究其原因，上海莱士由于低稳健性而急于将中国生物的发展前景与自身企业发展结合起来，忽略了被并购方的相关利益，这种急于求成的态度并不能很好地说服被并购企业，其低估了这一潜在风险。而在第二次并购活动，即对邦和药业的并购中，上海莱士充分吸取教训，全方位考察了邦和药业当前的业务状况和运行效果，发现其吸收成本的控制技术优于自身，在2012年行业毛利率整体下滑的情况下，邦和药业依然同比上升了4个百分点，超过了上海莱士9个百分点，行业内的成本控制能力十分突出。同时，邦和药业拥有的医药广西上林和湖南醴陵浆站也被预计在2013～2016年的年复合增长可达27%，至2016年净利润可达17125万元③。除了可观的未来利润前景，

---

①　来源于2013年7月8日东方财富网和新浪财经发布的《上海莱士18亿收邦和药业 财务顾问中信提前潜伏》。

②　来源于2013年5月23日发布的《上海莱士血液制品股份有限公司关于公司投资购买中国生物制品有限公司部分股份的公告》。

③　来源于2013年7月19日新华社－经济参考网发布的《上海莱士18亿并购邦和药业》以及2013年7月8日新浪财经和东方财富网发布的《上海莱士18亿收邦和药业 财务顾问中信提前潜伏》。

上海莱士抓住自身短板，看准了邦和药业能够加快高密度载脂蛋白，基因重组八因子的资源共享优势，与上海莱士形成优势互补，达到共赢。在此次并购中，上海莱士的高会计稳健性使得管理者们并没有像上次一样盲目自信而低估企业所处环境的风险，邦和药业虽然拥有比此前中国生物更优越的资源和技术，并购后的期望协同效益也更高，但上海莱士采取了更为保守和谨慎的并购方案。

总的来看，上海莱士的会计稳健性主要体现在三个方面。首先，历经了对中国生物的并购失败，上海莱士的管理者们吸取了不能盲目乐观和自信的教训，不能只将眼光局限于当前短期的谋利上，而应该将眼光放得长远。并购的目标方首先要满足上海莱士想要在业内扩张以及提升行业集中度的目的，即一定要定位在血液制品行业，并且需要拥有自身所欠缺的浆站资源，未来能够扩大采浆能力以抢占市场资源、提升市场地位。2012 年并购失利后，上海莱士迎来了新的发展战略，此前的上海莱士产品结构单一，产品集中于血制品，加上 90 天检疫制度的执行，使得上海莱士不得不经受行业投浆量下滑的不利情况。高稳健性的上海莱士不再将并购目标方单纯定位在同行业里的其他龙头企业，而是选择业内能与自身互补的企业。邦和药业弥补了上海莱士采浆量不足的短板，同时能帮助上海莱士控制成本，提升成本管理质量。其次，对自身整合资源的能力的合理预估也同样成为并购目标选择的重要因素。上海莱士在对邦和药业进行并购后，公司及其下属公司共拥有 11 个品种的血液制品批准文号，新增了免疫球蛋白类产品，并迅速提升了在凝血因子类产品市场上的竞争力。上海莱士出于对信息不对称的考虑，综合考虑了自身的整合能力，认定自身的现有资源能够很好地与邦和药业带来的大量异质性资源融合以发挥协同效应。除了增加浆站数量，还能增强技术研发、提高血浆利用率。因此，上海莱士的高会计稳健性驱使其更多地考虑了期望协同效应能否顺利实现的风险问题，整合在质检、研发等方面的优势，更加注重提升公司的研发水平，通过可实现的资源融合与重构，吸收邦和药业丰富的血液制品生产经验，进行资源共享，加快基因重组八因子在研项目的推进。最后，上海莱士通过加大市场调研力度以确保自身信息掌握程度。高稳健性的上海莱士需要掌握尽量多的信息以期在并购活动中获得有利地位。上海莱士也会与邦和药业一起在浆站资源、产品种类、技术研发、采购销售等方面进行资源整合，有效发挥邦和药业在浆站布局、产品研发、运营管理、生产销售中的优势，这既有利于保持邦和药业的持续竞争力，也有利于上海莱士强化整合，促进内生式增长，专注发展公司主业，增强公司综合实力。

（2）沃森生物并购大安制药。

与上海莱士不同的是，沃森生物虽然同样拥有发展现有业务、扩大市场的愿景，但其并未能全面地结合目标方企业的状况考虑自身是否能与其实现很好的融合。沃森生物出于改变现有单一的产业结构，获得新盈利点的想法，于2012年制定了关于企业发展的大生物战略——"疫苗＋血液制品＋单抗"的产业战略布局，基于自身发展较好的疫苗业务，通过多元化并购来拓展企业单抗、血液制品、新型疫苗的业务。其中，沃森生物并购大安制药，成为其进入血液制品行业的关键牌照。血液制品行业属于资源密集型行业，行业壁垒较高，加之行业的特殊性，血液制品产品的申报流程极为严格。大安制药也是专业从事血液制品的研发、生产和销售的生物制药企业，自身也拥有正常运营的 3 个单采血浆站，其年采浆能力也强于业内大多企业。但急于求成的沃森生物只看到了大安表面的良好状况，其业已停产四年的事实被沃森生物选择性忽略了。此外，姑且不论大安制药其实并未取得任何一个单产品生产许可，沃森生物收购了大安制药后，如果想要通过新版药品 GMP 认证还需要一大笔追加投资，这在一定程度上增加了未来能否实现预计收益的不确定性。这表明沃森生物想要达到预期的并购协同效果仍需很大的资金投入和资源耗费，无法在短期内实现理想的协同效果。此外，大安制药也面临政策风险，其单独运营的采浆站是根据多年前的文件进行合法运作的，故其还面临着政策变化的不确定性。稳健程度较低的沃森生物由于行业内外部的信息不对称问题，低估了这一部分的风险，草率并购了虽然拥有稀缺单采血浆站但经营情况并不乐观的大安制药。这一非相关并购使企业短期内很难实现高效率的资源整合效果，不仅影响了企业的并购绩效，也使大安制药成为沃森生物日后经营危机的主要因素。在此次并购活动的次年，沃森生物即决定转让大安制药的股权，收购不到一年的公司，刚通过了新版 GMP 认证，沃森生物就让出控股权，尽管从出价上看，沃森生物没有亏、还净赚了 1.92 亿元①，但这大大背离了公司收购时的战略。沃森生物公告大安制药获批新版 GMP 认证恢复生产，但由于产品尚未通过中检院批签发，无法上市销售，截至目前大安制药尚未给沃森生物贡献收益。沃森生物公司人士曾表示，大安制药新版 GMP 认证后，公司人血白蛋白和人免疫球蛋白两个产品可恢复生产，其他品种由于生产工艺变更，尚需通过食药总局的补充申请。沃森生物基于不谨慎的评估，盲目给予大安制药诸多未来能够恢复生产并盈利的假设，正是建立在这种良好假设的基础上，该公司依照收益法估值最终达到了 10.2 亿元②。市场对于其估值却并不看好。国信证券 8 月 6 日曾出具报告认为，若按照大安制药当前采浆能力和技术情况评估，年净利润在 0.5 亿元左右，收购 PE 估值水平在 8.3～19.6 倍，取中值 14 倍，与 2011 年行业发生的三次收购相比略高。在沃森生物此等高估值掩盖下，使得公司财务状况难具参考价值，这也使得该公司的财务处理显得更为宽松。大安制药审计报告显示，公司对其他应收款项计提坏账准备达 7351.48 万元，净值仅余 8.8③ 万元。显然，仅此一项就可导致公司资不抵债。

　　沃森生物的低稳健性主要表现在以下几个方面：首先，管理层表现出盲目乐观。沃森生物为了实现自己的新"大生物"发展战略，没有将并购的目标方范围局限于与自己完全同质的企业，而是为了迅速扩张业务范围而选择了拥有自身未来发展方向业务的企业，但没有考虑该业务是否运转良好，是否能够与自身进行战略匹配，盲目地追求业务扩张的

---

　　① 见 2014 年 10 月 10 日发布的《云南沃森生物技术股份有限公司独立董事关于转让河北大安制药有限公司 46% 股权发表的独立意见》。

　　② 见 2012 年 9 月 13 日发布的《云南沃森生物技术股份有限公司河北大安制药有限公司股权转让股东全部权益价值资产评估报告书》。

　　③ 见 2012 年 7 月 2 日发布的《云南沃森生物技术股份有限公司河北大安制药有限公司 2011 年度及 2012 年 1～8 月财务报表及审计报告》。

速度。大安制药虽然拥有沃森生物需要的浆站资源和业务需求，但是其产品大范围停产带来的运营隐患却由于沃森生物管理层人员的盲目乐观而被忽略掉了，这也预示着未来沃森生物需要承担起并购失败的后果。2012 年上半年开始，大安制药的股权开始频繁变动，恒达汽车和彼岸科贸分别将手中所持股份转让给了方向药业，而其控股公司河北医科大学科技总公司也分别向镇泰投资、成都煌基商贸公司转让了全部持股，而在这过程中，河北医科大学科技总公司仅以大安制药的注册资本金进行平价转让，是否进行了国有资产评估则不得而知。倘若未经市场化评估，以目前的估价来看，则明显有巨额的国有资产流失。沃森生物同样忽略了大安制药自身国有资产流失的潜在风险，被并购方是否存在产权交易活动中恶意低估国有资产价值等违法行为，理应在并购活动前进行合理调查。其次，对自身整合资源的能力的预估错误也使得沃森生物更加倾向于采取冒进的并购目标选择，沃森生物认为选择大安制药作为被并购方将增加公司产品种类，化解公司目前仅有疫苗单一类别产品销售的风险，同时进一步完善公司产业链，实现协同效应。但在并购活动进行的当下，沃森生物业已斥资 1.02 亿元和 2.46 亿元分别增资上海丰茂生物以及设立上海沃森生物技术公司，进行单抗药物产业园建设，其时沃森生物的短期借款已经提升至 5.7 亿元[①]，已经面临着较大的短期偿债压力；另外，公司并购之后还需要面临着与子公司间在文化、战略、研发、生产等方面的融合以及并购之后公司各业务之间的整合，主打疫苗生产研发的沃森生物想要以进军血液制品和抗体为开端实现新的大生物战略构想，但是抗体产品的特征是研发生产时间太长，产品涉及复杂的研发过程，失败概率很高，面临的不确定性巨大。与此同时，沃森生物近几年来没有新的疫苗品种上市，缺乏利润增长点，自身业务也面临停滞不前的状况，这也证明了沃森生物由于低稳健性没有考虑自身当前的发展状况是否有能力进行大跨度的业务融合，选择大安制药为并购方以图发展。

[①]　见 2012 年 7 月 27 日发布的《云南沃森生物技术股份有限公司设立上海沃森生物技术有限公司可行性研究报告》。

最后，会计稳健程度低导致了沃森生物的市场调研没有做到位，沃森生物的管理层错误地认为从疫苗向血液制品业务跨越不是难题，以及这两者的技术工艺、生产方式和产品质量监测、人才资源利用和监管部门等具有高度相似性，简单地将两种业务视为同类型业务，没有做足够的市场调研。以国内二类疫苗生产厂商的身份进入血液制品这一高门槛领域，首先要解决的是运营良好的浆站作为开展血液制品业务的硬件支撑，而企业想要运营一个一定规模的浆站每年也需要投入几千万元。此外，前期投入也不容小觑，一吨血浆从采浆到形成产品获得收入这前期投入至少半年以上，沃森生物没有审慎地考虑这些问题，选择大安制药为并购目标意图吸收先进的血液制品工艺进军血液市场。

对比上海莱士和沃森生物两家公司的并购活动来看，两者不同的会计稳健性导致了不同的并购目标方的选择。上海莱士由于较高的会计稳健性，对并购目标方的选择持审慎的态度。发展和壮大固然是最终要实现的战略目标，但上海莱士将目标放长远，当企业内生性的缓慢增长已不能满足企业发展需要时，并购战略有利于企业保持增长的连贯性，上海莱士选择并购与自身企业优势互补或经营业务相似的邦和药业，提升了行业集中度，吸收了邦和药业的优势资源，就被并购方的实力来说，邦和药业除了拥有上海莱士稀缺的浆站和浆源外，本身也打算上市，其已具备上市的条件，与上海莱士强强联手同时增强了双方的实力，焕发出的管理和技术协同效应，将使企业的核心竞争力进一步增强，也将市场扩张到了我国中部地区。在 2001 年国家不再审批新的血液制品生产企业之后，上海莱士并购邦和药业将会使得上海莱士更加巩固自己的主营业务，选取了能让自身"稳中求进"的并购目标，而且根据邦和主营业务本身的特点，无论是否 IPO，邦和药业的持续增长都需要通过并购方式实现，那么此时接受上海莱士的并购无疑也有利于邦和药业自身发展目标的实现。而与上海莱士不同，会计稳健程度较低的沃森生物有更大的发展愿景，其构想的"疫苗＋单抗＋血液制品"的"大生物"全产业链发展战略已经使其不能满足于现存的主营活动，而是需要通过业务跨界来实现，这在一定程度上促使了沃森生物采取贸然并购的行为。前有中国医药集团总公司（以下简称"国药集团"）先后并购中国生物技术集团公司、现代阳光体检公司、天坛生物等国内实力派药企，完成了多元化产业链闭合，并在生物医药领域抢下了几个身位的竞争优势，后有上海医药集团股份有限公司将中信医药实业有限公司、北京上药爱心伟业医药有限公司等华北地区医药实力派收入囊中，完成了自己的渠道布局。沃森生物意图效仿这些业内的龙头企业进行跨越式的并购，但由于其低会计稳健性，忽略了众多潜在的风险而选择了大安制药作为并购方，作为唯一拥有河北地区牌照的大安制药未能如沃森生物在并购前的美好希冀恢复生产，同时由于同期单抗药物产业园的建设以及对其他控股公司的持续增资，沃森生物面临着巨大的偿债压力和资金链断裂的风险。再加上沃森生物是否具有实现全产业链建设的能力尚且不明确，无论是管理层的盲目乐观，还是对自身整合资源能力的高估，都使得沃森生物不能正确地选择并购目标。无论是上海莱士的相关并购和沃森生物的非相关多元化并购，二者均是以自身的战略目标为基准。

从委托代理理论视角出发，会计稳健性作为一种公司治理机制，能够帮助企业进行风险规避，降低企业内外部的信息不对称程度。企业外部，相关并购相较于多元化并购具有较小的行业壁垒，会使主并方能够掌握对方更多的信息，对目标方的了解更加充分从而降低了并购的风险程度。企业内部，过度自信的管理者盲目乐观的估计了企业所处的形势，实施的并购活动风险更大，其中多元化并购往往是这类管理者较为青睐的一种形式。企业通过会计稳健性这一治理机制约束过度自信的管理者实施与自身整合能力不匹配的多元化并购，在企业仍较缺乏实物资源、知识资源和外部资金资源的情况下，理性选择相关并购提升企业价值。稳健程度高的上海莱士选择并购的邦和药业是一家浆站数量排名全国前五的公司，两家企业同属于一个行业，均拥有稀缺资源和国内领先的生产技术。

通过以上案例内容分析可知，并购目标方的选择在一起并购案中可以有效降低信息不对称的风险，对目标方的了解程度和目标行业的参与程度是并购活动中的关键风险点，影响着并购从始至终的发展。在日后的企业整合经营中，与企业匹配度更高的目标企业会更快融入管理，实现管理经营的协同效应。稳健性程度较高的公司会更倾向于相关并购，结合案例内容，非相关并购和相关并购虽然都具有为企业提供发展新资源，增强企业市场竞争力的优势，但是相关并购由于可以更大限度地发挥规模经济和范围经济的协同效应，帮助企业实现关键技术的转移，会比非相关并购获得更多的协同收益。

3. 会计稳健性对并购支付方式的影响

并购实施阶段中非常重要的环节之一就是并购交易支付方式的选择，因为其在很大程度上决定着并购交易的成本。企业并购的支付方式即企业获取被并购方股权的支付方式，包括现金支付、股权支付、债务转移支付、混合型支付四种。现金支付，即企业通过支付现金方式获取被并购方股权。现金支付在企业并购的过程中单独使用较少，更多情况是结合其他支付方式完成并购。股权支付是企业常用的支付方式，一般包括股权换资产和股权换股权两种方式，即并购方以本企业股权换取被并购企业资产或者被并购方企业股权。股权进行支付，避免了企业现金压力，但是容易出现反向购买的现象。债务转移支付，即并购方承担被并购方的部分或全部债务，从而获得被并购方股权的方式，这种方式往往在被并购企业资不抵债的情况下出现。混合型支付即上述不同的支付方式在并购支付的过程中被结合起来使用。现金支付和股权支付是目前并购市场的两种主要支付方式。并购支付方式所引发的风险主要存在于两方面：一方面是对企业资金状况的考验，采用现金支付的方式要求企业资金充足，如果企业在并购期间经营发生风险需要资金，除去并购所需资金外，企业还需要留有一部分资金以应对这些经营风险。如果企业自身资金力量薄弱，需要引入外部资金，那么企业的债务风险也会因此加大。另一方面，企业并购中的双方信息不对称问题导致定价支付偏离标的企业实际价值的风险，极易引发企业高溢价、低价值的并购交易活动。

案例中的沃森生物在2010年上市时发行2500万股，采用网下向股票配售对象询价配售与网上向社会公众投资者定价发行相结合的方式，其中网下配售 500 万股，网上定价发行 2000 万股，发行价格为 95 元/股，之后进行多次的扩张发行股票方式，登陆中小板后超募了近 18 亿元的资金，充足的超募资金使稳健程度较低的沃森生物对自身现金支付的能力过度自信。加之现金支付便捷快速，因此沃森生物的并购以现金支付。为了进军血液制品行业，2012 年 9 月 12 日，沃森生物与四川方向药业有限责任公司和成都镇泰投资有限公司签订股权转让协议，河北大安制药有限公司股东全部权益价值为人民币 96260 万元，本次股权转让价格依据资产评估结果，经交易各方协商确定为 52900 万元，其中方向制药 35% 股权为 33663.64 万元，镇泰投资 20% 股权为 19236.36 万元，以 5.29 亿元受让上述公司合计持有的大安制药的 55% 股权。2013 年 6 月 9 日，沃森生物与石家庄瑞聚全医药技术咨询有限公司签署了股权转让协议，以 3.36 亿元受让瑞聚全持有的大安制药 35% 股权。收购完成后，沃森生物持有大安制药 90% 的股权。这场"进入血液制品企业"的并购尝试，让沃森生物背上了沉重的负担。2013 年实现营业收入 5.8 亿元，较上年同期增长 8.47%，但归属于上市公司股东的净利润 4789.31 万元，较上年同期下降 79.43%。2014 年第一季度，归属于上市公司股东的净利润 5136 万元，较去年同期下降 298.65%。2014 年上半年，公司实现营业收入 4 亿元，较去年同期增长 70.80%；实现归属于上市公司股东的净利润 -6186.11 元，较去年同期下降 180.46%，扣除非经常性损益的净利润为 -6986.55 万元，较去年同期下降 197.13%[1]。2012 年起，公司根据发展战略，加快外延式发展步伐，进行了单抗、血液制品、新型疫苗的并购，在以疫苗为基石业务的基础上，基本完成了"疫苗 + 血液制品 + 单抗"的产业战略布局。同时，在横向产业整合布局的基础上，继续沿着产业价值链方向对行业营销流通优势企业进行了整合并购，公司的营销能力得以迅速提高，并快速进入了疫苗和药品流通领域。在完成并购后，公司的管理范围和管理难度均较原来有较大提高。公司面临着如何尽快解决业务的快速发展与管理相对滞后之间的矛盾，如何充分发挥各业务板

---

①　沃森生物《2014 年半年度报告摘要》中主要会计数据和财务指标。

块之间的协同效应，尽快实现公司与子公司间在企业文化、战略、财务、研发、生产、工程建设、营销等方面的融合。随着并购次数的增加，现金大量流出，企业所有超募资金的投向均已确定，加之支付偏离标的企业实际价值的高并购溢价，沃森生物的并购支付能力下滑。为填补企业的资金缺口，保证企业的正常运转，沃森生物不得不扩大借贷规模，偿债压力增加的同时，沃森生物的财务风险也与日俱增，进而影响了自身的流动资金周转情况，损害了企业价值。在现金支付方式下，由于沃森生物并购活动支付了大量的流动性资产，造成了并购后企业短期融资困难，企业对外部环境变化的快速反应能力减弱，企业流动性风险增大。在举债支付方式下，并购后企业负债比例过高，给并购企业带来资产流动性风险。

　　会计稳健性作为一种对企业经营中的固有风险和不确定因素审慎反应，在面对并购支付方式所带来的资金风险和股价风险时，会帮助企业减少过度投资行为，降低分散并购风险。案例中稳健性程度较高的上海莱士，选择利用股份支付完成对邦和药业的并购。交易包含发行股份购买资产和向特定对象募集配套资金两部分。其中，发行股份购买资产为向特定对象科瑞天诚、新疆华建、傅建平、肖湘阳发行股份93652444股，用于收购邦和药业100%股权，其中，向科瑞天诚发行29191467股，收购其持有的邦和药业31.17%的股权；向新疆华建发行29809573股，收购其持有的邦和药业31.83%的股权；向傅建平发行29968782股，收购其持有的邦和药业32.00%的股权；向肖湘阳发行4682622股，收购其持有的邦和药业5.00%的股权。收购完成后，邦和药业成为本公司全资子公司。向特定对象募集配套资金为向莱士中国非公开发行26000000股股份，募集配套资金49972.00万元，莱士中国以现金认购本次非公开发行的A股股票[①]。募集的配套资金将用于邦和药业的持续发展，以及补充本公司的营运资金。同时，股份支付可能会带来股权被稀释的风险。因此，

---

① 见2013年7月2日发布的《上海莱士血液制品股份有限公司中信证券股份有限公司关于公司发行股份购买资产并募集配套资金之重大资产重组暨关联交易之独立财务顾问报告》。

上海莱士在股权支付方式的基础上选择过桥支付的方式完成对并购目标方的收购。参与搭桥活动的科瑞天诚和新疆华建共花费11.34亿元，购买了邦和药业63%的股份[①]，之后上海莱士通过向科瑞天诚、新疆华建和邦和药业大股东发行股份的方式取得了邦和药业100%的股份。这一过桥股份支付的方式帮助上海莱士有效转移了并购支付风险，避免了高溢价并购。因为在科瑞天诚转让所持邦和的股份时，这部分的股票价值共计高达13亿元。但由于上海莱士进行的是股份支付，所以它可以避免这一价格的波动，降低了并购风险。并且在这一操作下，科瑞天诚依旧是上海莱士的大股东之一，上海莱士的股权结构保持了稳定，控股股东的股权几乎未被稀释。不仅如此，股份支付的方式保有了公司自身良好的流动资金周转情况。在上海莱士后续的发展中也可以看出，正因为公司自身良好的资金周转状况使并购公司有更多的精力投入到新子公司的磨合沟通，顺利完成与并购公司的各项业务交接，并最终成功发挥并购的协同效应促进了并购双方的经营发展。

通过以上案例内容分析可知，在企业并购中，支付方式的选择是其中十分关键的一环。选择合理的支付方式，不仅关系到并购能否成功，而且关系到并购双方的收益、企业权益结构的变化及财务安排。在不同的支付方式下，支付风险也会有不同的表现，具体来讲包括：现金支付方式下的资金流动性风险，股权支付方式下的股权稀释风险。在并购活动中以股份支付可缓解企业的资金压力，在交易完成后并购双方仍需要共同承担企业的一部分风险，是一种较为稳健的并购支付方式。稳健程度较高的企业会更倾向于低资产负债率的股份支付方式完成并购，同时为避免股权被稀释的风险，可以采取过桥收购的股权支付转移风险。由于企业并购中的双方信息不对称问题会导致并购企业极易遭受标的企业实际价值与并购约定的支付价格不符的风险，股份支付可减少来自信息不对称的估价风险。并且现金支付会带给企业很大的资金压力甚至债务

[①] 见2013年7月2日发布的《上海莱士血液制品股份有限公司拟发行股份购买郑州邦和生物药业有限公司100%股权项目资产评估报告》。

风险，股权支付可以避免这部分风险。同时相较于现金支付，股份支付会使并购公司与目标公司在并购日后的联系依然紧密，标的公司的管理层配合主并方整合工作的可能性增大，更有利于企业并购整合的推进，尽早发挥并购协同效应。针对股权支付可能造成的控制权转移风险，上海莱士采用过桥收购的方式有效地解决了这一问题，贯彻了企业稳健的行为风格，成功地降低了股权支付的风险。

5.3.2　会计稳健性对企业并购绩效的影响

通过前文对所选两家案例企业的并购行为对比分析发现，会计稳健性会对企业关键并购行为产生影响。那么，这一影响最终会对企业价值发挥怎样的作用？具体而言，会计稳健性会对企业并购绩效产生怎样的影响呢？本部分通过对比所选两家案例公司的长期并购绩效来对这一问题进行回答。上海莱士和沃森生物属于生物制药行业的领军企业，同属于一个行业，则其二者所处的经济背景、行业背景、社会背景相似，外部条件相似，就可以排除外部因素干扰；两家企业基于不同的目的进行了一系列并购行为，选择其中典型的并购交易案例进行分析，上海莱士并购邦和药业，于 2014 年 1 月 28 日完成对邦和药业的资产交割，沃森生物并购大安制药，于 2013 年 11 月 27 日完成了对大安制药目标股权的交割，并已完成工商变更登记，两家企业并购的交易完成时间相近，数据具有可比性。因此综合考虑各方面因素，上海莱士和沃森生物的对比是有实际意义的。所以，本部分运用财务指标分析法，在财务指标计算的基础上，从空间、行业的角度对指标进行互相对比分析，针对两家企业并购完成前一年、并购当年以及并购后三年的财务指标，最终选定总资产收益率（ROA）、净资产收益率（ROE）、每股收益（EPS），进行对比分析，分析企业并购行为的稳健程度会对企业并购绩效产生怎样的影响。

根据前文对企业会计稳健性程度的测算，上海莱士的稳健性系数高于行业平均水平，会计稳健性程度较高，稳健的并购行为提升了上海莱士的长期并购绩效（见表 5 - 6）。上海莱士并购前一年的每股收益、净资产收益率和总资产收益率分别为 0. 29%、13. 55%、10. 33%，自 2014 年年初并购成功之后的三年内，其财务指标呈现先上升后下降的趋势，且几乎都大于并购前一年，数值虽有小幅波动但整体是保持着稳中有进的态势。直到并购后的第三年开始低于并购前一年，达到最低值，下降较多。同时，根据上海莱士 2016 年年度财务报告显示，郑州莱士（原邦和药业）2014 ~ 2016 年度累计实现扣除非经常性损益后的合并净利润为人民币 41854. 17 万元，高于 41033. 93 万元的盈利预测累计数，顺利实现了并购时双方所签订的业绩承诺协议所规定的业绩目标，不需要对并购方（即上海莱士）进行补偿，达成业绩目标保证了企业的并购绩效。2017 年，郑州莱士为了扩大产能，而在年中的时候整个企业进行停产改造，再加上企业"两票制"的推进，最终影响了企业的绩效。但即使是在停产改造的情况下，郑州莱士仍然创造了 11109. 41 万元的净利润，同比下降仅 5. 23%。稳健的并购行为使上海莱士能够有充足的资金和资源投入于邦和药业的整合工作中，最终促进了并购双方的经营发展。一方面，整合并购提升行业集中度获得的规模效应；另一方面，新增浆站带来的量的增长。并购后上海莱士可同时生产人血白蛋白、人免疫球蛋白和凝血因子三大类产品，拥有 7 个品种、共 23 个规格产品的药品生产批准文号，产品结构丰富；而邦和药业成为其全资子公司后，年投浆量也将由目前的 355 吨增至 475 吨，一跃成为国内血液制品龙头生产企业之一。结合邦和药业优秀的市场表现，在 2017 年扩大产能之后，能够为上海莱士带来更大的协同效应。上海莱士始终心怀家国，将打造从"人心"到"人心"的事业作为使命，走在技术和商业的融合之路上。

表 5 - 6　　　　　　　　　上海莱士并购绩效

类别	并购前一年	并购当年	并购后一年	并购后两年	并购后三年
每股收益	0. 29	0. 45	0. 52	0. 33	0. 17
净资产收益率（%）	13. 55	15. 76	14. 88	14. 16	6. 93
总资产收益率（%）	10. 33	9. 33	13. 78	13. 02	6. 04

资料来源：作者依据报表手工计算得出。

反观沃森生物，其稳健性系数低于行业平均水平，会计稳健性程度较低，并购前一年的每股收益、净资产收益率和总资产收益率分别为1.07%、6.51%、4.32%，在并购活动发生的当年至其后的四年内，沃森生物的财务指标呈现先下降后上升的趋势，且均低于并购前一年的各类数据，甚至从并购后第一年就开始出现负值。并且在并购发生后的三年内，企业一直处于连续亏损的状况（见表5-7）。造成这一状况的原因多与旗下的子公司亏损有关。沃森生物高频率的并购活动，使企业的并购标的遍布非常广泛，且连续并购间隔的时间又相对较短，加大了企业的管理范围和难度，子公司数量庞大，对日后的经营整合也出现了困难。由于沃森生物的监管不力，大安制药的新版GMP认证并未在2013年底及时通过，造成企业停产，严重影响了公司当年的经营业绩。血液制品是国家极为特殊的资源，有专门的《血液制品管理条例》进行约束和监管，血液制品生产单位生产国内已经生产的品种，必须依法向国务院卫生行政部门申请产品批准文号；国内尚未生产的品种，必须按照国家有关新药审批的程序和要求申报。所以血液制品的新产品生产批准手续极为严格，非相关并购使沃森生物想要短时间内增加大安制药产品的丰富度变得困难。加之连续的现金并购造成了大量的现金外流，资金周转变得困难，严重影响了企业的日常经营和整合。由于低稳健性带来的并购风险，大安制药的稀缺牌照并未如沃森生物想象的那样，给沃森生物带来更多的协同效应，反而在并购后连续两年出现经营不佳的亏损情况，使企业的业绩在2013年和2014年并未得到的提高。2015年，并购产生的长期绩效影响开始显现，2015年的并购计划虽然弥补了一定的企业亏损，但企业业绩仍然不理想。2016年为挽救连年下滑的业绩，沃森生物选择转让部分子公司放弃大生物战略以挽救颓势，集中优势资源聚焦于疫苗板块和单抗药物板块。因此，2016年的业绩回升主要来源于出售子公司获得的收入，而不是公司实际经营所获得有效收入。

表 5 - 7 沃森生物财务指标

类别	并购前一年	并购当年	并购后一年	并购后两年	并购后三年
每股收益（元/股）	1.07	0.37	- 1.9	- 0.29	- 0.1
净资产收益率（%）	6.51	2.44	- 15.39	- 18.1	- 4.55
总资产收益率（%）	4.32	1.09	- 7.43	- 6.61	- 2.31

资料来源：作者依据报表手工计算得出。

通过以上对上海莱士和沃森生物的财务指标的对比分析可知，稳健的并购行为决策能够有效降低并购风险，更便于企业后期的并购整合，稳健性程度较高的企业长期并购绩效也会较为理想。稳健程度较高的上海莱士，通过适度的同行业并购，保证了公司较大的单采血浆数量与整体规模，巩固了企业的发展；另外，为避免过大的资金压力，上海莱士选择利用股份支付完成并购。稳健的并购行为协助企业降低了并购风险，取得了较为理想的并购绩效。然而，稳健程度较低的沃森生物，由于高频率的现金多元化并购，导致了企业需要较长的时间和较多的精力来进行整合和规划，现金链的支持也承担了巨大压力，但这一情况又与企业当前的经营需求出现矛盾。最终为了挽救企业的业绩，保护各个利益相关者的利益，沃森生物只能将曾经制定的大生物战略搁浅，出售多个子公司获得较多资金收入，以此挽救企业当前出现的巨大经营危机，最终并没有获得较为可观的并购绩效。

5.4 本章小结

本章运用双案例对比分析的方法，探究了会计稳健性对企业并购行为及并购绩效的影响。以生物制药行业中的领军企业——上海莱士和沃森生物为例，通过对这两个案例进行对比分析，探索会计稳健性如何通过对企业并购过程中的一些关键并购行为产生影响，进而影响到企业的并购绩效的。通过双案例的对比分析，得出会计稳健性对企业并购行为及并购绩效的影响路径（见图 5 - 1）。

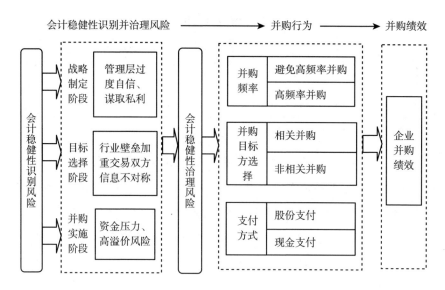

图 5 - 1　会计稳健性对企业并购行为及并购绩效的影响路径

对于会计稳健性是如何对企业的并购行为产生影响的，本章从企业并购活动的各个阶段分别选取影响并购绩效的关键并购行为进行分析，即并购频率、并购目标方选择、并购支付方式。本章主要研究结论如下。

（1）会计稳健性较高的企业发起并购的频率相对较低。

高频率并购往往会加大企业并购整合的管理范围和难度（本章将企业 3 年内进行 5 次以上并购行为界定为高频率并购），而企业管理层或出于牟取私利的机会主义动机，或由于过度自信的个人特征，通常容易高估并购的协同效应，低估并购的风险，从而进行高频率、低效率的并购活动。会计稳健性通过损失和收益的非对称确认对这一并购风险进行治理，要求管理层谨慎决策是否选择发生并购行为，及时确认无法获利的并购战略造成的损失情况，可以较好地约束企业内部人员的机会主义行为。所以，会计稳健性程度高能够使企业在并购战略制定阶段避免高频率、低效率的并购行为，并能提醒企业结合自身情况和行业环境做出积极稳健的并购战略，确保并购风险的可控性。

（2）会计稳健性较高的企业会倾向于选择相关并购。

对于相关与非相关并购的划分，本章主要根据并购目标方与并购公司的现有业务或市场相关性将并购划分为相关并购和非相关并购。基于信息不对称的视角，对行业无关的目标公司进行并购，由于并购方不熟悉目标公司的行业环境，无形中增加了交易双方的信息不对称程度，很容易产生多重代理问题，增加企业管理成本。所以，会计稳健性作为一种能够缓解企业内部人员与外部人员之间的代理冲突的公司治理机制，可以有效减少信息不对称程度，能够约束企业少进行与自身整合能力不匹配的非相关并购，尽量进行与自身整合能力匹配的相关并购，发挥相关并购的规模优势，抢占行业市场资源，从而为企业创造更多的协同收益。因此，在并购目标选择阶段，稳健性程度较高的企业会倾向于选择相关并购。

（3）会计稳健性程度较高的企业会倾向于股份支付的并购支付方式。

并购的支付方式主要分为现金支付方式和股份支付方式。如果并购方企业选择用现金支付方式，一方面会带给企业很大的资金压力，影响资金链和资金结构的充足和稳定；另一方面，由于并购双方的信息不对称问题，会导致定价支付偏离标的企业实际价值，引发交易风险，产生高溢价、低价值的并购活动。相反，如果并购方企业选择用股份支付方式，不仅可以在一定程度上缓解企业的资金压力，而且因为并购双方股东在并购后的实体中共担风险，可以减少来自信息不对称的估值溢价风险。所以说，会计稳健性作为企业对经营中的固有风险和不确定因素的审慎反应，在面对并购支付方式所带来的资金风险和股价风险时，会帮助企业减少过度投资行为，降低和分散并购风险。因此，在并购实施阶段，稳健性程度较高的企业会倾向于选择股份支付的方式完成并购。

（4）稳健的并购行为能够提升企业的并购绩效。

会计稳健性通过对企业并购行为（即并购频率、并购目标方选择、并购支付方式）的影响，最终作用到企业的并购绩效，尤其是研究并购前后企业的长期并购绩效显示，会计稳健性程度较高的企业并购绩效更好。首先，会计稳健性约束了管理层谋取私利的机会主义行为，能够使管理层站在企业发展的角度，谨慎客观地评估并购标的的价值和风险，避免高频率并购造成财富效应递减的现象；其次，同行业相关并购可以实现核心技能在相关产业间的转移，保证来自规模经济和范围经济的协同收益，提高管理效率；最后，股份支付能够缓解企业的资金压力，使并购双方共担风险。正是因为会计稳健性有效地对这些关键并购行为中的风险进行了治理，降低了企业整合管理的难度，才能有效提升企业并购效率，保证企业达到预期的并购效应。

第 **6** 章

研究结论、实践启示与展望 ▶

· 研究结论

· 实践启示

· 研究局限

· 研究展望

6.1 研究结论

本书以信息不对称理论、委托代理理论、行为一致性理论、协同效应假说等作为理论基础，运用实证分析与案例分析相结合的研究方法，分析了会计稳健性对企业并购行为及并购绩效的影响。阐述了会计稳健性是如何通过对企业并购过程中的几个关键并购行为（并购概率、并购频率、目标方的选择、支付方式的选择）产生影响进而对企业的并购绩效产生影响的。在实证分析部分，从并购方角度出发，以 2012～2017 年发生的 13594 个并购事件作为研究样本，构建了 probit 模型和多元线性回归模型检验了会计稳健性对企业并购行为及并购绩效的影响。在保证其他因素不变的情况下，分别检验了会计稳健性对并购概率、并购频率、并购目标方选择、并购支付方式选择和并购绩效产生的影响，并且对实证分析得到的结果进行了解释说明。在案例分析部分，选取了医药行业的两起典型并购案例：沃森生物并购大安药业和上海莱士并购邦和药业，经过测算得出生物制药行业的稳健性系数（即 C-score 值）平均值为 0.0445，沃森生物的稳健性系数为 0.0226，低于行业平均水平，稳健性较弱；上海莱士的稳健性系数为 0.1060，高于行业平均水平，稳健性较强。通过对稳健性水平不同的两起并购案例进行对比，来分析会计稳健性如何对并购企业的并购行为发挥治理作用并进而影响到企业并购绩效的。通过上述分析，形成了以下几点研究结论。

（1）并购作为企业外部扩张和内部整合的一种重要手段，其风险性和收益性是同时存在的。无论对于哪个企业来说并购都是极具风险性的活动，影响并购成败以及并购后绩效的因素有很多，从企业外部来讲，并购实施过程中的政治法律以及并购方和目标方之间的文化背景都会对并购有影响；从企业内部来讲，并购双方的规模、股权结构、财务结构等也会影响并购的实施。前文中已经对此类文献进行了回顾和梳理。本书从企业内部财务信息质量的视角——会计稳健性出发，探讨了会计稳健性对企业并购行为及并购绩效的影响，通过实证检验发现会计稳健性确实对企业并购过程有一定的影响，并从多个方面作用于企业并购过程，并最终会影响到企业的并购绩效。会计稳健性作为一项重要的公司治理机制，与公司的其他治理机制之间存在替代效应。

（2）从多个角度研究了企业并购的动因以及会计稳健性对企业并购的影响。首先行为一致性理论认为从目前个体的行为可以预测今后的行为，也就是说可以预测偏好，因此本书从企业对待会计稳健性的程度研究并购将要采取的行为。不同企业的会计稳健性是不一样的，有的企业会高于行业平均水平，部分企业也会低于行业平均水平，因此本书对比分析了这两大类企业的并购行为。然后从信息不对称和信号传递角度来看待并购行为，由于并购中涉及选择并购目标方的问题，而信息不对称理论认为并购方与目标方之间信息不对称，并购方难以全方位了解目标方的状况，这会使并购产生较大的偏差。因此会计稳健性就会缓解信息不对称问题，向管理者传递信号进而意识到并购带来的风险。委托代理理论主要强调管理者和委托人之间的冲突，指出管理者可能为了自身利益盲目进行并购而不考虑企业的发展。会计稳健性可以有效降低代理成本，通过对代理人的监督管理引导代理人谨慎对待并购。从协同效应可以得出企业并购的动因，大多企业想要通过并购实现经营协同、财务协同和管理协同。溢出效应主要说明企业倾向于并购上市公司可以获得知识溢出、技术溢出、经济溢出和品牌溢出效应等。规模经济和交易费用理论认为企业通过并购能够实现规模经济并且降低交易费用，而相关并购相比较非相关并购实现的程度更大。

（3）在实证分析部分得到了如下结论：第一，会计稳健性与并购概率呈正相关，即会计稳健性较高的企业并购成功概率会更高，可能原因有以下两点，其一是会计稳健性降低了企业代理成本增强了债权人对于企业的信赖，帮助企业获得并购的资金支持提高了并购概率。其二是会计稳健性抑制管理者对于会计信息的操纵，从而提升了企业的管理水平和资源利用率提升了并购概率。第二，会计稳健性与并购频率呈负相关关系，即会计稳健性较高的企业并购频率会较低，原因在于：会计稳健性的有效实施能够改善企业内部的治理环境,更好地发挥董事会等的监督职能,提高并购决策的质量,尽可能地减少并购的次数,避免让企业陷入连续并购的风险中。第三,会计稳健性较高的企业倾向于相关并购。可能原因如下,其一是选择相关企业进行并购与并购方的匹配度更加一致,能够减少新发问题和困难,并购后双方企业人员由于职能属性较为相似因此沟通会比较畅通,有利于共同协作,从而减少了非相关并购后员工之间沟通障碍的问题。其二是相关并购能够更大程度发挥协同效应,实现资源和技术的共享获得更大的利益。第四,会计稳健性较高的企业倾向于选择股票支付。原因在于:其一是稳健性较高的企业为了与对方共同分担风险,共同提升并购后的效益,会更加倾向于选择股票支付完成并购交易。其二是稳健性高的企业会尽可能抑制管理者的过度自信因此倾向于股票支付。其三是股票支付更能起到节税效益,会计稳健性较高的企业为了尽可能减少并购活动中税收的负担倾向于选择股票支付。第五,会计稳健性较高的企业倾向于并购上市公司,原因在于:并购目标方选择上市公司可以为企业带来经济、技术、品牌等方面的溢出效应,且上市公司制度较为完整,管理较为规范,并购后所带来的审计风险比较小,所以稳健程度较高的公司会更倾向于并购上市公司。第六,会计稳健性较高的企业并购绩效也会更好。原因是基于对以上四个方面的影响进而作用到并购绩效,将并购概率、并购频率、并购目标方的选择、并购支付方式作为中介研究会计稳健性对并购绩效的影响。实证检验中通过具体的指标可以更加清晰地了解到影响的程度。从相关性分析来看,首先,并购概率与会计稳健性当期和滞后一期的相关系数分别为 0.0193 和 0.0254,在 1% 水平上显著为正,说明会计稳健性与并购概率存在正相关关系。其次,现金支付与当期会计稳健性和滞后一期的相关系数分别为 -0.0813 和 -0.0654,在 1% 水平显著为负,说明会计稳健性对现金支付的方式存在负向关系间接说明了会计稳健性与股票支付是正向关系。再次,并购上市公司当期和滞后一期的会计稳健性相关系数分别为 0.0381 和 0.0397,在 1% 水平上显著为正说明会计稳健性是与并购上市公司存在正向关系。最后,非相关并购与当期和滞后一期的会计稳健性

相关系数分别为 −0.0705 和 −0.0258，在 1% 水平显著负相关，间接说明会计稳健性与相关并购存在正向关系。从回归分析结果来看，本书采用了不加控制变量和加入控制变量研究并购行为和当期和滞后一期会计稳健性的关系。从并购概率的回归结果来看，在考虑控制变量的情况下，当期和滞后一期的会计稳健性系数分别为 0.6917 和 0.0017，都为显著正相关关系，其他的解释变量均得到了一致的结论，这与前面的相关性分析是吻合的。此外不考虑控制变量的情况下二者之间也是显著正相关的。在对并购绩效的回归结果中，本书分别研究了并购后三年的 ROA 和 ROE，结果仍为显著正相关。之后加入了并购后三期的每股收益 EPS 进行了稳健性检验，得出的结论都是一致的。

（4）在案例分析部分，深入研究了会计稳健性是如何通过对并购行为的影响进而最终影响并购绩效的。在本案例中，利用 C-score 模型运用 Stata 12.0 衡量会计稳健性程度，分别计算出了行业的和两家并购企业的稳健性系数。其中上海莱士稳健性系数较高，沃森生物稳健性系数较低，从而能够作为对比分析他们在并购中采取的行为。并购绩效用 ROA、ROE 和 EPS 三个指标度量。本书第 5 章详细介绍了整个并购过程，主要是上海莱士并购了与之业务相关的邦和药业，并且采用的是过桥股份收购完成了交易。而沃森生物选择了业务扩张的发展战略，并购了与之业务不相关的大安制药，并且采用了现金支付的方式完成并购。然而在并购后期，上海莱士和沃森生物表现出不同的反应。上海莱士实现了资源的聚集并且扩大了市场规模，双方优势互补很大程度上实现了协同效应，而沃森生物由于多元化并购，后期整合不力出现了一系列难题，经营业绩出现下滑。对于两种截然相反的表现，本书通过会计稳健性进行了解释。会计稳健性较高的上海莱士在并购前期对邦和药业进行了多方位考察，同时考虑了自己的优势与不足、整合资源的能力以及并购带来的风险，使得上海莱士在并购期间谨慎对待从而发挥了自身优势也补足了自身的短板。相反稳健性较低的沃森生物并未全面结合自身和目标企业的状况考虑后期融合，仅仅是为了改变现有业务获得盈利，属于比较盲目的并购，沃森生物并购的目标企业所处的行业壁垒较高，审批环节较严格但沃森没有预计带来的不便仍旧进行了并购，这主要表现为在低稳健性的企业中管理者盲目自信只是为了迅速扩张业务，忽略了资源整合的能力，因此并购效果并没有预期那样理想。通过对两家企业的总资产净利率、净资产收益率和每股收益进行分析，发现稳健的并购提升了长期并购绩效。本书在大样本的基础上对研究结论进行了更细致的描述，使得本书的研究结果更具有可靠性。

6.2 实践启示

本书采用实证分析与案例分析相结合的研究方法，对会计稳健性对企业并购行为及并购绩效的影响进行了研究，在形成上述研究结论的同时，也得出以下几点实践启示。

（1）在并购决策中首先要考虑的就是并购是否符合企业的发展战略。企业在并购过程中要考虑诸多因素，首先是企业制定的发展战略是否结合企业的实际情况，并购选择目标企业时是否考虑到了企业的发展战略、有无违背战略，同时并购企业和目标企业在产业、规模等方面找到一个切入点，如果实力、行业差距过大的两个企业也较难进行。比如在案例研究中沃森生物并购没有考虑到战略匹配的问题进一步影响了并购后的绩效。企业制定并购方案应为企业的发展战略服务并不仅仅追求高回报高收益，并购是一项重要的决策，企业制定的目标过高往往容易适得其反。有的企业为了实现迅速扩张进而并购国际上大型企业但是并购实施比较艰难，企业也无法有效运营。总而言之，企业并购时应有明确的目标和动因。并购是一把"双刃剑"，既有收益也有风险，所以企业不能盲目跟随潮流。对于管理者来说应该重视并购的发起，更应该深层次考虑哪些因素会对并购行为和并购绩效有较大影响。

（2）重视会计稳健性在企业内部和外部发挥的作用，增强企业的风险意识。从会计稳健性的角度看待并购的实施有利于企业树立良好的并购理念，制定科学的并购方案，另外对于稳健性程度较低的企业提供了一个思路，即企业应该适当提高稳健性水平，重视会计稳健性在企业内部和外部发挥的作用，增强其风险意识，降低并购后财务风险。根据本书的描述性统计可以看出，会计稳健性的平均值在 0.1540，说明我国医药行业会计稳健性处于偏低的水平，因此企业应当采用稳健的会计政策提供稳健的信息，可以增加外部投资者信息的透明度，从而推动并购的良性发展，形成良好的并购投资环境，保证协同效应的顺利进行。

（3）注重对并购后的整合。会计稳健性高的企业在后期的整合过程中表现出了稳健的性质。并购整合并不是一个简单和急于求成的过程，并不是简单将两个企业资源加总就可以使用，协同效应也不是自然而然发生的。如果对整合过程不重视后期会出现更多矛盾和冲突。因此企业并购整合过程中追求稳健化，并购双方应该积极地探讨今后共同的发展路线，互相尊重共同合作制定未来的发展规划，消除被并购企业的惊慌、对立和不信任感，为双方建立一个友好的合作环境基础。

（4）需要进一步加大政府对企业并购活动的支持和引导。政府应提供支持并且通过一些合理适度的手段对并购活动进行指导，完善法律法规，引导并购发展战略和产业规划，健全并购服务平台，引入政策咨询，激励企业进行并购活动，同时也应该对企业进行一定的监管，使得企业提供更高质量的会计信息，保护投资者的利益。在并购规模扩大化的趋势下，并购风险也在加大，相关监管部门应该积极引导并购潮流，通过出台相关政策抵制恶意并购，企业之间的并购行为有利于资源更加有效合理配置，对我国金融市场也是积极的影响。

6.3　研究局限

本书的研究存在如下几个方面的局限性。

（1）在实证分析中，本书是立足于收购方的角度进行分析，主要研究了并购方的绩效而没有涉足目标方企业的绩效问题，因为对于并购方来说难以全面衡量并购方和目标方的业绩，并购方下设的子公司可能有多个，无法单独分析其中一个目标企业的绩效。因此本书以母公司为基准衡量并购绩效。此外由于非上市企业的财务数据和相关信息不易获取，所以本研究只针对了我国上市企业进行分析。

（2）本书进行的实证检验是基于大样本进行研究的，选取了 2012 ~ 2017 年发生的 13594 个并购事件作为研究样本，并对提出的假设进行了相应的检验，但是由于数据和时间的限制对于进一步分析和稳健性检验较为单一，对可能出现的内生性问题没有进行具体分析。

（3）在本书的案例分析中，选取的行业仅是生物制药行业，但在实证分析中选取的样本涉及诸多行业，各个行业的并购情况不尽相同，仅以一个行业代表所有行业是不全面的，由于资料获取渠道以及时间限制，本书并未从多个行业展开分析。

（4）实证分析已经检验了会计稳健性对于并购概率、并购频率、并购目标方选择和支付方式选择的影响，但是对于会计稳健性是如何发挥其影响即作用机制还未进行揭露，学术界对此关注也比较少，之后还需要完善其传导路径，这也是未来的研究方向。

6.4 研究展望

鉴于本书的研究不足，今后对该课题应加强如下几个方面的研究。

（1）本研究的自变量仅为会计稳健性，而实证分析应该考虑进一步分析，比如可以进行分组检验，考虑到并购企业产权的性质和企业内部管理的差异以及外部环境的影响，同时也可以按照区域进行检验。分组实证研究可深入说明并购的影响因素，对提升并购绩效有重要意义。此外本书应该加入内生性的考虑，比如是否存在遗漏变量、双向因果、样本随机性等影响，对于内生性的检验可以使用 PSM、Heckman 模型、加入更多的控制变量来实现。比如李红和余成越（2022）研究并购绩效时，考虑到在不同生命周期条件下企业并购绩效存在差异；张璋（2021）研究会计稳健性对跨境并购成败的影响时，考虑到代理成本的调节效应；

此外企业治理机制的设计（高管持股比例高低、董事会比例和规模）也是异质性分析来源。

（2）在案例分析中可以选取多个行业进行分析，比如可以选择有代表性的制造业的并购事件进行分析，使得实证研究结果更具有可验证性。

参 考 文 献

［1］卜楷媛：《企业并购税收筹划研究》，载于《西部财会》2017 年第 7 期。

［2］曹翠珍、吴生瀛：《企业并购的财务协同效应实证分析》，载于《会计之友》2017 年第 24 期。

［3］曹海敏、张聪果：《会计稳健性与超额现金持有价值关系研究——兼论投资者保护水平的调节作用》，载于《会计之友》2020 年第 13 期。

［4］曹玲、吴其静：《不同目标企业的并购绩效存在差异吗？——对我国 2005—2015 年制造业上市公司并购事件的分析》，载于《西部论坛》2017 年第 3 期。

［5］曹宇、李琳、孙铮：《公司控制权对会计盈余稳健性影响的实证研究》，载于《经济管理》2005 年第 14 期。

［6］查媛媛、万良勇：《并购交易特征、公司治理与并购重组问询函严重性》，载于《财会月刊》2020 年第 24 期。

［7］常启军、张俊：《企业并购支付方式选择研究——基于控制权与信息不对称视角》，载于《财会通讯》2015 年第 5 期。

［8］陈佳琦、赵息、牛箫童：《融资约束视角下支付方式对并购绩效的影响研究》，载于《宏观经济研究》2020 年第 4 期。

［9］陈立敏、王小瑕：《中国企业并购绩效的影响因素研究：基于资源基础观与制度基础观的实证分析》，载于《浙江大学学报（人文社会科学版）》2016 年第 6 期。

［10］陈圣飞、张忠寿、王烨：《会计稳健性研究的理论回顾与展望——基于契约观和信息观的视角》，载于《会计研究》2011 年第 4 期。

［11］陈仕华、张章、宋冰霜：《何种程度的失败才是成功之母？——并购失败程度对后续并购绩效的影响》，载于《经济管理》2020 年第 4 期。

［12］陈涛、李善民、周昌仕：《支付方式、关联并购与收购公司股东收益》，载于《商业经济与管理》，2013 年第 9 期。

［13］池国华、王志、杨金：《EVA 考核提升了企业价值吗——来自中国国有上市公司的经验证据》，载于《会计研究》2013 年第 11 期。

［14］邓鸣茂、梅春：《高溢价并购的达摩克斯之剑：商誉与股价崩盘风险》，载于《金融经济学研究》2019 年第 6 期。

［15］邓亚昊：《标的企业并购支付方式选择探析——基于股东类型差异视角》，载于《财会通讯》2020 年第 22 期。

［16］邓云君、裴潇：《会计稳健性、企业盈利能力与公司债务融资成本——基于上市公司经验数据的研究》，载于《财会通讯》2017 年第 6 期。

［17］丁含、徐云、赵静：《投资信息审计意见可以提高公司投资效率吗？——基于公司内部治理环境的调节效应》，载于《审计与经济研究》2021 年第 1 期。

［18］窦炜、方俊：《我国上市公司并购支付方式与业绩承诺——基于 2008－2014 年沪深上市公司并购重组事件的分析》，载于《商业研究》2018 年第 9 期。

［19］范培华、吴昀桥：《信号传递理论研究述评和未来展望》，载于《上海管理科学》2016 年第 3 期。

［20］冯根福、吴林江：《我国上市公司并购绩效的实证研究》，载于《经济研究》2001 年第 1 期。

［21］傅传锐、杨群：《政治关联、竞争地位与混合并购——来自中国 A 股证券市场的经验证据》，载于《北京理工大学学报（社会科学版）》2017 年第 5 期。

［22］傅颀、汪祥耀、路军：《管理层权力、高管薪酬变动与公司并购行为分析》，载于《会计研究》2014 年第 11 期。

［23］葛结根：《并购支付方式与并购绩效的实证研究——以沪深上市公司为收购目标的经验证据》，载于《会计研究》2015 年第 9 期。

［24］关涛、胡峰：《知识共享行为与后并购整合的失败：基于知识储藏与拒绝的研究》，载于《图书情报工作》2007 年第 10 期。

［25］郭安平：《地理距离与并购成功率》，厦门大学，2017 年。

［26］韩静、陈志红、杨晓星：《高管团队背景特征视角下的会计稳健性与投资效率关系研究》，载于《会计研究》2014 年第 12 期。

［27］何博：《企业重组并购市场中的逆向选择与治理对策》，载于《广东商学院学报》2004 年第 5 期。

［28］何顶：《业绩承诺、尽职调查和并购风险管理——以中水渔业收购新阳洲为例》，载于《会计之友》2018 年第 21 期。

［29］何任、樊粉芬、王纯：《收购公司分析师跟进、代理成本与并购绩效》，载于《会计之友》2019 年第 19 期。

［30］何毓海、张立强：《公司并购中目标公司估价的信号传递博弈》，载于《财会月刊》2009 年第 12 期。

［31］贺天玥、冯体一、潘超：《企业以技术获取为导向的连续并购绩效研究——以新时达为例》，载于《管理案例研究与评论》2021 年第 3 期。

［32］胡杰武、韩丽：《东道国国家风险对我国上市公司跨国并购绩效的影响》，载于《外国经济与管理》2017 年第 9 期。

［33］胡林豪、赵逸雯：《标的企业成长性、战略协同与主并企业并购绩效》，载于《财会通讯》2017 年第 18 期。

［34］黄福广、王贤龙、田利辉、孙凌霞：《标的企业风险资本、协同效应和上市公司并购绩效》，载于《南开管理评论》2020 年第 4 期。

［35］黄美霞、侯军岐、张雪娇：《基于模糊层次分析法的种业并购整合风险分析》，载于《科研管理》2017 年第 S1 期。

［36］纪亚方：《管理层过度自信对公司决策的影响》，载于《管理学刊》2017 年第 4 期。

［37］贾婧、周晓苏、吴锡皓：《市场竞争、会计稳健性与超额现金

持有价值》，载于《管理评论》2018 年第 7 期。

[38] 贾婧、周晓苏、吴锡皓：《所有权性质、稳健性与代理成本——基于在职消费的视角》，载于《预测》2017 年第 1 期。

[39] 蒋先玲、秦智鹏、李朝阳：《我国上市公司的多元化战略和经营绩效分析——基于混合并购的实证研究》，载于《国际贸易问题》2013 年第 1 期。

[40] 蒋勇、王晓亮：《会计稳健性、管理层防御与真实盈余管理》，载于《中央财经大学学报》2019 年第 6 期。

[41] 赖黎、巩亚林、夏晓兰、马永强：《管理者从军经历与企业并购》，载于《世界经济》2017 年第 12 期。

[42] 雷一鸣：《中国企业对海外上市企业并购研究》云南财经大学论文，2015 年 11 月。

[43] 李彬、刘怡彬：《关联并购的税收协同效应：基于异质性战略与内部资本市场视角的实证分析》，载于《财务研究》2017 年第 6 期。

[44] 李刚、张伟、王艳艳：《会计盈余质量与权益资本成本关系的实证分析》，载于《审计与经济研究》2008 年第 5 期。

[45] 李合龙、李海菲、张卫国：《机构投资者持股、会计稳健性与公司价值》，载于《证券市场导报》2018 年第 3 期。

[46] 李红、余成越：《数字化程度与流通企业并购绩效——基于企业生命周期视角》，载于《商业经济研究》2022 年第 5 期。

[47] 李建华、易珉：《委托代理关系与企业道德风险》，载于《伦理学研究》2008 年第 2 期。

[48] 李井林、刘淑莲、韩雪：《融资约束、支付方式与并购绩效》，载于《山西财经大学学报》2014 年第 8 期。

[49] 李青原：《资产专用性与公司纵向并购财富效应：来自我国上市公司的经验证据》，载于《南开管理评论》2011 年第 6 期。

[50] 李善民、陈涛：《并购支付方式选择的影响因素研究》，中国管理现代化研究会．第四届中国管理学年会——金融分会场论文集，2009 年。

[51] 李善民、公淑玉、庄明明：《文化差异影响 CEO 的并购决策

吗?》,载于《管理评论》2019 年第 6 期。

[52] 李善民、毛雅娟、赵晶晶:《高管持股、高管的私有收益与公司的并购行为》,载于《管理科学》2009 年第 6 期。

[53] 李善民、王彩萍、曾昭灶、陈玉罡、朱滔:《中国上市公司资产重组长期绩效研究》,载于《管理世界》2004 年第 9 期。

[54] 李善民、曾昭灶、王彩萍、朱滔、陈玉罡:《上市公司并购绩效及其影响因素研究》,载于《世界经济》2004 年第 9 期。

[55] 李善民、朱滔:《多元化并购能给股东创造价值吗?——兼论影响多元化并购长期绩效的因素》,载于《管理世界》2006 年第 3 期。

[56] 李善民、朱滔:《转轨经济环境下的企业多元化分析框架》,载于《学术研究》2005 年第 5 期。

[57] 李维安、陈钢:《会计稳健性、信息不对称与并购绩效——来自沪深 A 股上市公司的经验证据》,载于《经济管理》2015 年第 2 期。

[58] 李瑛、杨蕾:《不同产权性质下会计稳健性与非效率投资行为实证研究》,载于《预测》2014 年第 5 期。

[59] 李增泉、卢文彬:《会计盈余的稳健性:发现与启示》,载于《会计研究》2003 年第 2 期。

[60] 李增泉、余谦、王晓坤:《掏空、支持与并购重组——来自我国上市公司的经验证据》,载于《经济研究》2005 年第 1 期。

[61] 李争光、曹丰、赵西卜、徐凯:《机构投资者异质性、会计稳健性与债务资本成本》,载于《当代财经》2017 年第 2 期。

[62] 林晓辉、吴世农:《股权结构、多元化与公司绩效关系的实证研究》,载于《证券市场导报》2008 年第 1 期。

[63] 刘斌、吴娅玲:《会计稳健性与资本投资效率的实证研究》,载于《审计与经济研究》2011 年第 4 期。

[64] 刘俊毅、白彦:《资本结构对并购支付方式的影响研究——基于公司负债比率的视角》,载于《江西社会科学》2018 年第 7 期。

[65] 刘峻豪:《机构投资者持股比例、会计稳健性与并购绩效》,载于《财会通讯》2017 年第 36 期。

［66］刘莉、周凤莲：《企业会计风险管理中内部审计地位及风险管理对策分析》，载于《商讯》2020 年第 30 期。

［67］刘敏、朱亚鹏、辜良烈：《双边政治关系与中国企业跨国并购成功率——基于联合国大会投票数据的研究》，载于《南方经济》2020 年第 7 期。

［68］刘琼琼、赵洪进：《管理层过度自信、会计稳健性与企业并购绩效》，载于《科技与管理》2021 年第 3 期。

［69］刘运国、吴小蒙、蒋涛：《产权性质、债务融资与会计稳健性——来自中国上市公司的经验证据》，载于《会计研究》2010 年第 1 期。

［70］吕超：《并购类型、并购商誉与市场反应》，载于《财会通讯》2018 年第 15 期。

［71］吕洁瑶、左晓慧：《基于 EVA 的上市公司并购绩效研究》，载于《财经理论与实践》2014 年第 6 期。

［72］伦淑娟：《多元化战略下企业财务风险与控制——以恒大地产为例》，载于《财会通讯》2018 年第 32 期。

［73］骆家骙、崔咏梅、张秋生：《企业并购内部控制与风险管理》，大连出版社 2010 年版。

［74］马金城、张力丹、罗巧艳：《管理层权力、自由现金流量与过度并购——基于沪深上市公司并购数据的实证研究》，载于《宏观经济研究》2017 年第 9 期。

［75］马榕、叶建华：《信息不对称、股票流动性与并购支付方式》，载于《郑州航空工业管理学院学报》2019 第 1 期。

［76］聂永刚、张锟澎：《会计稳健性、代理成本和成本费用粘性——来自我国 A 股上市公司的经验证据》，载于《商业会计》2018 年第 17 期。

［77］潘红波、余明桂：《目标公司会计信息质量、产权性质与并购绩效》，载于《金融研究》2014 年第 7 期。

［78］齐岳、刘思远、黄佳宁：《上市房地产企业会计稳健性对税负水平的影响研究——以公司治理为调节变量》，载于《工业技术经济》2020 年第 9 期。

［79］祁怀锦、刘艳霞：《融资融券、管理者自信与企业会计稳健性》，载于《中国会计评论》2018 年第 4 期。

［80］钱明、徐光华、沈弋：《社会责任信息披露、会计稳健性与融资约束——基于产权异质性的视角》，载于《会计研究》2016 年第 5 期。

［81］盛香林：《媒体关注、并购类型与企业盈余信息质量》，载于《财会通讯》2021 年第 20 期。

［82］施继坤、刘淑莲、张广宝：《管理层缘何频繁发起并购：过度自信抑或私利》，载于《华东经济管理》2014 年第 12 期。

［83］石泓、王启昭、王荣：《会计稳健性、自由现金流与过度投资——来自我国高耗能制造业上市公司的经验证据》，载于《财会通讯》2017 年第 6 期。

［84］宋方方、陈倩：《股权结构与会计稳健性研究综述》，载于《财会通讯》2015 年第 15 期。

［85］宋淑琴、代淑江：《管理者过度自信，并购类型与并购绩效》，载于《宏观经济研究》2015 年第 5 期。

［86］宋希亮：《并购目标企业怎么选？》，载于《中国财经报》2006 年 6 月 9 日。

［87］宋希亮：《并购中筛选目标企业的财务策略探讨》，载于《经济与管理研究》2005 年第 7 期。

［88］孙梦男、姚海鑫、赵利娟：《政治关联、并购战略选择与企业价值》，载于《经济理论与经济管理》2017 年第 6 期。

［89］孙文莉、谢丹、李莉文：《宏观风险对中国企业海外并购成功率的影响研究》，载于《经济学动态》2016 年第 11 期。

［90］唐清泉、韩宏稳：《关联并购与公司价值：会计稳健性的治理作用》，载于《南开管理评论》2018 年第 3 期。

［91］田高良、韩洁、李留闯：《连锁董事与并购绩效——来自中国 A 股上市公司的经验证据》，载于《南开管理评论》2013 年第 6 期。

［92］田海峰、黄祎、孙广生：《影响企业跨国并购绩效的制度因素分析——基于 2000～2012 年中国上市企业数据的研究》，载于《世界经

济研究》2015 年第 6 期。

［93］田敏、赵罗平、陈龙：《市场环境、公司治理与会计信息质量》，载于《财会通讯》2019 年第 15 期。

［94］田祥宇、阎逸夫：《高管过度自信、会计稳健性和投资效率——基于我国沪深 A 股上市公司的实证研究》，载于《云南财经大学学报》2017 年第 1 期。

［95］王凡平：《中国上市公司并购行业关联度与并购绩效研究》，华东师范大学，2019 年。

［96］王佳：《高管团队稳定性、研发投入与企业创新绩效关系研究——基于会计稳健性视角》，载于《预测》2020 年第 5 期。

［97］王佳星、刘淑莲：《专用资产、财务困境与并购标的概率》，载于《会计研究》2020 年第 3 期。

［98］王静、马淑蕊：《产品市场竞争对企业并购绩效的影响研究——基于信息不对称的视角》，载于《辽宁经济》2020 年第 11 期。

［99］王磊、胡纯华、孔东民：《财务舞弊、行业特征与公司投资"同伴效应"》，载于《外国经济与管理》2018 年第 12 期。

［100］王满、权烨、高婷：《融资约束、超额现金持有和投资效率的实证研究》，载于《西南民族大学学报（人文社科版）》2017 年第 9 期。

［101］王敏芳：《商贸流通业上市公司并购交易特点与并购绩效分析》，载于《商业经济研究》2020 年第 17 期。

［102］王鹏、张俊瑞、赵丽荣：《公司治理与会计稳健性：因果关系视角的追溯》，载于《经济体制改革》2010 年第 3 期。

［103］王启昭：《会计稳健性、自由现金流与过度投资——以高耗能制造业上市公司为例》，东北农业大学，2017 年。

［104］王宛玥、高小红：《中小企业总经理持股、并购类型与并购绩效》，载于《统计与决策》2019 年第 24 期。

［105］王宇峰、苏逸妍：《会计稳健性与投资效率——来自中国证券市场的经验证据》，载于《财经理论与实践》2008 年第 5 期。

［106］魏卉、孙宝乾：《会计稳健性、信息不对称与股权融资成本》，

载于《金融发展研究》2018 年第 2 期。

　　[107] 魏明海、陈胜蓝、黎文靖：《投资者保护研究综述：财务会计信息的作用》，载于《中国会计评论》2007 年第 1 期。

　　[108] 温章林：《会计信息稳健程度影响股权融资成本的实证研究——来自中国上市公司 2012 - 2015 年的经验证据》，载于《金融教育研究》2017 年第 6 期。

　　[109] 吴国鼎、张会丽：《多元化经营是否降低了企业的财务风险？——来自中国上市公司的经验证据》，载于《中央财经大学学报》2015 年第 8 期。

　　[110] 吴良海、赵文雪、吕丹丽、牛利英：《机构投资者、会计稳健性与企业投资效率——来自中国 A 股市场的经验证据》，载于《南京审计大学学报》2017 年第 2 期。

　　[111] 吴娜、于博、吴家伦：《逆周期并购的经济后果及其异质性特征》，载于《会计研究》2018 年第 6 期。

　　[112] 吴清：《我国民营企业的跨国并购动机和目标选择——以恒安并购皇城为例》，载于《会计之友》2018 年第 21 期。

　　[113] 仵志忠：《信息不对称理论及其经济学意义》，载于《经济学动态》1997 年第 1 期。

　　[114] 夏扬、沈豪：《基于长短期窗口的民企连续并购绩效研究——以均胜电子为例》，载于《财会通讯》2018 第 11 期。

　　[115] 向诚、赵宇洋：《管理者偏度偏好与企业并购绩效》，载于《系统管理学报》2021 年第 4 期。

　　[116] 向涛：《浅谈企业并购风险》，载于《财会月刊》2020 年第 S1 期。

　　[117] 谢洪明、章俨、刘洋等：《新兴经济体企业连续跨国并购中的价值创造：均胜集团的案例》，载于《管理世界》2019 年第 5 期。

　　[118] 邢嘉威、陈新刚：《地方政府干预对企业并购绩效影响的初步研究——以房地产上市企业对非上市企业收购为例》，载于《金融理论与实践》2016 年第 10 期。

［119］修宗峰：《股权集中、股权制衡与会计稳健性》，载于《证券市场导报》2008 年第 3 期。

［120］胥朝阳、周婉怡：《企业并购风险的分段识别与系统控制》，载于《科技进步与对策》2004 年第 6 期。

［121］徐虹、林钟高、陈洁、解伶伶：《现金持有水平、内部控制与企业并购决策》，载于《经济与管理研究》2017 年第 4 期。

［122］杨勃、杜晓君、史艳华、冯飞：《组织身份差异和冲突对跨国并购整合的影响机制研究》，载于《南大商学评论》2015 年第 4 期。

［123］杨丹、王宁、叶建明：《会计稳健性与上市公司投资行为——基于资产减值角度的实证分析》，载于《会计研究》2011 年第 3 期。

［124］杨琳惠：《风险投资、代理成本与并购绩效》，载于《财会通讯》2020 年第 24 期。

［125］杨雄辉：《上市公司并购短期绩效测量及理论分析》，载于《中国注册会计师》2021 年第 9 期。

［126］杨懿丁：《高管持股、多元化战略与公司长期并购绩效》，载于《财会通讯》2018 年第 6 期。

［127］杨筝、张陈、王红建：《董事会治理机制、管理者过度自信和会计稳健性——基于两类会计稳健性视角》，载于《会计与经济研究》2019 年第 3 期。

［128］姚慧兰：《会计稳健性对企业并购行为的影响研究》，载于《财务与金融》2019 年第 1 期。

［129］叶璋礼：《中国上市公司并购绩效的实证研究》，载于《统计与决策》2013 年第 7 期。

［130］尹达、綦建红：《经济政策不确定性与企业跨境并购：影响与讨论》，载于《世界经济研究》2020 年第 12 期。

［131］于博、吴家伦：《企业并购支付方式的决定因素分析——兼论市场择时理论在本土化样本下的适用性》，载于《会计之友》2018 年第 13 期。

［132］于洪涛：《并购动机与并购绩效——基于节约交易成本视角及

进一步投资需求的检验》，载于《商业研究》2020 年第 6 期。

　　［133］于江、张秋生：《会计稳健性对投资效率的作用机理研究——基于企业并购的研究视角》，载于《财经理论与实践》2015 年第 4 期。

　　［134］余玉苗、冉月：《并购支付方式、目标方参与公司治理与业绩承诺实现》，载于《当代财经》2020 年第 3 期。

　　［135］张超：《管理层过度自信与会计稳健性》，载于《中国商贸》2013 年第 23 期。

　　［136］张根明、刘娟：《国内上市公司不相关并购绩效的分析——基于核心竞争力的视角》，载于《经济经纬》2011 年第 5 期。

　　［137］张耕、高鹏翔：《行业多元化、国际多元化与公司风险——基于中国上市公司并购数据的研究》，载于《南开管理评论》2020 年第 1 期。

　　［138］张广宝、施继坤：《并购频率与管理层私利——基于过度自信视角的经验分析》，载于《山西财经大学学报》2012 年第 6 期。

　　［139］张金鑫、刘岩：《并购相关性假说研究综述》，载于《北京交通大学学报（社会科学版）》2010 年第 1 期。

　　［140］张娟、李培馨、陈晔婷：《地理距离对企业跨国并购行为是否失去了影响？》，载于《世界经济研究》2017 年第 5 期。

　　［141］张珺、韩玫：《互联互通会提高企业跨国并购的成功率吗？——中国企业在"一带一路"沿线跨国并购的经验证据》，载于《西部论坛》2021 年第 4 期。

　　［142］张腊凤、张蓉：《超额商誉、内部控制与并购绩效》，载于《经济问题》2021 年第 1 期。

　　［143］张岚、范黎波、鲍哿：《为什么企业会连续并购？——来自我国制造业企业的证据》，载于《财会通讯》2018 年第 30 期。

　　［144］张亮亮、黄国良：《管理者个体行为与公司财务行为国外研究述评——基于行为一致性理论视角》，载于《华东经济管理》2013 年第 6 期。

　　［145］张琴琴：《我国公司并购成功率的预测方法探析》，载于《科

学技术与工程》2010 年第 27 期。

[146] 张淑彩：《资本市场会计信息披露暨治理问题研究——基于上市公司会计信息披露不对称的视角》，载于《金融理论与实践》2021 年第 3 期。

[147] 张玮玮：《浅析企业并购中非上市目标企业价值评估风险控制》，载于《当代经济》2017 年第 18 期。

[148] 张雯、张胜、李百兴：《政治关联、企业并购特征与并购绩效》，载于《南开管理评论》2013 年第 2 期。

[149] 张晓明、宫巨宏：《我国上市公司并购绩效影响因素综述》，载于《财经问题研究》2016 年第 S1 期。

[150] 张晓旭、姚海鑫、杜心宇：《连续并购的同伴效应与企业内部控制》，载于《东北大学学报（社会科学版)》2021 年第 6 期。

[151] 张新：《并购重组是否创造价值？——中国证券市场的理论与实证研究》，载于《经济研究》2003 年第 6 期。

[152] 张耀杰、李杰刚、史本山：《企业与证券公司的股权关联对企业并购的影响》，载于《管理评论》2020 年第 8 期。

[153] 张于：《我国制造业上市公司并购对经营绩效的影响》，山东大学，2018 年。

[154] 张玉琨：《支付方式、资金来源与并购绩效的实证研究》，华南理工大学，2019 年。

[155] 张悦玫、张芳：《会计稳健性、投资效率与外部融资方式的实证研究》，载于《管理评论》2019 年第 4 期。

[156] 张悦玫、张芳、李延喜：《会计稳健性、融资约束与投资效率》，载于《会计研究》2017 年第 9 期。

[157] 张璋：《会计稳健性与公司跨境并购成败研究》，载于《财会通讯》2021 年第 15 期。

[158] 赵保具：《试析企业并购中目标企业的选择问题》，载于《财经界》2016 年第 14 期。

[159] 赵刚、梁上坤、王玉涛：《会计稳健性与银行借款契约——来

自中国上市公司的经验证据》，载于《会计研究》2014 年第 12 期。

[160] 赵帅、樊燕萍、刘彬彬：《会计稳健性与企业现金流风险——基于融资约束的中介效应检验》，载于《财会通讯》2020 年第 13 期。

[161] 赵息、褚洪辉、陈妍庆：《会计稳健性、产权性质与跨国并购价值创造效应——基于上层梯队理论视角》，载于《经济体制改革》2017 年第 4 期。

[162] 赵息、张西栓：《内部控制、高管权力与并购绩效——来自中国证券市场的经验证据》，载于《南开管理评论》2013 年第 2 期。

[163] 郑诗琪：《两类会计稳健性对企业并购绩效的影响研究》，长安大学，2021 年。

[164] 郑小平、朱瑞笛：《基于改进平衡计分卡的美的并购库卡绩效研究》，载于《会计之友》2021 年第 17 期。

[165] 周荷晖、陈伟宏、蓝海林：《"循规蹈矩"更有利可图吗？国际化节奏与企业绩效的关系研究》，载于《科学学与科学技术管理》2019 年第 1 期。

[166] 周绍妮、王惠瞳：《支付方式、公司治理与并购绩效》，载于《北京交通大学学报（社会科学版)》2015 年第 2 期。

[167] 周绍妮、王中超、操群：《高管权力、机构投资者与并购绩效》，载于《财经论丛》2019 年第 9 期。

[168] 周晓苏、贾婧：《会计稳健性、自由现金流与代理成本——2009 - 2013 年中国上市公司样本的实证分析》，载于《现代财经（天津财经大学学报)》2015 年第 12 期。

[169] 周晓苏、吴锡皓：《稳健性对公司信息披露行为的影响研究——基于会计信息透明度的视角》，载于《南开管理评论》2013 年第 3 期。

[170] 朱亚杰、刘纪显：《环境规制对企业并购的差异化影响——基于新环保法的准自然实验》，载于《广东社会科学》2021 年第 5 期。

[171] Adams R. B., Mehran H., Bank Board Structure and Performance: Evidence for Large Bank Holding Companies. *Journal of Financial Intermediation*, Vol. 21, No. 2, April 2012, pp. 243 – 267.

[172] Agrawal A. , Gershon N. Mandelker. Large Shareholders and the Monitoring of Managers: The Case of Antitakeover Charter Amendments. *Journal of Financial and Quantitative Analysis*, Vol. 25, No. 2, June 1990, pp. 143 – 161.

[173] Agrawal A. , J. E Jaffe. Do Takeover Targets under-perform Evidence from Operating and Stock Returns. *Journal of Financial and Quantitative Analysis*, Vol. 38, No. 4, December 2003, pp. 721 – 746.

[174] Agrawal A, Nasser T, Blockholders on Boards and CEO Compensation, Turnover and Firm Valuation. *The Quarterly Journal of Finance*, Vol. 9, No. 3, 2019, 1950010.

[175] Ahmed A S, Billings B K, Morton R M, et al. The role of accounting conservatism in mitigating bondholder-shareholder conflicts over dividend policy and in reducing debt costs. *The Accounting Review*, Vol. 77, No. 4, October 2002, pp. 867 – 890.

[176] Ahmed A S. , Duellman S. , Managerial Overconfidence and Accounting Conservatism. *Journal of Accounting Research*, Vol. 51, No. 1, March 2013, pp. 1 – 30.

[177] Ahmed Y. , Elshandidy T. The effect of bidder conservatism on M&A decisions: Text-based evidence from US 10-K filings. *International Review of Financial Analysis*, Vol. 46, 2016, pp. 176 – 190.

[178] Allport GW. Traits Revisited. *American Psychologist*, Vol. 21, No. 1, 1966, pp. 1 – 10.

[179] Alshwer A. , Sibilkov V. , Zaiats N. Financial constraints and the method of payment in mergers and acquisitions, No. 1364455, 2011.

[180] Andrei Shleifer, Robert W. Vishny, A Survey of Corporate Governance. *The Journal of Finance*, Vol. 52, No. 2, June 1997, pp. 737 – 783.

[181] Arrow K. J, Uncertainty and the Welfare Economics of Medical Care, *American Economic Review*, Vol. 55, No. 1/2, March 1965, pp. 154 – 158.

[182] Avik Chakrabarti, Yi-Ting Hsieh, Yuanchen Chang. Cross-border Mergers and Market Concentration in a Vertically Related Industry: Theory and

Evidence. *The Journal of International Trade & Economic Development*, Vol. 26, No. 1, 2017, pp. 111 – 130.

[183] Ball R. *Infrastructure Requirements for an Economically Efficient System of Public Financial Reporting and Disclosure.* Brookings-Wharton Paper on Financial Services: Brookings Institution Press, 2001, pp. 127 – 169.

[184] Ball R. Shivakumar L. Earnings quality in UK private firms: comparative loss recognition timeliness. *Journal of Accounting and Economics*, Vol. 39, No. 1, February 2005, pp. 83 – 128.

[185] Basu S, The Conservatism Principle and the Asymmetric Timeliness of Earnings. *Journal of Accounting and Economics*, Vol. 24, No. 1, December 1997, pp. 3 – 37.

[186] Belghitar Y. , Clark E. Managerial risk incentives and investment related agency costs. *International Review of Financial Analysis*. Vol. 38, March 2015, pp. 191 – 197.

[187] Bliss J H, *Management Through Accounts*, New York: The Ronald Press Company, 1924, pp. 7 – 40

[188] Cain M. , McKeon S. CEO Personal Risk-Taking and Corporate Policies. *Journal of Financial and Quantitative Analysis*, Vol. 51, No. 1, 2016, pp. 139 – 164.

[189] Chatterjee R. , Kuenzi A. Mergers and acquisitions: the influence of methods of payment on bidder's share price. *Research Papers in Management Studies University of Cambridge Judge Institute of Management Studies WP*, 2001.

[190] Chatterjee S. Types of Synergy and Economic Value: the impact of acquisitions on merging and rival firms. *Strategic Management Journal*, Vol. 7, No. 2, March 1986, pp. 119 – 139.

[191] Daly R. N. , Sulpizio A. C. , Levitt B. , et al. Evidence for heterogeneity between pre- and postjunctional alpha-2 adrenoceptors using 9-substituted 3-benzazepines. *The Journal of pharmacology and experimental therapeutics*,

Vol. 247, No. 1, October 1988, pp. 122 – 128.

[192] Devriese J, Dewatripont M, Heremans D, Nguyen G. , Corporate Governance, Regulation and Supervision of Banks. *Financial Stability Review*, Vol. 2, No. 1, January 2004, pp. 95 – 120.

[193] Dietrich R. , K. Muller. Asymmetric Timeless Test of Accounting Conservatism. *Review of Accounting Study*, Vol. 12, No. 1, March 2007, pp. 95 – 124. Khan M. , Watts R. , Estimation and Empirical Properties of A Firm-year Measure of Accounting Conservatism. *Journal of Accounting and Economics*, Vol. 48, No. 2 – 3, December 2009, pp. 132 – 150.

[194] Eckbo B. E. , Giammarino R. M. , Heinkel R. L. , Asymmetric Information and the Medium of Exchange in takeovers: Theory and Tests. *The Review of Financial Studies*. Vol. 3, No. 4, October 1990, pp. 651 – 675.

[195] Eckbo B. E. , Makaew T. , Thorburn K. S. Are Stock-Financed Takeovers Opportunistic? *Journal of Financial Economics*. Vol. 128, No. 3, June 2018, pp. 443 – 465.

[196] Epstein S. The Stability of Behavior: on Predicting Most of the People Much of the Time. *Journal of Personality and Social Psychology*, Vol. 37, No. 7, 1979, pp. 1097 – 1126.

[197] Faleye O, Krishnan K, Risky Lending: Does Bank Corporate Governance Matter? *Journal of Banking & Finance*, Vol. 83, October 2017, pp. 57 – 69.

[198] Feltham G A. Ohlson J A, Valuation and Clean Accounting for Operating and Financial Activities. *Contemporary Accounting Research*, Vol. 11, No. 2, 1995, pp. 689 – 731.

[199] Flanagan D J. 1996. Announcements of purely related and purely unrelated merger and shareholder return: reconciling the relatedness paradox. *Journal of Management*, Vol. 22, No. 6, 1996, pp. 823 – 835.

[200] Fuller K, Netter J, Stegemoller M, What Do Returns to Acquiring Firms Tell Us? Evidence from Firms That Make Many Acquisitions. *The Journal of Finance*, Vol. 57, No. 4, 2002, pp. 1763 – 1793.

［201］Funder D. C, Colvin C. R. Explorations in Behavioral Consistency: Properties of Persons, Situation and Behaviors. *Journal of Personality and Social Psychollogy*, Vol. 60, No. 5, 1991, pp. 773 – 794.

［202］George A, *The Market for Lemons*: *Quality Uncertainty and the Market Mechanism*, Oxford New York: Academic Press, 1978, pp. 235 – 251.

［203］Godfred Amewu, Paul Alagidede, Executive Compensation And Firm Risk After Successful Mergers And Acquisitions in Africa. *Managerial and Decision Economics*, Vol. 40, No. 6, June 2019, pp. 672 – 703.

［204］Goh B. , Lim C. , Lobo G. , et al. . Conditional conservatism and debt versus equity financing. *Contemporary Accounting Research*, Vol. 34, No. 1, Spring 2017, pp. 216 – 251.

［205］Gregory A. An Examination of the Long Run Performance of UK Acquiring Firms. *Journal of Business Finance & Accounting*, Vol. 24, No. 7 – 8, September 1997, pp. 971 – 1002.

［206］Haan J, Vlahu R. Corporate Governance of Banks: A Survey. *Journal of Economic Surveys*, Vol. 30, No. 2, April 2016, pp. 228 – 277.

［207］Hagendorff J. , Keasey K. Post-merger strategy and performance: evidence from the US and European banking industries. *Accounting & Finance*, Vol. 49, No. 4, December 2009, pp. 725 – 751.

［208］Hagendorff J. , Keasey K. , Post-merger strategy and performance: Evidence from the U. S. and European banking industries. *Accounting & Finance*, Vol. 49, No. 4, December 2009, pp. 725 – 751.

［209］Hall B. J. , Murphy K. J. , Stock options for undiversified executives. *Journal of Accounting and Economics*, Vol. 33, No. 1, February 2002, pp. 3 – 42.

［210］Hansen R G. A theory for the choice of exchange medium in mergers and acquisitions. *Journal of business*, Vol. 60, No. 1, January 1987, pp. 75 – 95.

［211］Harford J. , Li K. Decoupling CEO Wealth and Firm Performance: The Case of Acquiring CEOs. *The Journal of Finance*, Vol. 62, No. 2, March

2007, pp. 917 – 949.

[212] Hasan I. , Hoi C K, Wu Q, et al. Does Social Capital Matter in Corporate Decisions? *Journal of Accounting Research*, Vol. 55, No. 3, June 2017, pp. 629 – 668.

[213] Healy Paul M. Palepu Krishna G, Information Asymmetry, Corporate Disclosure and the Capital Markets: A Review of the Empirical Disclosure Literature. *Journal of Accounting and Economics*, Vol. 31, No. 1 – 3, September 2001, pp. 405 – 440.

[214] Houqe N. A review of the current debate on the determinants and consequences of mandatory IFRS adoption. *International Journal of Accounting & Information Management.* Vol. 26, No. 3, 2018, pp. 413 – 442.

[215] Indrajeet Mohite. The Value of Target's Acquisition Experience in M&A. *The European Journal of Finance*, Vol. 23, No. 13, 2017, pp. 1238 – 1266.

[216] Jackson S. B. , Liu X. , The Allowance for Uncollectible Accounts, Conservatism, and Earnings Management. J*ournal of Accounting Research*, Vol. 48, No. 3, April 2010, pp. 565 – 601.

[217] Jarrad Harford, Kai Li. Decoupling CEO Wealth and Firm Performance: The Case of Acquiring CEOs. *The Journal of Finance*, Vol. 62, No. 2, April 2007, pp. 917 – 949.

[218] Jensen M. C. Agency costs of free cash flow, corporate finance, and takeovers. *The American Economic Review*, Vol. 76, No. 2, May 1986, pp. 323 – 329.

[219] Jensen M. C. , Murphy K. J. Performance Pay and Top-Management Incentives. *Journal of Political Economy*, Vol. 98, No. 2, April 1990, pp. 225 – 264.

[220] Jensen M. C. , Smith C. W. *The Modern Theory of Corporate Finance: a historical overview.* New York: McGraw-Hill Companies, 1984, pp. 2 – 20.

[221] Jere R. Francis, Xiumin Martin, Acquisition Profitability and Timely Loss Recognition. *Journal of Accounting and Economics*, Vol. 49, No. 1 – 2,

February 2010, pp. 161 – 178

[222] Kahneman D. Maps of bounded rationality: A perspective on intuitive judgment and choice. *Nobel prize lecture*, Vol. 8, No. 1, 2002, pp. 351 – 401.

[223] Kaplan S. N., Weisbach M. S. The Success of acquisitions: Evidence From Divestitures. *The Journal of Finance*, Vol. 47, No. 1, March 1992, pp. 107 – 138.

[224] Katarzyna Budny, Joanna Krasodomska, Katarzyna Świetla. Performance Changes Around Banks Mergers and Acquisitions: Evidence from Poland. *Financial Sciences. Nauki o Finansach*, Vol. 24, No. 2, 2019, pp. 28 – 45.

[225] Lara J. M. G., Osma B. G., Penalva F. Accounting Conservatism and Firm Investment Efficiency. *Journal of Accounting and Economics*, Vol. 61, No. 1, February 2016, pp. 221 – 238.

[226] Lara J. M. G., Osma B. G., Penalva F The economic determinants of conditional conservatism. *Journal of Business Finance & Accounting*, Vol. 36, No. 3 – 4, April 2009, pp. 336 – 372.

[227] Larwood L., W. Whittaker, Managerial myopia: Self-serving Biases in Organization Planning. *Journal of Applied Psychology*, Vol. 62, No. 2, 1977, pp. 194 – 198.

[228] Lin C. M., Chan M. L., Chien I. H., Li K-H. The Relationship between Cash Value and Accounting Conservatism: The Role of Controlling Shareholders. *International Review of Economics & Finance*. Vol. 55, May 2018, pp. 233 – 245.

[229] Lucian A. Bebchuk, Jesse M. Fried. Pay without Performance: Overview of the Issues. *Academy of Management Perspectives*, Vol. 20, No. 1, February 2006, pp. 5 – 24.

[230] Luo L., Research on Top Management Incentive and Supervision under the Framework of Principal-agent Based on Social Trust. *Modern Economy*, Vol. 9, No. 11, November 2018, pp. 1932 – 1948.

[231] Marco Pires, Paulo J. Pereira. Leverage, Premium And Timing in

Corporate Acquisitions. *Economics Letters*, Vol. 188, March 2020, pp. 78 – 98.

［232］ Martyanov V. S. The Institutional Trust as an Economic Resource： Incentives and Obstacles of Efficiency. *Journal of Institutional Studies*, Vol. 10, No. 1, 2018, pp. 41 – 58.

［233］ Matthew D. Cain, Stephen B. McKeon. CEO Personal Risk-Taking and Corporate Policies. *Journal of Financial and Quantitative Analysis*, Vol. 51, No. 1, February 2016, pp. 139 – 164.

［234］ Mueller C. B. , Sullivan H. , Ratz W. An analysis of survival curves of patients with selected cancers： use of the "half-life" concept in cancer survival statistics. *The British journal of surgery*, Vol. 56, No. 8, August 1969, pp. 625.

［235］ Nour Adel, Fadi Alkaraan. , Strategic Investment Acquisitions Performance in UK Firms： the Impact of Managerial Overconfidence. *Journal of Financial Reporting and Accounting*, Vol. 17, No. 1, March 2019, pp. 24 – 41.

［236］ Pablo A. L. , Sitkin S. B. , Jemison D. B. Acquisition decision-making processes： The central role of risk. *Journal of Management*, Vol. 22, No. 5, 1996, pp. 723 – 746.

［237］ Papadakis V. M. , Thanos. , Measuring the Performance of Acquisitions： An Empirical Investigation Using Multiple Criteria. *British Journal of Management*, Vol. 21, No. 4, December 2010, pp. 859 – 873.

［238］ Park C. The Effects of Prior Performance on the Choice Between Related and Unrelated Acquisitions： Implications for the Performance Consequences of Diversification Strategy. *Journal of Management Studies*, Vol. 39, No. 7, November 2002, pp. 1003 – 1019.

［239］ Richard Roll. The Hubris Hypothesis of Corporate Takeovers. *The Journal of Business*, Vol. 59, No. 2, April 1986, pp. 197 – 216.

［240］ Rigdon M. , Trust and Reciprocity in Incentive Contracting. *Journal of Economic Behavior & Organization*, Vol. 70, No. 1 – 2, May 2009, pp. 93 – 105.

［241］ Robins J, Wiersema M F. A resource-based approach to the multibusiness firm: Empirical analysis of portfolio interrelationships and corporate financial performance. *Strategic management journal*, Vol. 16, No. 4, 1995, pp. 277 - 299.

[242] Ross S. A., The Economic Theory of Agency: The Principal's Problem. The *American Economic Review*, Vol. 63, No. 2, May 1973, pp. 134 - 139.

[243] Rumelt, Richard P. "Diversity and profitability." *Paper MGL*-51, *Managerial Studies Center*, *Graduate School of Management*, *University of California*, *Los Angeles*, 1977.

[244] Rumelt R, Strategy, Structure and Economic Performance. Division of Research, 1974.

[245] Ryan LaFond, Ross L. Watts. The Information Role of Conservatism. *The Accounting Review*, Vol. 83, No. 2, March 2008, pp. 447 - 478.

[246] Salter M. S., Weinhold W. A. Diversification through acquisition: Strategies for Creating Economic Value. New York: Free Press, 1979, pp. 56 - 68.

[247] Schipper Katherine, Thompson Rex. Evidence on the capitalized value of merger activity for acquiring firms. *Journal of Financial Economics*, Vol. 11, No. 1 - 4, April 1983, pp. 85 - 119.

[248] Schrand C M., Zechman S LC., Executive Overconfidence and the Slippery Slope to Financial Misreporting. *Journal of Accounting and Economics*, Vol. 53, No. 1, February-April 2012, pp. 311 - 329.

[249] Shelton L M. Strategic Business Fits and Corporate Acquisition: Empirical Evidence. *Strategic Management Journal*, Vol. 9, No. 3, May 1988, pp. 279 - 287.

[250] Shleifer Andrei, Vishny Robert W. Management entrenchment: The case of manager-specific investments. *Journal of Financial Economics*, Vol. 25, No. 1, November 1989, pp. 123 - 139.

[251] Singh H., Montgomery C. A. Corporate Acquisition Strategies and Economic Performance. *Strategic Management Journal*, Vol. 8, No. 4, July 1987, pp. 377 - 386.

［252］ Slovin M. B. , Sushka M. E. , Polonchek J. A. Methods of payment in asset sales: Contracting with equity versus cash. *The Journal of Finance*, Vol. 60, No. 5, October 2005, pp. 2385 – 2407.

［253］ Stephen G. Ryan, Identifying Conditional Conservatism. *European Accounting Review*, Vol. 15, No. 4, 2006, pp. 511 – 525.

［254］ Thakur B. P. S. , Kannadhasan M. Corruption and Cash Holdings: Evidence from Emerging Market Economies. *Emerging Markets Review*, Vol. 38, March 2019, pp. 1 – 17.

［255］ Todd D. Kravet. Accounting conservatism and managerial risk-taking: Corporate acquisitions. *Journal of Accounting and Economics*, Vol. 57, No. 2 – 3, April 2014, pp. 218 – 240.

［256］ Tsai W. , Social Capital, Strategic Relatedness and the Formation of Intra-Organizational Linkages. *Strategic Management Journal*, Vol. 21, No. 9, August 2000, pp. 925 – 939.

［257］ Wansley J. W. , Lane W. R. , Yang H. C. Abnormal Returns to Acquired Firms By Type of Acquisition and Method of Payment. *Financial Management*, Vol. 12, No. 3, Autumn 1983, pp. 16 – 22.

［258］ Watts R. L. Conservatism in accounting Part I: Explanations and implications. *Accounting Horizons*, Vol. 17, No. 3, September 2003, pp. 207 – 221.

［259］ Weston J. F. , Chung K. S. , Siu J. A. Takeovers, restructuring, and corporate governance. *Beijing: Peking University Press*, 2006, pp. 1 – 688.

［260］ William H. Beaver, Stephen G. Ryan, Conditional and Unconditional Conservatism: Concepts and Modeling. *Review of Accounting Studies*, Vol. 10, No. 2, September 2005, pp. 269 – 309.

［261］ Williamson O. E. Markets and hierarchies: analysis and antitrust implications: a study in the economics of internal organization. *University of Illinois at Urbana-Champaign's Academy for Entrepreneurial Leadership Historical Research Reference in Entrepreneurship*, 1975.

［262］ Williamson O. E. The Modern Corporation: Origins, Evolution,

Attributes. *Journal of Economic Literature*, Vol. 19, No. 4, December 1981, pp. 1537 – 1568.

［263］Yang J. , Guariglia A. , Guo J M. To What Extent Does Corporate Liquidity Affect M&A Decisions, Method of Payment and Performance? Evidence from China. *Journal of Corporate Finance*, Vol. 54, February 2019, pp. 128 – 152.

［264］Yaniv Grinstein, Paul Hribar. CEO compensation and incentives: Evidence from M&A bonuses. *Journal of Financial Economics*, Vol. 73, No. 1, July 2004, pp. 119 – 143.

［265］Zhao X. , Ma H. , Hao T. Acquirer Size, Political Connections and Mergers and Acquisitions Performance: Evidence from China. *Studies in Economics and Finance.* Vol. 36, No. 2, June 2019, pp. 311 – 332.

生物制药行业中的 A 股上市企业
2012～2016 年度稳健性系数

股票代码	企业名称	2012 年	2013 年	2014 年	2015 年	2016 年	平均值
002007	华兰生物	0.014167	0.016287	0.010432	0.010563	0.010344	0.012359
002022	科华生物	0.038957	0.036531	0.036313	0.036385	0.032682	0.036174
002030	达安基因	0.060771	0.063889	0.070431	0.061309	0.048472	0.060974
002038	双鹭药业	0.021818	0.020004	0.013135	0.011588	0.008325	0.014974
002166	莱茵生物	0.114674	0.115731	0.113011	0.080240	0.079820	0.100695
002252	上海莱士	0.080878	0.098245	0.109533	0.143463	0.097939	0.106011
002550	千红生化	0.016788	0.018372	0.019833	0.030998	0.028604	0.022919
002680	长生生物	0.042412	0.038410	0.039029	0.018923	0.016072	0.030969
002688	金河生物	0.039419	0.036978	0.056094	0.061252	0.051547	0.049058
300009	安科生物	0.044148	0.044848	0.046362	0.041299	0.047638	0.044859
300122	智飞生物	0.018826	0.022925	0.022392	0.026352	0.023878	0.022875
300142	沃森生物	0.041670	0.066601	0.001816	0.026352	0.023878	0.022875
300204	舒泰神	0.035125	0.036099	0.033184	0.036694	0.031606	0.034542
300238	冠昊生物	0.053077	0.051650	0.055154	0.073046	0.032746	0.053135
300239	东宝生物	0.072438	0.071693	0.074768	0.041878	0.044245	0.061004
300255	常山生化	0.039589	0.040391	0.046063	0.046872	0.034378	0.041459
300289	利德曼	0.057756	0.056825	0.051773	0.045503	0.038154	0.050002
300294	博雅生物	0.033298	0.042676	0.036660	0.028251	0.027363	0.033650
000004	农大科技	0.029622	0.048070	0.043300	0.052867	0.042425	0.043257
000518	四环生物	0.038279	0.041746	0.045734	0.064434	0.077046	0.053448
600080	金花企业	0.037109	0.037996	0.040934	0.039801	0.045762	0.040320
600161	天坛生物	0.064459	0.061830	0.063707	0.064340	0	0.050867
600196	复星医药	0.012336	0.011223	0.014254	0.013025	0.054035	0.020975
600530	交大昂立	0.031719	0.033552	0.027865	0.037301	0.007785	0.027645

续表

股票代码	企业名称	2012 年	2013 年	2014 年	2015 年	2016 年	平均值
600568	中珠医疗	0.067266	0.065272	0.043539	0.042466	0.039224	0.051553
600645	中源协和	0.136039	0.088339	0.074298	0.062307	0.013261	0.074849
600796	钱江生物	0.082089	0.075054	0.073526	0.072623	0.052695	0.071197
600867	东宝药业	0.028653	0.038902	0.039519	0.048224	0.068165	0.044693
000623	敖东药业	−0.00329	−0.00399	−0.00899	−0.01243	−0.01708	−0.00916
000661	长春高新技术产业	0.061299	0.057153	0.046934	0.046076	0.026364	0.047565
000078	海王生物	0.080604	0.069203	0.072651	0.074884	0.045248	0.068518
000990	诚志股份	0.051442	0.054123	0.043751	0.047760	−0.00136	0.039144
行业平均稳健性水平		0.044474					

后 记

在本书即将出版之际，心中满怀感恩之情，衷心感谢多年来所有关心、支持和帮助我的人，向他们致以最诚挚的敬意和谢意。

感谢我的导师张秋生教授这么多年来对我学习、工作的指导和帮助，非常幸运能够成为张老师的学生，博士毕业已经十多年了，但老师的关怀一直在，亦师亦友的张老师时不时地提醒我、鼓励我向着更高、更远的目标奋进。在此我真诚地向老师说一声谢谢，祝愿老师身体健康，万事如意。

感谢我的学生杨艳、柳语馨、斯庆塔娜、石佳、王奕璇、李海慧、冯晓航、郝小蕊、郭春燕、李慧等人在本书稿撰写期间的辛苦付出。特别是杨艳同学，参编了本书的第三章内容，并对全书进行了校对，柳语馨同学参编了本书的第四章内容。祝愿这些美貌与智慧并存的研究生们学有所成，前程似锦。

感谢经济科学出版社的杨洋老师，感谢她在本书的出版过程中提出了许多宝贵的修改建议。没有她的大力支持，本书难以如期付梓。祝愿我永远的朋友杨洋工作顺利，合家幸福。

感谢内蒙古大学经济管理学院的同事们，尤其是会计系的各位老师，对我工作的支持和帮助。

感谢我的父母、爱人和女儿对我的支持，家人的关爱时刻激励着我，是我前进的动力。

最后，再次向所有关心、支持、帮助过我的人们致以最诚挚的谢意，衷心地希望与大家一同分享本书出版的喜悦！

袁学英

2022 年 6 月